정민 鄭珉

한문학 문헌에 담긴 전통의 가치와 멋을 현대의 언어로 되살려온 우리 시대 대표 고전학자. 한양대학교 국어국문학과 교수. 조선 지성사의 전방위 분야를 탐사하며 옛글 속에 담긴 깊은 사유와 성찰을 우리 사회에 전하고 있다.

저서로 연암 박지원의 산문을 살핀《비슷한 것은 가짜다》《오늘 아침, 나는 책을 읽었다》, 다산 정약용을 다각도로 공부한《다산과 강진 용혈》《다산 증언첩》《다산선생 지식경영법》, 18세기 조선 지식인과 문헌을 파고든《호저집》《고전, 발견의 기쁨》《열여덟 살 이덕무》《잊혀진 실학자 이덕리와 동다기》《미쳐야 미친다》 등이 있다. 이 밖에 청언소품집인《점검》《습정》《석복》《조심》《일침》, 조선 후기 차 문화사를 총정리한《한국의 다서》《새로 쓰는 조선의 차 문화》, 산문집《체수유병집─글밭의 이삭줍기》《사람을 읽고 책과 만나다》, 어린이를 위한 한시 입문서《정민 선생님이 들려주는 한시 이야기》 등 다수의 책을 지었다.

다산의 청년기와 천주교 신앙 문제를 다룬《파란》 이후, 조선에 서학 열풍을 불러온 천주교 수양서《칠극》을 번역해 제25회 한국가톨릭학술상 번역상을 수상했다. 서학 연구의 연장선으로 초기 교회사를 집대성한《서학, 조선을 관통하다》를 집필해 제5회 롯데출판문화대상 대상을 받았다.《역주 눌암기략》《역주 송담유록》을 비롯해 서학 관련 주요 문헌의 번역과 주석 작업에 매진하고 있다.

서양 선비,
우정을 논하다

서양 선비, 우정을 논하다

1판 1쇄 인쇄 2023. 11. 13.
1판 1쇄 발행 2023. 11. 20.

지은이 마테오 리치, 마르티노 마르티니
옮긴이 정민

발행인 고세규
편집 이한경 디자인 박주희 마케팅 박인지 홍보 강원모
발행처 김영사
등록 1979년 5월 17일(제406-2003-036호)
주소 경기도 파주시 문발로 197(문발동) 우편번호 10881
전화 마케팅부 031)955-3100, 편집부 031)955-3200 | 팩스 031)955-3111

값은 뒤표지에 있습니다.
ISBN 978-89-349-5783-6 03230

홈페이지 www.gimmyoung.com   블로그 blog.naver.com/gybook
인스타그램 instagram.com/gimmyoung   이메일 bestbook@gimmyoung.com

좋은 독자가 좋은 책을 만듭니다.
김영사는 독자 여러분의 의견에 항상 귀 기울이고 있습니다.

마테오 리치의 《교우론》과 마르티노 마르티니의 《구우편》

서양 선비, 우정을 논하다

마테오 리치
마르티노 마르티니 저
정민 역주

交友論
逑友篇

김영사

P. MATTHEVS RICCIVS MACERATENSIS QVI PRIMVS E SOCIETAE
IESV EVANGELIVM IN SINAS INVEXIT OBIIT ANNO SALVTIS
1610 ÆTATIS 60

마테오 리치 Matteo Ricci(1552~1610)**의 초상** 이탈리아 출신 예수회 선교사로, 중국명은 이마두利瑪
竇, 자는 서태西泰, 호는 시헌時憲이다. 《기하원본》《천주실의》〈곤여만국전도〉 등을 펴내 초기 서
학을 중국에 알린 서학동전西學東傳의 선구가 되었다. 마테오 리치는 머리에 관을 쓰고 유생의 복
색을 갖춰 유학 코드로 중국에 접근했다. 위 초상화는 중국인 예수회 수사 유문휘游文輝가 그렸다.

마테오 리치의 초상

利玛窦简介
利玛窦神父（1552—1610）是近代历史上把天主教传
到中国的先驱，也是早期意籍耶稣会会士。1605年

마테오 리치의 전신상 중국 북경 남당南堂에 있다. 남
당은 중국에서 가장 오래된 교회로, 마테오 리치가
1605년에 건립했다. 남당에 이어 청나라 때 동당東堂,
북당北堂, 서당西堂이 차례로 세워졌다.

마테오 리치의 반신상 이탈리아 체사레 바티스티 광장
에 있다.

마테오 리치(왼쪽)**와 서광계**徐光啓 마테오 리치가 소개한 서양의 학문은 중국 지식인층의 관심을 크게 끌어 서광계 등 고위 관료들이 그와 교유했다.

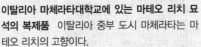

이탈리아 마체라타대학교에 있는 마테오 리치 묘석의 복제품 이탈리아 중부 도시 마체라타는 마테오 리치의 고향이다.

이탈리아 마체라타대학교에 있는 마테오 리치의 묘비

중국 북경에 있는 마테오 리치의 묘비

IN QUESTO LUOGO
NACQUE IL 6 OTTOBRE 1552
P. MATTEO RICCI S.J.
APOSTOLO SCIENZIATO UMANISTA
PONTE FRA ORIENTE E OCCIDENTE
CARISSIMO AL POPOLO CINESE
IN MEZZO AL QUALE OPERÒ
PER UN TRENTENNIO
GIUNGENDO FINO A PECHINO
DOVE MORÌ L'11 MAGGIO 1610

I CONCITTADINI
NEL IV CENTENARIO DEL SUO INGRESSO
IN CINA

MACERATA 6 OTTOBRE 1983

마테오 리치의 거주지에 세운 기념 명판 마테오 리치의 중국 입국 400주
년을 맞아 세운 명판이다.

마르티노 마르티니 Martino Martini(1614~1661)**의 초상** 이탈리아 출신 예수회 선교사로, 중국명은 위광국衛匡國, 자는 제태濟泰다. 《중국역사초편십권》《중국신지도집》 등을 라틴어로 펴내 한학을 서양에 소개한 동학서전東學西傳의 기수가 되었다. 위 초상화는 마르티니 생전에 그려진 초상화 중 유일하게 현존하는 것이다.

마르티노 마르티니의 초상 마테오 리치와 마찬가지로 관을 쓰고 유생의 복장을 했다.

마르티노 마르티니의 초상 이탈리아 트렌토 부온콘실리오성 주립 미술관에 있다. 트렌토는 마르티노 마르티니의 고향이다.

마르티노 마르티니의 반신상

중국 항주에 있는 마르티니의 묘소
마르티니는 항주에 대성당을 건립했
고, 성당이 완공된 1661년 병으로 세
상을 떠났다.

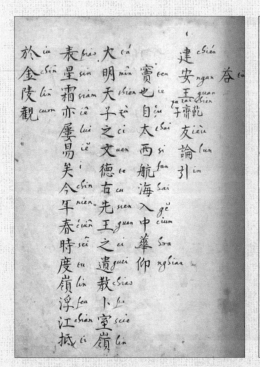

建安王乾齋友論引

實也自太西航海入中華仰

大明天子之文德古先王之遺教卜室嶺

表星霜亦屢易矣今年春時度嶺渡江抵

於金陵觀

마테오 리치가 쓴 《교우론》의 서문 일부 책의 본문 앞에 소인小引처럼 덧붙인 저자의 말이다.

SENTENTIAE,
ET EXEMPLA

Ex probatiſſimis ſcriptoribus collecta,
& per locos communes digeſta
PER ANDREAM EBORENSEM
LVSITANVM,
Et in duos Tomos redacta, quorum alter
Sententias, alter exempla refert.

Huic poſtremæ Editioni acceſſerunt Sententiæ
inſignis Comicorum Quinquaginta Græ-
corum Latinè collectæ, & alio
uolumine diſtinctæ
Omnia ſunt mendis ſublatis caſtigatiſſima.

BRIXIAE, MDCXII.

Apud Bartholomæum Fontanam.
Superiorum Conſenſu.

《명제와 예문》Sententiae et Exempla 표지 마테오 리치가 《교우론》을 쓸 때 이 책에서 많은 인용문을 가져왔다. 표지에는 '위대한 저술가들의 모음집과 금언집에서 간추린'이라는 부제가 쓰여 있다.

마테오 리치가 직접 편집한 《포르투갈어-중국어 사전》 일부

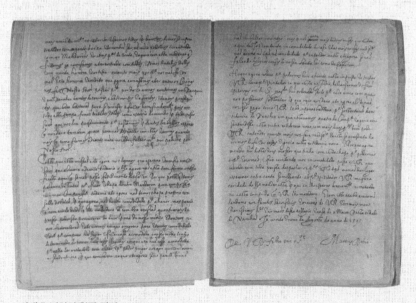

마테오 리치의 친필 편지

《중국역사초편십권中國歷史初編十卷, Sinica Historia Decas Prima**》의 표지와 본문** 마르티노 마르티니는 총 4부의 중국 관련 라틴어 저작을 남겼다. 이 책은 주희의 《통감강목》을 바탕으로 중국의 통사를 처음 서방에 소개한 방대한 저작이다.

《중국신지도집中國新地圖集, Novus Atlas Sinensis》의
지도와 삽화 마르티니는 포교하러 다니는 곳마다
각 성의 경위를 측량해 지도로 작성했는데, 그 지도
들을 바탕으로 중국 지도를 담은 책을 펴냈다.

《달단전기(韃靼戰記, De Bello Tartarico Historia)》의 표지와 삽화 마르티니가 저술한 중국 관련 라틴어 저작 중 하나이다. 달단은 몽골족을 의미한다.

서언

이 책은 16세기 후반과 17세기 중반 중국에 온 이탈리아 출신의 예수회 선교사 마테오 리치Matteo Ricci(1552~1610, 중국명 이마두利瑪竇)가 1599년에 한문으로 출판한 《교우론交友論》과, 마르티노 마르티니Martino Martini(1614~1661, 중국명 위광국衛匡國)가 1661년에 출간한 《구우편逑友篇》 등 우정에 관한 두 권의 책을 하나로 묶어 번역한 것이다.

우정론은 이미 국내에 수십 편의 논문이 보고되었을 만큼 뜨거운 주제의 하나다. 하지만 정작 그것의 근원이 된 원전 텍스트에 대한 깊이 있는 정리는 이루어지지 않아 아쉽다는 생각이 늘 있었다. 그래서 조선에서 두 차례의 왜란이 정리된 직후였던 1599년 중국에서 간행된 마테오 리치의 《교우론》과 그 60여 년 뒤에 마르티노 마르티니가 펴낸 《구우편》을 묶어서 한 권의 책으로 펴낼 마음을 먹은 것이 벌써 여러 해 전의 일이다.

당시에 막상 원문을 갈무리한 뒤 번역에 착수하고 보니, 한문 문장이 대단히 낯설고 기이해서 도무지 진도가 나가지 않았다. 거기에는 라틴어 문장의 현란한 수사를 한문으로 옮기는 과정에서 발생한 낯섦과, 한문 구문이 체화되지 않은 서양인이 문법으로 따져 쓴 직역투 문장으로 인한 생경함이 있었다. 병렬 구문과 포유 복문이 유난히 많은

서양식 문장 구성도 오역을 부추기는 주범이었다. 여기에 더해 인명
과 지명의 차자 표기로 인한 난맥상과 배경 지식의 부족이 보태지면
서, 그저 보통의 한문 서적을 번역하는 것과는 전혀 다른 차원의 고통
이 따르는 작업이었다.

처음 다산과 천주교의 관계를 밀착해서 살핀 《파란》(천년의상상, 2019) 2책의 발간 이후, 역자의 공부는 점점 서학 쪽으로 견인되었다. 이후 2021년 대표적인 한역 서학서의 하나인 판토하의 《칠극》(김영사) 을 펴내면서, 역자는 이들의 특이한 문체에 비로소 익숙해질 수 있었 다. 이어 2022년 《서학, 조선을 관통하다》(김영사)를 출간하기에 이르 렀고, 이 과정에서 한역 서학서 자체에 대한 관심이 한층 증폭되었다.

2023년 2월 말에 나는 보스턴 하버드대학교 옌칭연구소의 초청을 받아 11년 만에 다시 이곳에서 6개월의 시간을 보내게 되었다. 여기 서 나는 한역 서학서의 기초 자료와, 중국과 미국 그리고 유럽 학자들 의 연구 성과를 살피는 데 모든 노력을 집중했다. 마침 지난 2021년에 리치연구소가 샌프란시스코에서 이곳 보스턴칼리지로 옮겨 오는 행 운도 겹쳐, 두 곳의 자료를 함께 열심히 뒤져 찾는 행운을 누렸다.

이곳 도서관에서 나는 한역 서학서를 펴낸 대표적인 저자들의 동선 을 따라가며 그들에 관한 자료와 연구 성과를 작정하고 살펴보았다. 이 마두利瑪竇, 애유략艾儒略, 방적아龐迪我, 고일지高一志, 위광국衛匡國 같 은 주요 저자들의 이름을 한자로만 검색하다가, 어느 날 문득 마테오 리치Matteo Ricci, 줄리오 알레니Giulio Aleni(1582~1649), 디에고 판토 하Diego de Pantoja(1571~1618), 알폰소 바뇨니Alfonso Vagnone(1566~1640), 마르티노 마르티니Martino Martini 등의 이름을 알파벳으로 입력하자 검 색창에 갑자기 이들에 관한 서구 쪽의 연구 성과들이 줄줄이 쏟아져 나 왔다.

어디 그뿐인가? 책을 보다가 참고 서목에 적힌 책 이름을 치면 거의 예외 없이 그 책의 원전들이 호출되어 나왔다. 심지어 마테오 리치가 《교우론》을 쓸 때 많은 인용문을 가져온, 안드레 헤젠드André de Resende(1500~1573)가 쓴 라틴어 책 《명제와 예문Sententiae et Exempla》의 경우는 하버드대에만 로스쿨도서관과 후튼도서관에 1586년과 1612년 간행본 2종이 소장되어 있어, 원본을 직접 살펴보는 기쁨도 맛보았다.

나는 환호성을 지르며 중국어, 영어, 이탈리아어, 심지어 라틴어로 된 고전들까지 빌려내서 욕심 사납게 스캔받고, 촬영하고, 다운로드받아 차곡차곡 내 곳간에 채워두었다. 옌칭도서관에서는 그곳에 없는 책이라도 다른 곳의 자료를 빌려 와 아무 제한 없이 보게 해주었다. 그간 국내에서, 있는 자료조차 잘 안 보여주는 독선에 질려 있던 나에게, 품은 문제의식이 막힘 없이 곧장 달려갈 수 있도록 뒷받침해주는 이곳 도서관의 방대한 자료와 효율적인 시스템에 새삼 경의를 표하지 않을 수 없었다. 열람실에서 글을 쓰다 말고, 바로 서고로 내려가 참고 서목에 적힌 새로운 책을 직접 들고 와 실물로 살펴보는 경험은 참 신선한 것이었다. 그렇게 연구서와 논문을 읽고 자료를 섭렵하는 사이에 시야가 점차 확대되어 전에 보이지 않던 지점이 눈에 들어오기 시작했다.

그중 2015년에 대만 중앙연구원의 이석학李奭學·임희강林熙强 교수가 펴낸 《만명천주교번역문학전주晚明天主教翻譯文學箋注》 전5책은 기본 서학서의 원문을 교감하고, 다소 지나치리만큼 꼼꼼하게 각주를 단 자료집이었다. 이 속에 마침 《교우론》과 《구우편》이 모두 들어 있었다. 이 책을 매개 삼아 1950년대 초 이탈리아 학자 델리아Pasquale M. D'Elia(1890~1963), 대만의 방호方豪(1910~1980) 신부, 이탈리아의 미니니와 미국의 빌링스 등의 학자들이 쓴 《교우론》 관련 저작을 하나하나 찾아서 대출받아, 이들의 원본 추적 과정을 자세히 살펴볼 수 있었다.

특별히 《교우론》의 라틴어 원전 부분은 방호 신부의 한문 번역에서 큰 도움을 받았다. 1969년에 출간된 2,500쪽에 달하는 그의 《방호육십자정고方豪六十自定稿》 2책 외에 여러 천주교 관련 방대한 저작을 통째로 빌려서 살펴보았을 때의 놀라움이 컸다. 망망대해에 툭 내던져져서 허우적거리는 기분마저 들었다.

이에 자극을 받아 여러 해 묵혀두었던 원고를 꺼내 번역 정리 작업에 본격적으로 돌입했다. 《교우론》은 국내와 영어권의 번역이 있었지만 짧은 원문만 옮긴 데 그쳤고, 그마저도 맥락을 놓친 경우가 적지 않았다. 중국에서는 원문에 대한 주석 작업만 있고, 번역은 필요 없다고 생각한 것인지 정작 번역서는 없었다. 《구우편》 또한 1992년 이탈리아의 베르투치올리Giuliano Bertuccioli(1923~2001) 교수의 이탈리아어 번역과 주석, 이를 반영한 이석학 교수 등의 주석이 있을 뿐이다. 이 책은 동양어 권역에서의 번역 작업이 따로 이루어지지 않았다. 그래도 이들의 주석에 힘입어 몇 해 전 한문 원문에만 기초해 번역할 때 느꼈던 그 생경스러움과 당혹감을 대부분 해소할 수 있었다.

러시아 상트페테르부르크 국립도서관에 유일본으로 소장된 필사본 《천학집해天學集解》 9책이 있다. 한역 서학서의 각종 서문 284편을 모아 엮은 책자다. 이 중 33편의 글은 다른 문헌에서 전혀 확인되지 않는 새로운 글이다. 이 책은 원본이 아직 공개되지 않고 있는데, 이 가운데 흥미롭게도 《교구합록交逑合錄》이라는 책에 얹은 유응劉凝의 서문이 실려 있었다. 《교구합록》은 말 그대로 《교우론》과 《구우편》을 합쳐서 묶은 책이다. 오늘날 이 책의 실물이 전하지 않는 것이 유감스러우나, 유응의 서문을 읽으면서 내가 진작에 이 두 책을 묶어서 함께 펴낼 생각을 한 것이 우연한 일만은 아니었음을 확인하게 되어 새삼 기뻤다. 이번 이 책은 어찌 보면 사라진 책《교구합록》의 재현이기도 하다.

이 두 책에 대한 중국 지식인들의 평가는 조금 달랐다. 체계성의 측면에서 마르티노 마르티니의《구우편》이 훨씬 정제되고 짜임새가 있음에도, 이 책은 마테오 리치의《교우론》이 지닌 명성과 성공에는 결코 미칠 수 없었다. 두 사람이 서양 고전에서 원전을 인용하는 태도와 방식에 차이가 있었고, 우정을 보는 시각 자체도 얼마간 달랐다. 그것이 두 책에 대한 평가의 차이로 이어졌던 것이 틀림없다. 이에 대해서는 책 뒤에 수록한 해제에서 따로 살피겠다.

마테오 리치야 말할 것도 없고, 마르티노 마르티니 또한 서구 한학계에서 대단한 거물로 인정되는 큰 학자였다. 특히 마르티니가 라틴어로 펴낸《중국신지도집中國新地圖集》과《중국역사초편십권中國歷史初編十卷》같은 책은 오늘날 서구에서는 중국을 본격적으로 서양 학계에 소개한 최초의 성과로 대단히 높게 평가되고 있다.

책의 번역 과정은 순탄치 않았다. 앞서 말했듯 글자 따라 옮기는 축자역逐字譯만으로는 전달하기 힘든 난삽한 구문의 연속이었다. 특별히《구우편》끝에 수록된, 마르쿠스 아우렐리우스 황제가 벗 피라모에게 보낸 편지는 처음엔 한 줄도 번역하기 힘들었다. 애써 옮겨봐도 도대체 무슨 말인지 알 수가 없었다. 인내심을 갖고 오랜 시간 거듭 보며 맥락으로 살핀 뒤에야 비로소 의미가 눈에 들어오기 시작했다. 그 편지는《구우편》에서조차 중간에 끊긴 채로 끝났는데, 마르티니에게도 이 글을 한문으로 옮기는 일이 극한의 고통을 야기하는 작업이었음을 짐작할 수 있었다.

여기에 더해 서양 인명과 지명 표기는 대뜸 알기가 어려웠다. 같은 플라톤을 한 책에서 '파랄다巴辣多'와 '패랄독霸辣篤'으로 다르게 적고, 주석에서는 '백랍도柏拉圖'로 적는 식이었다. 세네카의 경우 '색섭가色聶加', '색닉가色搦加'로 글자가 바뀌고, 키케로는 '서칙록西則祿'이나 '서색록西塞祿'으로 적다가 가문 이름인 '도략度略' 즉 툴리우스로 표기하기도 해서, 처음에는 다른 사람과 혼동했다.

혼자 해결할 수 없는 문제는 주변 사람들에게 도움을 청해 해결할 수밖에 없었다. 중국인 제자 이패선은《구우편》의 원문을 찾아 입력을 직접 도와주었을 뿐 아니라, 여러 구하기 힘든 원전 자료와 연구서를 수소문해 구해주었다. 제자 왕연은 찾기 어려운 서양 인명과 전거 및 중국 쪽 관련 연구 성과를 찾아 그때그때 막힌 혈도를 풀어주었다. 초벌 번역이 끝난 뒤 제자 김성현이 그리스·로마의 여러 인명과 생애에 관한 1차 각주 정리를 도와주었다. 최종 원고의 번역문을 매끄럽게 다듬어준 안동대학교 이홍식 교수의 도움도 큰 힘이 되었다. 진심을 다해 도와준 이들의 성원과 지지에 각별히 고마운 뜻을 전한다.

무엇보다 꼭 필요한 라틴어 원문 해석과 인명 표기에 관한 문제로 난감해할 때, 대구가톨릭대학교 최원오 교수의 자문과 꼼꼼한 검토로 큰 용기를 얻었다. 예를 들어 성 아우구스티누스의 표기를 '성 아우구스티노' 또는 '성 어거스틴'으로 혼용하고, 히에로니무스를 '성 예로니모'라고 하거나 '제롬' 또는 '제로니모'로 표기하는 등 인명 표기의 혼란상이 심했다. 최원오 교수께서 원고를 하나하나 살펴《교부학사전》의 통용 범례에 따라 책에서의 인명 표기를 명료하게 정리해주셨다. 또 인용 원서의 라틴어 이름과 출전 근거를 일일이 검토·대조하고, 안드레 헤젠드가 쓴《명제와 예문》의 라틴어 문장과 표지의 해석까지

도와주셨다. 감당하기 힘든 도움을 받았다. 깊이 감사드린다.

이 책이 두 책 자체에 대한 흥미를 넘어, 18세기 조선에서 불었던 우정론 열풍의 배경을 좀 더 깊이 있게 이해하는 자료로 활용될 수 있기를 바란다. 이를 위해 서언과 별도로 조금 긴 해제 원고를 따로 작성했다. 해제에서는 두 책의 간행 경과와 편집 원리, 중국에서의 평가뿐 아니라 조선에서 읽힌 흔적과 의의까지 함께 추적함으로써 이 책의 배경에 대한 이해의 폭을 넓힐 수 있도록 했다. 또 본문은 원문과의 직접 대조가 바로 가능하도록, 번역문과 한문 원문을 교차 제시했다.

나이를 먹어가니 섣부른 주장을 내세우기보다는 주장을 견인해낼 수 있는 기초적인 작업의 중요성에 자꾸 눈길이 간다. 나는 앞으로도 계속 학문과 독서, 윤리와 수사학修辭學의 문제로 이른바 보유론적補儒論的 시각에서 중국 지식인들과 눈높이를 맞춰갔던 17세기 소품류 한역 서학서들을 몇 갈래로 묶어 잇달아 펴낼 생각을 하고 있다. 어떤 자료들은 저자가 다름에도 불구하고 계열화된 저술의 계보를 보여주기도 한다. 이들 저술은 조선 지식인들이 천주교 신앙을 받아들이기 전, 서구와 접촉하는 첫 번째 경로가 되었다는 점에서 앞으로 더 많은 관심을 기울일 필요가 있다고 본다.

새벽부터 밤까지 이어진 작업에 탈진 상태가 되어 아무도 기다리지 않는 텅 빈 숙소로 돌아갈 때 어둠 속에서 바람에 흔들리던 나뭇잎의 소리와, 새벽 3시만 되면 짓궂게 피곤한 잠을 깨우던 이상한 새 울음소리도 이제는 애틋한 기억 저편의 이야기가 되었다. 스쳐가는 모든 인연에 감사한다. 돌아보면 어느 것 하나 섭리의 손길 아닌 것이 없다. 우리는 그 손길의 인도에 따라 피안을 향해 나아가는 존재가 아닌가?

이 작업을 가능하게 해준 하버드대학교 옌칭연구소 엘리자베스 페리 소장의 연구 지원에 다시 한번 특별한 감사를 전한다. 옌칭도서관의 강미경 선생과 하버드대 동아시아학과 김선주 교수의 두터운 뜻도 잊을 수 없다. 이와 함께 리치연구소의 우슬러 소장 신부님과, 귀한 PDF 자료를 아낌없이 제공해준 자료실의 마크 선생께도 감사의 뜻을 표한다. 이번 책도 김영사의 맵짠 편집 솜씨를 빌려 펴내게 되어 마음이 든든하다.

2023년 11월
옮긴이 정민

차
례

구라파 사람 마테오 리치 지음
歐羅巴人利瑪竇譔

교우론
交友論

마테오 리치의 짧은 서문 [1]

交友論 小引

나는 서쪽 끝에서 배를 타고 바다를 통해 중국으로 들어와 명나라 천자의 문화의 덕화德化와 옛 선왕께서 남기신 가르침을 우러러, 영표嶺表[2]에 거처를 정했는데 해가 또 여러 번 바뀌었다. 올봄에 고개를 넘고 강에 배를 띄워 금릉金陵에 도착하여,[3] 상국上國의 풍광을 보고 만족하여 스스로 기뻐하며 이번 유람이 기대를 저버리지 않을 것이라

---

1 이 글은 원래 따로 제목이 없고, 책의 본문 앞에 소인小引처럼 덧붙인 저자의 말이다. 구분의 편의를 위해 임의로 제목을 달았다.

2 영표: '영외嶺外'와 같은 의미다. 1591년 마테오 리치는 소주韶州에 정착했다. 소주는 지금의 광동성 지급시地級市로, 북쪽으로 울령蔚嶺과 대유령大庾嶺이 가로막고 있다. 여기서 영표는 소주가 대유령의 바깥쪽이라는 의미로 썼다.

3 올봄에 …… 금릉에 도착하여: 금릉은 남경의 옛 이름이다. 마테오 리치가 소주를 떠나 남경으로 출발한 것은 1595년 4월 18일이었고, 5월 31일에 남경에 도착했다.

여겼다. 먼 곳의 유람을 두루 마치지 못하고 배를 돌려 예장豫章에 이르러,⁴ 남포南浦에 배를 대고 서산西山을 둘러보며, 기이함을 즐기고 빼어남을 살피니, 이곳은 지극한 사람이 모여드는 곳이 될 만하다는 생각이 들었다. 그래서 머뭇거리며 머물면서 능히 떠나지 못하고, 마침내 배를 버려둔 채 관사로 나아갔다.

竇也自最西, 航海入中華, 仰大明天子之文德, 古先王之遺敎, 卜室嶺表, 星霜亦屢易矣. 今年春時, 度嶺浮江, 抵於金陵, 觀上國之光, 沾沾自喜, 以爲庶幾不負此遊也. 遠覽未周, 返棹至豫章, 停舟南浦, 縱目西山, 玩奇挹秀, 計此地爲至人淵藪也. 低回留之不能去, 遂捨舟就舍.

인하여 나아가 건안왕建安王을 뵈니, 비루하게 여기지 않고 허여하여 손님의 예로 길게 읍하고 음식을 마련하여 몹시 환대하였다. 왕이 이에 자리를 옮겨 손을 잡고 말하였다.

"무릇 덕행이 있는 군자가 수고로이 우리 땅에 오면 일찍이 청하여 벗으로 삼고 그를 공경하지 않음이 없었소. 서방은 도의 나라라고 하더군요. 우도友道에 대해 논한 것을 듣고 싶은데, 어떻습니까?"

내가 물러나와 젊었을 때 들은 것을 서술하여《우도》한 질을 엮었으니⁵ 삼가 다음과 같다.

4　예장에 이르러: 5월 31일 남경에 도착한 마테오 리치는 그곳 관리의 요청으로 6월 16일 남경을 떠나 예장군의 군치인 남창으로 왔다.

5　《우도》한 질을 엮었으니: 건안왕의 연회 자리에서 우도에 대해 토론한 뒤, 그해 11월 16일경《교우론》의 저술을 마무리 지었다. 이 책은 마테오 리치가 중국에 와서 처음으로 저술한 한문 저작이었다. 고대 그리스 철학자와 유럽의 성인과 학자들이 우정에 대해 언급한 짧은 글 100개를 모아 순서 없이 나열했다.

因而赴見建安王, 荷不鄙許之以長揖賓序, 設醴驩甚. 王乃移席, 握手而言曰: "凡有德行之君子, 辱臨吾地, 未嘗不請而友且敬之. 西邦爲道義之邦, 願聞其論友道, 何如?" 竇退, 而從述囊少所聞, 緝成友道一帙, 敬陳於左.

교우론

交 友 論

1

나의 벗은 남이 아니라 나의 절반이니, 바로 제2의 나이다. 그러므로 마땅히 벗 보기를 자신을 보듯 해야 한다.

吾友非他, 卽我之半, 乃第二我也. 故當視友如己焉.

[출전]⁶ 성 아우구스티누스St. Augustinus⁷가 《고백록Confessiones》

---

6 이하《교우론》의 항목마다 해당 구절의 근거가 된 원전의 내용 또는 라틴어 원문을 번역 소개했다. 원본에는 없는 내용인데, 이를 본문 아래 배치한 것은 본문의 이해를 돕고,《교우론》에 실린 내용이 어떤 방식으로 수집되었는지를 보여주기 위해서다. 마테오 리치가 인용한 원전 출처를 탐색하는 작업은 중국과 서구 학자들에 의해 지속적으로 이루어져 왔다. 이 책에서는 각 해당 원전의 번역은 방호方豪(1910~1980) 신부가 《방호육십자정고方豪六十自定稿》(대만 학생서국 1969)에 수록한 논문 〈이마두교우론신연利瑪竇交友論新研〉 하편에 제시한 '원문급기출처原

[4.6.11]에서 말했다.

"벗은 영혼의 절반이다."

아리스토텔레스Aristoteles[8]가 《니코마코스 윤리학Ethica Nicomachea》

文及其出處'의 정리에 바탕을 두었다. 여기에 더해, 이석학李奭學과 임희강林熙强 주편主編의 《만명천주교번역문학전주晚明天主敎飜譯文學箋注》(전5책, 대만 중앙연구원 중국문철연구소, 2015) 중 제1책에 수록된 《교우론》의 상세한 주석을 함께 참조해 추가했다. 마테오 리치는 당시 여행지에서 여러 책을 참고할 형편이 못 되었고, 안드레 헤젠드André de Resende(1500~1573)가 《명제와 예문Sententiae et Exempla》(1557)에 서양 고전 속 격언을 주제별로 정리하고 라틴어 원문으로 제시한 것에서 추출했다. 이탈리아의 예수회 학자 델리아Pasquale M. D'Elia, S. J.(1890~1963, 중국명 덕례현德禮賢)가 헤젠드의 책을 이탈리아어로 번역한 《Il Trattato sull'Amicizia: Primo Libro scritto in cinese da Matteo Ricci S. I.(1595)》(Romae 1952: Studia Missionalia, Vol.VII, pp.425~515)에서 《교우론》의 해당 원문의 출전을 처음으로 상세하게 밝혔고, 방호 신부가 이를 참고해 앞의 논문에서 더 상세히 고증하고, 라틴어 원문을 한문으로 옮겨두었다. 이후 이탈리아 마체라타대학교의 미니니Filippo Mignini 교수의 《Matteo Ricci Dell'amicizia》(Quodlibet, 2005)와 미국 미들베리대학교의 티머시 빌링스Timothy Billings 교수가 쓴 《On Friendship: One Hundred Maxims for a Chinese Prince》(New York: Columbia University Press, 2009) 같은 책에서 각 구절의 출전에 대한 논의를 지속적으로 이어왔다. 이 책에서 원전에 대한 주석 부분은 방호와 이석학의 정리를 바탕으로, 델리아와 빌링스, 미니니 등의 책을 교차 참조했다. 다만 해당 원문은 마테오 리치 자신이 이탈리아로 보낸 편지에서 언급했듯이, 라틴어 원문을 직역하지 않고 중국인들이 쉽게 알아들을 수 있도록 빼거나 손질한 내용이어서, 막상 원문과 인용 원전을 비교해보면 차이가 많이 나는 것을 확인할 수 있다. 이하 제시한 인용문의 해당 원전은 방호의 번역을 중심으로 참고하되, 라틴어 원전의 자세한 출전은 역자가 다룰 수 있는 범위 밖의 일이어서 앞선 연구 성과를 종합적으로 참조해 반영했다.

7 성 아우구스티누스(354~430): 타가스테에서 태어나 젊은 시절 방탕과 혼돈 속에서 살다가 384년 밀라노로 건너가 암브로시우스 주교의 설교를 듣고 감동을 받아 회심했다. 이후 히포의 주교가 되어 《고백록》, 《신국론神國論》 등을 집필했다.

8 아리스토텔레스(BC 384~322): 고대 그리스의 철학자. 플라톤의 제자로 그리스 학문 전반을 집대성했다. 플라톤의 관념론적 견해를 비판하고 경험론·유물론적 입

[9.4]에서 말했다.

"벗은 응당 친구를 자기처럼 보아야 한다. 대개 벗은 제2의 나다."

호라티우스Quintus Horatius Flaccus [9]가 《가집歌集》[1.3]에서 말했다.

"어떤 이는 자기의 벗을 내 영혼의 절반이라고 일컫는데, 그 말이 진실로 옳다."

아리스토텔레스의 《니코마코스 윤리학》 가운데 그리스어 원문 중 별도의 라틴어 번역본에서는 이렇게 말했다.

"그가 벗을 아낌이 자기의 몸을 아끼듯이 하니, 이 때문에 벗을 '제2의 나'라고 한다."

디오게네스Diogenēs Laertios [10]가 엮은 라틴어본 《철학자들의 생

장을 함께 견지했다. 알렉산드로스 대왕의 어린 시절 스승이기도 했다. 저서로 《범주론》,《자연학》,《니코마코스 윤리학》,《시학》 등 다수가 전한다.

9 호라티우스(BC 65~8): 남부 이탈리아 베누시아에서 해방 노예의 아들로 태어났다. 공화제를 옹호한 마르쿠스 브루투스 진영에 가담했으나 안토니우스군에 패해 재산을 몰수당했다. 로마로 돌아온 후 시를 쓰기 시작했으며, 베르길리우스 등의 소개로 마에케나스를 만났다. 악티움해전 무렵부터 옥타비아누스(아우구스투스 황제)에게 공명하여 기원전 17년의 세기제世紀祭에는 그가 지은 합창가가 봉납奉納되어 사랑을 받았다. 작품으로 《에포디》,《풍자시》 2권,《서정시집》 4권,《서간시》 2권이 있다. 근세까지 작시법作詩法의 성전聖典이었던 《시론Ars poetica》은 《서간시》 중 한 편이다.

10 디오게네스 라에르티오스: 3세기 전반경 그리스의 철학사가. 《철학자들의 생애》의 저자. 이 책은 소크라테스, 플라톤, 아리스토텔레스에서 에피쿠로스까지 총 85명의 대표적인 고대 그리스 철학자를 망라해, 그들의 전기와 학설 등을 소개한 최고의 문헌으로 평가받는다. 저자 자신에 대해서는 거의 알려지지 않았다. 책의 내용으로 볼 때 플라톤과 아카데미아학파에 우호적이며 회의주의학파에 관심이 많았음을 알 수 있다. 우리가 일반적으로 알고 있는 철학자 디오게네스와는 다른 인물이다.

애Vitae Philosophorum》[7.1]에서 그리스 철학자 제논Zeno of Citium[11]은 이렇게 말했다.

"어떤 이가 벗이 무엇이냐고 묻기에, 제2의 나라고 말해주었다."

2

벗은 나와 비록 두 몸으로 있지만, 두 몸 안에 그 마음은 하나일 뿐이다.

友之與我, 雖有二身, 二身之內, 其心一而已.

[출전] 디오게네스의《철학자들의 생애》[5.1.20]에서 아리스토텔레스가 말했다.

"어떤 이가 벗이 무엇이냐고 묻기에, '한 영혼이 두 몸에 사는 것이다'라고 말했다."

3

서로 의지하고 서로 돕는 것이 벗을 맺는 이유다.

相須相佑, 爲結友之由.

---

11 제논(BC 335?~263?): 고대 그리스의 철학자. 스토아학파의 창시자로 키프로스의 키티온 출신이다. 원래 무역상인의 아들이며 자신도 상인으로 활동했다. 22세 때 아테네로 들어와 철학을 배우기 시작했다. 키니코스철학, 메가라학파, 플라톤학파 등 여러 학파의 영향을 받아 독자적인 철학을 창안해 공회당에서 철학을 강의했다. 당시 그가 강의하던 공회당을 '스토아'라고 불렀기에 스토아철학으로 알려졌다. 오늘날의 철학적 개념으로 제한하기 어려운 실로 다채로운 분야에 대한 저술을 남겼다고 전하나, 현재는 인용된 단편만이 전해지고 있다.

[출전] 키케로Marcus Tullius Cicero[12]가《의무론》[23,88]에서 말했다.

"몸을 세우는 큰길은 인간끼리의 상호 도움이 필요한데, 한두 사람의 지기를 얻어 속마음을 기울여 호소하는 것이 특히 으뜸가는 중요한 일이다."

4

효자는 마치 아버지의 산업을 이어받듯이 아버지가 교유하던 벗을 잇는다.

孝子繼父之所交友, 如承受父之産業矣.

[출전] 플루타르코스Plutarchos[13]의《피해야 하는 이자놀이De vitanda usura》[57,831]에서 말했다.

"자식이 아버지의 사업을 잇는다면 또한 아버지의 벗도 잇는 것이 마땅하다."

12 키케로(BC 106~43): 고대 로마의 문인이자 철학자이자 정치가이자 웅변가로, 모든 학파를 적절히 조율한 철학의 대가로 꼽힌다. 31세에 재무관으로 공직을 시작해 법무관, 집정관을 역임했다. 원로원 중심의 공화체제를 옹호하며 카이사르의 독재정치에 반대하다 물러나《노년론》을 집필했다. 기원전 44년에 카이사르가 암살되자 정계로 복귀했지만 기원전 43년에 안토니우스가에 의해 카이에타에서 암살당하고 로마 공화정도 함께 역사 속으로 사라졌다. 저서로《의무론》, 《최고선악론》,《우정론》,《노년론》,《수사학》,《국가론》 등이 있다.

13 플루타르코스(46?~120?): 고대 로마의 그리스인 철학자이자 저술가로, 플라톤 철학을 신봉하고 박학다식했던 것으로 유명하다. 저작 활동은 매우 광범위해 전기·속윤리俗倫理·철학·신학·종교·자연과학·문학·수사학에 걸쳐 그 저술이 무려 250종에 달했던 것으로 추정된다. 현재 전하는 것은《생애의 비교》와《영웅전》 등이다.

5

평상시 아무 일이 없을 때는 진짜 벗인지 가짜 벗인지 가리기가 어렵다. 어려움에 처한 상황에서 벗의 정이 드러난다. 대개 일이 다급한 때에 참된 벗은 더욱 가깝게 친밀해지고, 거짓 벗은 한층 소원해져서 흩어져버린다.

時當平居無事, 難指友之眞僞. 臨難之頃, 則友之情顯焉. 蓋事急之際, 友之眞者益近密, 僞者益疎散矣.

[출전] 키케로가《우정론De amicitia》[17.64]에서 말했다.

"미덕을 소홀히 여기면서도 벗을 갖고 있다고 생각하는 자들은, 중대한 돌발사고가 생겨서 그 친구들을 시험해보지 않을 수 없게 되었을 때 비로소 자신이 잘못 생각했음을 알게 된다."

6

실행하는 군자는 기이한 원수가 없고, 반드시 훌륭한 벗이 있다. 가령 기이한 원수로 경계를 더함은 없다 할지라도, 반드시 좋은 벗으로 서로 도움은 있다.

有爲之君子, 無異仇, 必有善友. 如無異仇以加儆, 必有善友以相資.

[출전] 플루타르코스의《벗과 아첨꾼의 구별De discernendo adulatore ab amico》[4.36]에서 디오게네스Diogenēs[14]가 말했다.

---

14 디오게네스(BC 400?~323): 고대 그리스의 철학자. 모든 인습과 권위에서 해방되어 물질적 허식을 배격하고 자족하는 삶을 최고의 행복이라고 여겼다. 그의 사상은 후일 스토아학파의 전조가 되었다.

"사람이 몸을 보전하려면 마땅히 좋은 벗이 있어야 하고, 간혹 악한 원수도 있어야 한다."

7

벗과 사귀기에 앞서서는 마땅히 잘 살펴야 하고, 벗으로 사귄 뒤에는 마땅히 믿어야 한다.

交友之先宜察, 交友之後宜信.

[출전] 세네카Lucius Annaeus Seneca[15]가《도덕서간Epistulae morales》[1.3.2]에서 말했다.

"벗과 사귄 뒤에는 믿어야 마땅하고, 벗과 사귀기 전에는 살펴야 마땅하다."

8

비록 지혜로운 사람이라도 또한 자기의 벗이 실제보다 많다고 잘못 헤아리곤 한다. 어리석은 사람은 망령되이 제 입으로 떠벌리다 보니 벗이 있는 것 같아도 도리어 없고, 지혜로운 사람은 반대로 혹 잘못 헤아리는지라, 벗이 많지가 않고 실제로는 적다.

雖智者, 亦謬計己友, 多乎實矣. 愚人妄自侈口, 友似有而還無. 智者抑或謬計, 友無多而實少.

---

15 세네카(BC 4?~AD 65): 고대 로마의 철학자. 네로 황제의 스승으로 유명하다. 인간의 도덕과 이성을 강조하는 스토아철학을 역설했으며, 영혼을 육체보다 우위에 두었다. 저서로《도덕서간》,《자비에 대해서》 등이 있다.

[출전] 플리니우스Gaius Plinius Caecilius Secundus[16]가 《서간집》 [3.2.9]에서 말했다.

"비록 가장 지혜로운 자도 또한 이 같은 잘못이 있으니, 자기에게 많은 벗이 있다고 생각하나 사실은 많지 않다."

9

벗이 벗에게 선물을 주고 나서 보답을 바라는 것은 선물이 아니다. 시장에서 물건을 바꾸는 것과 같을 뿐이다.

友之饋友而望報, 非饋也. 與市易者等耳.

[출전] 성 암브로시우스St. Ambrosius[17]가《성직자의 의무》[3.221.125] 에서 말했다.

"벗을 사귀면서 보답을 바라지 않아야 이것이 덕이 된다. 생겨나는 것이 정이라야, 금전이어서는 안 된다."

---

16 플리니우스(61?~113?): 북이탈리아의 코뭄(지금의 코모)에서 태어났다. 대大 플리니우스의 조카이자 양자다. 집정관까지 올랐다가 만년에는 비티니아(튀르키예의 흑해 연안 지방)의 총독으로 부임해 그곳에서 죽은 것으로 보인다. 트라야누스 황제에 대한 송덕연설과 법정변론으로 이름을 떨쳤으며, 현존하는 《서간집》(전 11권)이 높이 평가되고 있다.

17 성 암브로시우스(339~397): 갈리아의 로마 총독 가문에서 태어났다. 밀라노의 아리우스파 주교 아욱센티우스가 죽자 그곳 신자들이 집정관 암브로시우스를 후계자로 추천했다. 세례받은 지 이레 만에 주교품을 받았으며, 그의 설교를 듣고 성 아우구스티누스가 회심했다. 그리스어에 능통해 동방 교회의 신학을 서방에 도입하는 데 큰 역할을 했다. 저서로 《성사론》과 《천국론》 외에 윤리서 《성직자의 의무》가 있고, 설교집과 많은 편지를 남겼다. 히에로니무스, 아우구스티누스, 대 그레고리우스 교황과 함께 서방의 4대 교부로 꼽힌다.

10

벗과 원수는 음악과 시끄러운 소음의 차이와 같다. 모두 화합하는지 그렇지 않은지를 가지고 구별할 뿐이다. 그래서 벗은 화합을 근본으로 삼는다. 화합으로는 작은 일도 길고 크게 되고, 다툼으로는 큰 사업도 사라지거나 망가지고 만다. 음악은 조화를 이끌어오고, 소음은 조화를 잃게 만든다. 벗이 화합하면 음악과 같고, 원수가 화합하지 못하면 소음과 같다.

友與仇, 如樂與鬧. 皆以和否, 辨之耳. 故友以和爲本焉. 以和微業長大, 以爭大業消敗. 樂以導和, 鬧則失和. 友和則如樂, 仇不和則如鬧.

[출전] 성 아우구스티누스가《신국론De civitate Dei》[2.21]에서 말했다.

"음악가가 음악 상에서 일컫는 이른바 화음이란 바로 국가의 화목과 같다."

11

근심이 있을 때, 나는 다만 벗의 얼굴을 보기만 해도 기쁘다. 하지만 근심스럽거나 기쁘거나 어느 때인들 벗이 유익하지 않겠는가? 근심스러울 때는 근심을 덜어주고, 기쁠 때는 기쁨을 더해준다.

在患時, 吾惟喜看友之面. 然或患或幸, 何時友無有益? 憂時減憂, 欣時增欣.

[출전] 플루타르코스가《벗과 아첨꾼의 구별》[4.2]에서 말했다. 원래 그리스어 본문으로 되어 있지만, 라틴어 중역본에 따르면 이렇다.

"근심으로 괴로울 때 좋은 벗과 한번 대면하면 즐거움이 이보다 더할 수가 없다. 하지만 벗이 놓인 상황이 좋은지 나쁜지에 따라 능히 벗으로 하여금 기쁜 중에 기쁨을 더하게 할 수도 있고, 벗의 괴로움을 줄어들게 할 수도 있어야 참된 벗이다."

이런 대목도 있다.

"역경에 처한 벗에게는 도리를 펴서 그 고통을 덜어주고 어려움을 해결해주기를, 한결같이 즐거움에 놓인 벗에게는 그 즐거움을 더해주고 그 기쁨을 더해주는 것처럼 하는 것이 바로 벗과 사귀는 도리다."

12

원수가 악으로 원수를 해치는 것이 벗이 사랑으로 벗에게 은혜를 베푸는 것보다 더 심하니, 어찌 세상이 선에는 약하고 악에는 강하다는 것을 보여주는 것이 아니겠는가!

仇之惡以殘仇, 深於友之愛以恩友, 豈不驗世之弱于善, 强于惡哉!

[출전] 플루타르코스의《벗과 아첨꾼의 구별》[4.20-22]에서 아테네의 극작가 메난데르Menander[18]가 말했다.

"원수가 사람을 해칠 때 그 마음의 독함이 벗이 남을 돕는 것보다 심하다."

13

사람 일의 정리는 헤아릴 수가 없고, 우의友誼도 믿기가 어렵다. 오늘의 벗이 나중에 혹 변해서 원수가 되고, 오늘의 원수 또한 혹 변하

---

18 메난데르(BC 342~292): 기원전 4세기경 아테네에서 활동한 그리스의 극작가. 그리스의 희극 장르에서 두각을 드러냈다. 사랑과 가족, 사회적 관계를 다룬 수많은 희극을 남겼으나, 온전하게 전해지는 작품은 거의 없다.

여 벗이 되니, 공경하고 삼가지 않을 수 있겠는가!

人事情莫測, 友誼難憑. 今日之友, 後或變而成仇, 今日之仇, 亦或變而爲友, 可不敬愼乎!

[출전] 발레리우스Valerius Maximus[19]의 《기억할 만한 말과 행동Factorum et dictorum memorabilium libri》[7.3.3]에서 피타고라스Pythagoras[20]가 말했다.

"우리는 벗을 사귀면서 마땅히 그가 변해서 큰 원수가 될 수 있음을 반드시 기억해야 한다."

14

한갓 내가 기쁘고 좋을 때 시험해본 것만으로 그 벗을 믿어서는 안 된다. 진맥은 왼손을 가지고 살필 뿐이니, 왼손은 불행한 때에 해당한다.

徒試之于吾幸際, 其友不可恃也. 脉以左手驗耳, 左手不幸際也.

19 발레리우스: 1세기에 활동한 라틴어 작가이자 역사적인 일화 모음집 《기억할 만한 말과 행동》의 저자. 티베리우스의 치세(14~37) 동안 활동했다. 중세시대 가장 많이 필사된 라틴어 산문 작가 중 한 명으로, 그의 책 가운데 600권 이상의 중세 사본이 살아남았다.

20 피타고라스(BC 580?~500?): 고대 그리스의 정치가, 수학자, 철학자. 그리스 칠현의 한 사람이다. 처음 사모스섬에서 살다가 이탈리아로 옮겨가 크로톤시에서 살았다. 그는 고대 그리스의 민주주의를 질서 파괴로 간주했다. 이집트로 가서 학문을 배웠으며, 돌아온 뒤 그리스의 종교의식에 열성적으로 참여했다. 이후 그를 중심으로 피타고라스학파가 형성되었고, 주변에 상당한 영향을 미쳤다. 그의 철학은 신비주의 성향을 띠며, 영혼의 불멸과 윤회 등을 주장했다. 죽음이 삶의 끝이 아니고 사후에 혼의 삶이 있으며, 사람의 혼은 불멸하며 다른 동물에게 옮겨갈 수 있다고 믿었다.

[출전] 《성경》〈집회서Liber Iesu Filii Sirach〉[6.8]에서 말했다.

"어떤 친구는 자기에게 이익이 있을 때에만 우정을 보이고 네가 불행하게 되면 너를 버린다."

또 〈집회서〉[12.8]에서 말했다.

"행복할 때에 친구를 알아보기는 힘드나 불행할 때 원수를 알아보기는 쉽다."

15

이미 죽은 벗이라도 나는 그를 생각하면 근심이 없어진다. 그가 살았을 때는 내가 그를 가졌어도 잃을 수 있을 것 같았는데, 죽고 나자 그를 생각하면 여전히 살아 있는 것 같기 때문이다.

既死之友, 吾念之無憂. 蓋在時, 我有之如可失, 及既亡, 念之如猶在焉.

[출전] 세네카가 《도덕서간》[7.63.7]에서 말했다.

"나는 이미 죽은 벗을 돌이켜 생각할 때 자못 즐거워진다. 대개 내가 그 벗이 있을 때는 장차 잃게 될까 염려했지만, 이제 그 벗이 세상을 떴으니, 영원히 나의 소유가 되었기 때문이다."

16

각 사람이 각자의 일을 온전하게 다 할 수는 없다. 그래서 하느님께서 벗과 사귀어 피차간에 서로 도울 것을 명하셨다. 만약 세상에서 이 도리를 없앤다면 인류는 반드시 흩어져 무너져버릴 것이다.

各人不能全盡各事. 故上帝命之交友, 以彼此胥助. 若使除其道於世者, 人類必散壞也.

[출전]　키케로가《아메리아의 로스키우스를 위한 변론Pro Sexto Roscio》[21] [38.3]에서 말했다.

"우리는 나 혼자만의 힘으로 천하의 모든 일을 할 수가 없다. 갑은 갑의 일을 잘하고, 을은 을의 일에 익숙하다. 그러므로 벗을 사귀는 도리는 비유하자면 공공단체를 운영하는 것과 같아서, 반드시 피차간에 저마다 직분을 다하는 것에 힘입어야만 한다."

17

더불어 내 마음을 모두 드러내 펴보일 수 있어야만 비로소 나를 아는 벗이 된다.

可以與竭露發予心, 始爲知己之友也.

[출전]　성 아우구스티누스가《여든세 가지 다양한 질문De diversis quaestionibus octoginta tribus》[71.6]에서 말했다.

"무릇 마음속까지 서로 볼 수 있는 사람이라야 비로소 끌어와 벗이 될 수가 있다."

18

덕과 뜻이 서로 비슷해야 그 우정이 비로소 단단해진다. 우友라는 글자는 두 개의 우又를 포갠 것일 뿐이다. 그는 또 나이고, 내가 또 그이다.

21　《아메리아의 로스키우스를 위한 변론》: 키케로가 기원전 80년경 고대 로마에서 아버지를 살해한 혐의로 기소된 아메리아Ameria 출신의 섹스투스 로스키우스Sextus Roscius의 변론을 맡아 작성한 변론문이다.

德志相似, 其友始固. 旣也双又耳. 彼又我, 我又彼.

[출전] 플루타르코스가《벗과 아첨꾼의 구별》[4.5]에서 말했다.
"벗 사귀는 도리와 우의로 하나 됨은 특별히 뜻이 같고 도리가 맞
는 것과 관계된다."

19

바른 벗은 늘 따르는 벗이 아니고, 또한 항상 거스르는 벗도 아니
다. 이치에 맞을 때는 따르고, 이치에 맞지 않는 것은 거스른다. 그래
서 곧은 말만이 홀로 벗의 책무가 된다.

正友不常順友, 亦不常逆友. 有理者順之, 無理者逆之. 故直言獨爲友之責矣.

[출전] 플루타르코스가《벗과 아첨꾼의 구별》[4.9]에서 말했다.
"참된 벗은 모든 일에서 벗을 따르지는 않고, 또한 가볍게 칭찬하
여 기리지도 않는다. 다만 가장 선한 것을 따르고, 가장 훌륭한 것을
칭찬한다."

20

벗과 사귀는 것은 의사가 질병을 대하는 것과 같다. 의사는 진실로
병자를 아껴서 반드시 그 병을 미워한다. 의사는 병을 구하려고 그 몸
을 다치게 하고, 그 입을 쓰게 한다. 의사가 병자의 몸을 그저 두지 않
는데, 벗이라는 사람이 벗의 악함을 그저 두고 보아서야 되겠는가? 바
른말로 간하고 또 간해야 한다! 어찌 그 귀에 거슬릴까 봐 근심하고,
어찌 그가 이마를 찌푸릴 것을 두려워한단 말인가?

交友如醫疾然. 醫者, 誠愛病者, 必惡其病也. 彼以捄病之故, 傷其體, 苦其

口. 醫者, 不忍病者之身, 友者, 宜忍友之惡乎? 諫之諫之! 何恤其耳之逆, 何畏
其額之蹙?

[출전] 성 아우구스티누스가《설교집Sermones》[49.6]에서 말했다.
"벗은 의사와 같다. 의사가 병을 미워하지 않는다면 환자를 아끼는
의사가 아니다. 환자를 구하려 한다면 반드시 그 몸을 괴롭게 해야 한
다. 네가 진실로 벗을 아낀다면 네 벗의 악함을 받아들여주어서는 안
된다."

21

벗의 칭찬과 원수의 비방은 둘 다 믿어서는 안 된다.

友之譽, 及仇之訕, 並不可盡信焉.

[출전] 성 아우구스티누스가《페틸리아누스 서간 반박Contra litteras
Petiliani》[3.10.11]과《설교집》에서 말했다.
"너를 칭찬하는 벗을 믿는 것이 마땅치 않음은, 너를 비방하는 원
수를 믿는 것이 마땅치 않음과 한가지다."

22

벗은 벗에게 언제 어디서든 한결같아야 할 뿐이다. 진실로 가깝거
나 멀거나, 안에서건 밖에서건, 마주 보고 있든지 등을 돌렸든지, 다른
말과 다른 마음이 없어야 한다.

友者於友, 處處時時一而已. 誠無近遠內外面背, 異言異情也.

[출전] 디오게네스의《철학자들의 생애》[1.1.37]에 인용된 탈레

스Thales of Miletus**22**의 말은 이렇다.

"벗이 있지 않더라도 있는 것처럼 살펴야 한다."

23

벗이 나를 선하게 하는 바가 없다면 나를 해치지 않는 원수와 다를 바 없다.

友人無所善我, 與仇人無所害我, 等焉.

[출전] 카시오도로스Flavius Magnus Aurelius Cassiodorus Senator**23**가 《서간집》에서 한 말이다.

"나에게 해될 것 없는 원수를 내가 사랑한다면, 나에게 이로울 것이 없는 친구를 내가 또한 마땅히 아껴야 한다."

---

22 탈레스(BC 624?~546?): 고대 그리스의 철학자. 밀레투스학파의 창시자이자 최초의 철학자요 천문학자다. 소아시아 서안 이오니아의 밀레투스 출신이다. 고대 그리스 칠현 중 한 사람으로, 정치활동에서 물러난 뒤에는 자연에 관한 연구에 종사했다.

23 카시오도로스(485~580): 로마의 저술가이자 수도자다. '세나토르Senator'는 그의 성의 일부로, 원로원 의원이라는 직함은 아니다. 비바리움Vivarium(또는 Castellum)에 베네딕도 계통의 수도원 두 개를 세우고, 그곳에서 생애 마지막 30년 동안 봉사했다. 호지킨Hodgkin이 영어로 번역한 《카시오도로스의 서간집The Letters of Cassiodorus》(London: Henry Frowde, 1886)에 그의 편지 수백 통이 실려 있다. 그의 저서 《종교학과 세속학의 연구Institutiones Divinarum et Saecularium Litterarum》는 아우구스티누스의 《그리스도교 교리De Doctrina Christiana》의 영향을 받은 것으로, 그리스도교 교육에서 거룩한 학문과 세속 학문의 일치를 주장했다.

24

벗이 지나치게 칭찬하는 해로움이 원수가 과도하게 헐뜯는 해로움과 견주어볼 때 오히려 더 크다. 벗이 나를 칭찬하면 내가 혹 이 때문에 스스로 뽐내게 되고, 원수가 나를 헐뜯으면 내가 혹 이로 인해 더욱 삼가게 되기 때문이다.

友者過譽之害, 較仇者過訾之害, 猶大焉. 友人譽我, 我或因而自矜. 仇人訾我, 我或因而加謹.

[출전] 에라스뮈스Desiderius Erasmus[24]의 《서간집》에 나온다.

"벗 중에 나를 지나치게 칭찬하는 사람은 나를 해치는 것이 원수가 나를 헐뜯는 것보다 더하다."

25

재물과 형세를 살펴 남과 벗이 되는 사람은 그 재물과 형세가 없어지면 바로 물러나 떨어진다. 이미 그 처음에 벗이 되게 했던 까닭을 보지 못하게 되면 벗의 정이 마침내 흩어져버린다는 말이다.

視財勢友人者, 其財勢亡, 卽退而離焉. 謂旣不見其初友之所以然, 則友之情遂渙也.

---

24 에라스뮈스(1466~1536): 네덜란드의 학자. 로테르담에서 태어났다. 르네상스의 가장 중요한 학자이자 세계주의자이며 근대 자유주의의 선구자로 손꼽힌다. 1499년 영국을 방문해 여러 인문학자와 교류했고, 존 콜레트John Colet의 성서 연구에 영향을 받았다. 《우신예찬愚神禮讚, Encomium Moriae》을 집필해 가톨릭 교회의 부패, 성직자의 위선, 신학자의 허구성 등을 풍자하고 그리스어와 라틴어를 병기한 신약성서를 출간했다. 이를 통해 루터의 종교개혁에 영향을 주었으나 직접 참여하지 않고 거리를 두었다. 저서로 《우신예찬》, 《격언집Adagia》, 《대화집Colloquia》 등이 유명하다.

[출전] 키케로가《수사학》[4.17.24]에서 말했다.

"무릇 그에게 재물과 형세가 있음을 보고 벗이 된 사람은, 재물과 형세를 잃고 나면 바로 버려서 거들떠보지도 않는다. 대개 당시에 사귐을 논한 원인이 사라졌는데도 우정이 영원히 단단하기를 구해서는 안 될 일이다."

26

벗은 내가 정하지 못하는 일에 대해 정하는 것으로 시험해보면 알수가 있다.

友之定於我之不定事試之, 可見矣.

[출전] 키케로가《우정론》[17.62-64]에서 말했다.

"일이 곤란할 때 충직한 벗이 드러난다."

27

네가 나의 참된 벗이라면 나를 마음으로 아끼고, 나를 물건으로 아끼지 않는다.

爾爲吾之眞友, 則愛我以情, 不愛我以物也.

[출전] 키케로가《최고선악론De finibus bonorum et malorum》[2.26.85] 에서 말했다.

"우리가 진정한 벗이 되려 한다면 너는 마땅히 나를 아껴야지, 나의 재물을 아껴서는 안 된다."

28

벗을 사귐에 홀로 자기를 이롭게 할 줄만 알고, 다시 그 벗에게 보탬이 되는지를 돌아보지 않는다면, 이는 장사꾼일 뿐이니 벗이라고 말해서는 안 된다. 소인이 벗을 사귐은 마치 장부를 펼쳐놓고 다만 이익이 얼마인지를 헤아리는 것과 같다.

交友使獨知利己, 不復顧益其友, 是商賈之人耳, 不可謂友也. 小人交友如放帳, 惟計利幾何.

[출전] 키케로가 《신들의 본성 De natura deorum》[1.44.122]에서 말했다.

"교우 Amicitia라는 말은 어원이 사랑 Amor에서 나왔으니, 이 글자는 지극히 보배롭고 귀하다 할 만하다. 진실로 우리가 다만 자기 한 몸의 이익만을 도모할 줄 알고, 내가 사랑하는 사람의 이익은 돌아보지 않는다면, 이는 자기의 사사로운 이익만 추구하는 장사치일 뿐이다."

29

벗의 물건은 모두 공유해야 한다.

友之物, 皆與共.

[출전] 아리스토텔레스의 《니코마코스 윤리학》[8.9]에 나온다.

《구우편 述友篇》에도 말했다.

"참된 벗의 물건은 함께하지 않음이 없다."

30

벗 사귐의 귀하고 천함은 사귀는 바의 뜻에 달려 있을 뿐이다. 다만 덕에 바탕을 두고 서로 벗을 삼는 사람이 지금 세상에 몇 쌍이나 있겠는가?

交友之貴賤, 在所交之意耳. 特據德相友者, 今世得幾雙乎?

[출전] 키케로가 《최고선악론》[2.24.78]에서 말했다.

"우정은 속마음으로부터 나오는 것이어서 저절로 움직여서 생겨나지, 이익으로 불러올 수 있는 것이 아니다."

31

친구가 마땅히 서로를 용서함에도 한계가 있다. 벗이 혹 죄를 지었을 경우 다만 작게 여겨 포용할 수 있지만, 벗이 의리를 범했을 경우에는 반드시 크게 여겨 바로 버려야 한다.

友之所宜相宥, 有限. 友或負罪, 惟小可容. 友如犯義, 必大乃棄.

[출전] 겔리우스Aulus Gellius[25]가 《아티카 야화Noctes Atticae》[1.3.8-9]에서 말했다.

"벗은 반드시 서로를 용서한다."

---

25 겔리우스(123?~165?): 로마의 양가에서 태어나 당시 최고의 교육을 받고 20세 전후 아테네로 유학 가 철학과 수사학 등을 익힌 것으로 보인다. 아테네에서는 학문과 예술의 보호자였던 헤로데스 아티쿠스 등과 친교를 맺었다. 귀국 후에는 민사소송 사법관이 되어 법률 업무에 종사하면서도 연구와 집필을 계속했다. 저서로 아테네에서 수필집의 자료를 수집해 집필한 《아티카 야화》가 있다.

32

벗이 즐김을 의로움보다 중시한다면 오래 벗으로 삼아서는 안 된다.

友之樂多於義, 不可久友也.

[출전] 성 아우구스티누스가《신국론》[2.21]에서 말했다.
"공정한 의리가 없다면 잘 지내는 일도 없다."

33

벗의 악함을 참아주는 것은 그의 악을 가지고 자기의 악으로 삼는 것이다.

忍友之惡, 便以他惡, 爲己惡焉.

[출전] 푸블릴리우스Publilius Syrus[26]가《명제집Sententiae》[10]에서 말했다.
"친구가 나쁜 짓을 하고 악한 일을 하도록 내버려두면 친구의 악함이 너의 악함이 되고 만다."

34

내가 능히 할 수 있는 것을 벗이 대신 해주기를 바라서는 안 된다.

我所能爲, 不必望友代爲之.

---

26 푸블릴리우스 시루스(BC 85~43): 라틴어 작가로, 뛰어난 문장력으로 유명하다. 재치와 재능으로 주인에게 호의를 사 교육의 기회를 얻었다. 공연으로도 성공을 거뒀고, 경구를 모은《경구집》이 알려져 있다.

[출전] 겔리우스가 《아티카 야화》[2.29.19]에서 인용한 엔니우스Quintus Ennius[27]의 말이다.

"네가 능히 할 수 있는 것을 너의 벗에게서 구하지 말라."

35

벗이란 옛날에는 존귀한 이름이었다. 지금은 이를 내다팔며 재물에다 견주니 애석하다!

友者, 古之尊名. 今出之以售, 比之於貨, 惜哉!

[출전] 오비디우스Publius Ovidius Nasō[28]가 《흑해에서 온 편지Epistulae ex Ponto》[2.3.19]에서 말했다.

"옛날에는 벗이 존귀한 이름이었는데, 지금은 기생처럼 본다."

36

벗은 형제보다 가까우므로 벗이 서로를 형이라고 부르니, 형제보다 나은 것이 벗이다.

友於昆倫邇, 故友相呼謂兄, 而善於兄弟爲友.

---

27 엔니우스(BC 239~169): 고대 로마 초기의 시인으로, 라틴 문학의 아버지라 불린다. 그리스 비극의 번역을 비롯해 여러 형식의 시를 지었는데, 특히 로마의 역사를 노래한 서사시 《연대기》는 그리스풍 영웅 율시를 라틴어에 적용한 최초의 시도로, 후대 시인들에게 큰 영향을 주었다.

28 오비디우스(BC 43~AD 17): 고대 로마의 시인. 작품으로 《사랑도 가지가지》, 《여류의 편지》 등이 있다. 가장 유명한 《변신 이야기》는 서사시 형식으로 신화를 집대성했다. 세련된 감각과 풍부한 수사修辭로 르네상스 시대에 널리 읽혔고, 후대에도 많은 영향을 끼쳤다.

[출전] 성 아우구스티누스가 《구약 칠경 강해Locutiones in Heptateuchum》 [2.56]에서 말했다.

"사람과 사람의 사이는 모두 형제다."

37

벗이 세상에 유익한 점이 재물보다 크다. 재물을 아껴서 재물 자체를 위하는 사람은 없지만, 벗을 사랑하기 때문에 특별히 벗을 위하는 경우는 있기 때문이다.

友之益世也, 大乎財焉. 無人愛財爲財, 而有愛友特爲友耳.

[출전] 아리스토텔레스가 《변증론Topica》[8.1]에서 말했다.

"벗이 재물보다 낫다. 사람이 재물을 위해 재물을 중시하지 않고 다른 까닭을 위해서 중시하나, 사람이 벗을 무겁게 여기는 것은 벗을 위해서다."

38

지금 세상에서 벗은 이미 말을 하지 않고, 아첨하는 자는 아양을 떤다. 그렇다면 다만 원수라도 남겨두어 내가 참된 말을 들어야겠다.

今也友旣沒言, 而諂諛者爲佞, 則惟存仇人以我聞眞語矣.

[출전] 플루타르코스가 《원수에게서 얻어야 하는 이로움De capienda ex inimicis utilitate》[2.6.89]에서 말했다.

"지금의 세상을 살다 보니 벗이 바른말로 간하는 소리는 약해져서 들을 수가 없고, 아첨하는 말만 귀에 가득하다. 바로 일어나 경계하고 권면하던 사람도 또한 벙어리처럼 입을 다물고 있으니, 나는 다만 적과 원수가 있는 곳에서라도 진실한 말을 들어야겠다."

39

설령 내가 벗에게 피해를 보았더라도, 다만 자기의 피해를 안타까워할 뿐 아니라, 그 피해가 벗으로부터 발생한 것을 더욱 안타까워해야 한다.

設令我或被害於友, 非但恨己害, 乃滋恨其害自友發矣.

[출전] 아리스토텔레스가 《시학De poetica》[14]에서 말했다.
"적에게 해침을 당하면 사람들은 진실로 애통해하며 유감스럽게 여긴다. 하지만 벗이 해칠 경우 다시금 아무도 마음 아파하지 않는다."

40

친밀한 벗이 많다는 것은 친밀한 벗이 없다는 말이다.

多有密友, 便無密友也.

[출전] 디오게네스의 《철학자들의 생애》[5.1.11]에 인용된 아리스토텔레스의 말이다.
"벗이 많은 것은 벗이 없는 것과 같다."

41

만약 내가 항상 행복하여 재앙이 없다면 친구가 참된지 아닌지를 어떻게 알겠는가!

如我恒幸無禍, 豈識友之眞否哉!

[출전] 퀸틸리아누스Marcus Fabius Quintilianus[29]가 《대선언문 Declamationes maiores》[16.7]에서 말했다.

"네가 만약 계속 순조로운 바람을 맞아 항해한다면 너는 틀림없이 벗을 가증스럽게 여겨야 한다."

42

벗의 도리는 몹시 드넓다. 비록 지극히 천한 사람이 도둑질을 일삼더라도 또한 반드시 벗을 맺어 무리를 이루듯이 해야만 바야흐로 능히 그 일을 행할 수가 있다.

友之道甚廣闊. 雖至下品之人, 以盜爲事, 亦必似結友爲黨, 方能行其事焉.

[출전] 카시아누스Joannes Cassianus[30]가 《담화집Collationes》[14.2]에서 말했다.

"벗과 사귀고 모임을 결성하는 방법은 많은데, 모두 서로 다른 방식으로 가깝게 지내는 모임에서 사람들이 단결하게끔 한다. 장사를

---

29 퀸틸리아누스(35?~95?): 고대 로마의 교육자이자 정치가. 젊은 시절 수사학에 심취했다. 탁월한 웅변 솜씨로 여러 재판에서 승소하면서 동료와 귀족들에게 큰 신뢰를 얻었다. 69년 베스파시아누스 황제가 즉위해 교육을 장려하는 정책을 실시하자, 라틴어와 그리스어 수사 학교에서 학생을 교육하는 데 전념했다. 91년경 은퇴한 후에는 수사학 관련 저술에 전념했다. 저술로 《연설가 교육》 등이 있다.

30 카시아누스(360?~435?): 베네딕도 수도 규칙의 선구자. 베들레헴 수도원에 들어갔다가 이집트에서 공부했고, 에바그리우스 폰티쿠스Evagrius Ponticus의 영향을 받았다. 콘스탄티노폴리스에서 성 크리소스토무스 밑에 있다가 서방으로 건너가 마르세유 근처에 수도원 두 개를 세웠다. 저서로 《규정집》과 《담화집》이 있다. 전자는 성 베네딕도의 수도 규칙과 다른 수도원 규칙서의 선구가 되었고, 후자는 동방 수도원에서 대화했던 내용이다.

함께 하거나, 옷을 같이 입거나, 벼루를 함께 쓰거나, 예술을 같이 하여 서로 벗으로 삼는다. 숲속에 출몰하는 큰 도적 중에 사람 죽이는 것을 능사로 여기는 자들 또한 반드시 그 무리가 있으니, 나쁜 짓을 할 때 낭패를 보기 때문이다."

키케로가 《우정론》[23.86]에서 말했다.

"정계에 입문하든, 학문과 연구를 즐기든, 공직을 맡지 않고 개인적인 업무에 종사하든, 쾌락에 완전히 몰입해 있든, 조금이라도 자유민답게 살기를 원하는 사람이라면, 우정 없는 인생은 인생이 아니라고 믿고 있다."

43

벗을 자기와 같이 보살핀다면, 멀던 사람이 가까워지고, 약한 자가 강해지며, 근심스럽던 자가 행복해지고, 병든 자가 낫는다. 어찌 굳이 많은 말이 필요하겠는가? 죽은 사람이 살아난 것과 같다.

視友如己者, 則遐者邇, 弱者强, 患者幸, 病者愈. 何必多言耶? 死者猶生也.

[출전] 키케로가 《우정론》[7.23]에서 말했다.

"벗을 자기의 화신처럼 본다면 비록 헤어져 있어도 곁에 있는 것 같고, 가난하더라도 부자인 듯하며, 병들었어도 건강한 것 같으니, 극단적으로 말해 비록 죽었더라도 또한 살아 있는 것과 같다."

44

나에게 두 벗이 있는데 내 앞에서 서로 송사를 벌일 경우, 나는 이를 위해 사정을 듣고 판결해주고 싶지는 않다. 한 사람이 나를 원수로 여길까 걱정해서다. 나에게 두 원수가 있는데 내 앞에서 서로 송사를 벌일 경우, 나는 오히려 이를 위해 들어보아 판결해줄 수가 있다. 한 사람은 틀림없이 나를 벗으로 여길 것이기 때문이다.

我有二友, 相訟於前, 我不欲爲之聽判. 恐一以我爲仇也. 我有二仇, 相訟於前, 我猶可爲之聽判. 必一以我爲友也.

[출전] 디오게네스의《철학자들의 생애》[1.5.5]에서 피타고라스가 한 말이다.

"차라리 두 원수를 위해 판결을 내릴망정, 두 벗을 위해서 판결을 내리지는 않겠다. 두 벗 중에 한 사람이 반드시 내 원수가 될까 염려해서다. 하지만 두 원수라면 반드시 그중 한 사람은 장차 나의 벗이 될 것이다."

45

믿음이란 원수에 대해서도 잃어서는 안 되는 것인데, 하물며 벗에게 있어서이겠는가! 벗에 대한 신의는 굳이 말할 것이 못 된다.

信, 于仇者猶不可失, 況于友者哉! 信于友, 不足言矣.

[출전] 앞쪽은 성 암브로시우스가《성직자의 의무》[3.10]에서 말했다.

"사람마다 믿음으로 대접해야 한다."

뒷부분은 성 아우구스티누스가《서간집》[205.3]에서 한 말이다.

"이미 허락했거든 비록 너와 상대하여 전쟁을 하는 원수라도 또한 마땅히 신의를 지켜야 하거늘, 하물며 벗이겠는가?"

46

벗의 직분은 의로움에 이르러 그친다.

友之職, 至於義而止焉.

[출전] 플루타르코스가 《수치론羞恥論, De vitioso pudore》[6]에서 인용한 디오게네스Diogenēs의 말이다.

"나는 마음으로는 페리클레스Pericles[31]의 사람됨을 허락하고 싶지 않다. 벗이 그에게 위증을 해달라고 부탁하자 그가 바로 선서하고는 곧장 제단 앞에 나아가 말한 것은 그 벗을 위해서였으나, 허물이 됨을 면치 못한다."

47

만약 벗이 적다면, 내가 기쁠 일이 적겠지만 또한 근심할 일도 적을 것이다.

如友寡也, 予寡有喜, 亦寡有憂焉.

[출전] 마르티알리스Marcus Valerius Martialis[32]가 《비문碑文, Epigrammata》[12.34]에서 말했다.

---

31 페리클레스(BC 495?~429): 고대 아테네의 정치가이자 군인. 평의회와 민중재판소, 민회가 실권을 갖는 법안을 제출해 민주정치의 전성기를 이끌었다. 외교상으로는 강국과는 평화를 유지했고 델로스동맹의 지배를 강화했다. 그의 시대에 아테네는 최성기였다.

32 마르티알리스(40?~104?): 에스파냐 출신의 고대 로마 시인. 당대 문인 유베날리스, 퀸틸리아누스, 플리니우스 등과 교우를 맺었다. 남아 있는 14권의 작품은 거의 경구로, 모든 인간의 통속성에 대하여 통렬하게 풍자했다.

"네가 고통을 피하려거든, 남과 지나치게 가까워지지 마라. 그리하면 너에게 미래의 즐거움이 진실로 줄어들겠지만, 근심 또한 적어지리라."

48

오랜 벗은 아름다운 벗이니 이를 버려서는 안 된다. 까닭 없이 새 벗으로 옛 벗을 바꾼다면 오래지 않아 바로 후회하게 된다.

故友爲美友, 不可棄之也. 無故以新易舊, 不久卽悔.

[출전] 키케로가 《우정론》[19.67]에서 말했다.

"여기에 한 가지 어려운 문제가 있다. 진실로 사귀기에 충분한 새로 사귄 벗을 응당 오랜 벗의 위에다 두면서, 내가 길들인 기운 좋은 말을 가지고 늙은 말보다 낫다고 여기듯이 할 수 있겠는가? 사람은 마땅히 이런 질문을 해서는 안 된다."

《성경》〈집회서〉[9.10]에서 말했다.

"옛 친구를 버리지 마라. 새로 사귄 친구는 옛 친구만 못하다. 새 친구는 새 술과 같으니, 묵은 술이라야 제맛이 난다."

49

이미 벗이 되었다면 매사를 함께 논의해서 결정해야 한다. 하지만 모름지기 벗을 정함을 의론하는 것이 먼저다.

旣友, 每事可同議定. 然先須議定友.

[출전] 세네카가 《도덕서간》[1.3.2]에서 말했다.

"너는 마땅히 무슨 일이건 벗과 상의하여 구해야 한다. 그러나 먼저 마땅히 네 벗의 사람됨을 잘 살펴야 한다."

50

벗은 친족보다 오직 이런 점이 더 낫다. 친족은 능히 서로 친족을
사랑하지 않을 수 있지만, 벗은 그렇지가 않다. 대개 친족이 친족을 사
랑하지 않더라도 친족의 윤리는 그대로 남아 있다. 벗에게서 사랑을
뺀다면 그 벗의 도리가 어디에 남아 있겠는가?

友於親惟此長焉. 親能無相愛親, 友者否. 蓋親無愛親, 親倫猶在. 除愛乎友,
其友理焉存乎?

[출전] 키케로가《우정론》[5.19]에서 말했다.
"벗이 친족보다 귀한 까닭은 친족은 사랑을 잃을 수 있지만 벗은
그렇지 않다는 점에서다. 사랑이 없다면 벗이 될 수가 없지만, 친족은
그럴 경우에도 친족이 됨을 잃지는 않는다."

51

다만 벗이 있어야 그 사업을 능히 일으킬 수가 있다.

獨有友, 之業能起.

[출전] 퀸틸리아누스가《연설가 교육》[5.11.41]에서 말했다.
"벗이 있어야 사업도 있다."

52

벗의 친구를 벗 삼고 벗의 원수를 원수로 여기면 두터운 벗이 된
다. 내 벗이 틀림없이 어질다면 아낄 만한 사람도 알고 미워할 만한 사람도 알 것이기 때

문에 내가 이를 근거로 삼는다.

友友之友, 仇友之仇, 爲厚友也. 吾友必仁, 則知愛人, 知惡人, 故我據之.

[출전] 플루타르코스가《벗과 아첨꾼의 구별》[4.24]에서 말했다.
"아첨하는 벗과 참된 벗의 차이는 그가 벗을 대하는 태도를 보면
알 수 있다. 참된 벗은 모든 사람을 사랑하되 어진 이를 가까이하고,
아울러 힘을 다해 그의 벗으로 하여금 또한 많은 벗을 얻게 하여 더욱
영광을 누리게 해주며, 언제나 벗과 함께하겠다고 말한다. 참된 벗은
아무 일이 없을 때 나누는 우정이 더욱 긴요하다고 생각한다."

53

벗의 다급함을 도와주지 않는다면, 내가 급할 때 도와줄 사람이 없다.

不扶友之急, 則臨急無助者.

[출전] 데모스테네스Demosthenes[33]가《아테네가 올린투스를 원조
할 것을 간언한 연설Oratio Olynthiaca》[1]에서 한 말이다.
"벗의 다급한 어려움을 도와주지 않으면, 내가 다급한 경우에 처했
더라도 또한 도와주는 이가 아무도 없을 것이다."

---

33 데모스테네스(BC 384~322): 고대 그리스의 웅변가이자 정치가. 반反마케도니
아 운동에 앞장서 조국의 분기奮起를 촉구했다. 알렉산드로스 대왕 사후 다시 반
마케도니아 운동을 전개하다가 실패했다. 마케도니아가 그에게 사형을 선고하
자 칼라우레이아로 도주해 자살했다. 전해지는 61편의 연설 중《필리포스 탄핵》
3편을 비롯한 정치 연설이 유명하다.

54

속된 벗이 함께하면 즐거움이 기쁨보다 많지만, 헤어지고 나서는 근심이 남는다. 의로운 벗이 모이면 기쁨이 즐거움보다 많고, 헤어져도 부끄러움이 없다.

俗友者同, 而樂多於悅, 別而留憂. 義友者聚, 而悅多於樂, 散而無愧.

[출전] 플루타르코스가 《벗과 아첨꾼의 구별》[4.11]에서 말했다.
"참된 벗과 아첨하는 벗은 모두 사람을 즐겁게 한다. 착한 사람은 참된 벗을 즐거워하고, 악한 사람은 아첨하는 벗을 통해 즐거움을 취한다. 즐거움의 목적이 다를 뿐이다. 벗들이 함께 먹고 마시면서 즐거워하는 것은 다만 기쁘게 웃고 한가로이 자질구레한 이야기를 나누더라도 고귀하고 근엄한 일의 조미료에 가깝다. 하지만 아첨하는 벗의 속마음과 목적은 피곤하지 않게 웃음거리를 더해주어 즐거움을 만드는 것을 즐기는 것이다. 간단히 말해 아첨하는 벗의 행위는 아첨하는 데 있으나, 참된 벗은 마땅히 행해야 할 것을 행하는 것이다."

55

내가 다른 사람을 막아 대비할 수는 있지만, 벗을 어찌 막겠는가? 벗을 의심하는 것은 벗의 도리를 크게 범하는 것이다.

我能防備他人, 友者安防之乎? 聊疑友, 卽大犯友之道矣.

[출전] 키케로가 《아메리아의 로스키우스를 위한 변론》[40.116]에서 말했다.
"내가 능히 다른 사람은 막을 수 있지만 어찌 능히 벗을 막겠는가? 벗과 마주하여 의심한다면 이미 벗의 도리는 손상된 것이다."

56

하느님께서 사람에게 두 눈과 두 귀, 두 손과 두 발을 주신 것은 두 벗이 서로 도와 바야흐로 일을 하여 이루도록 하려는 것이다. '우友'란 글자는 옛 전서로 '우叒'라고 쓰니, 바로 두 손을 나타낸다. 있어야 하고 없어서는 안 된다. '붕朋'이란 글자는 옛 전서로 '우羽'로 쓰는데, 두 날개를 뜻한다. 새는 이를 갖추어야 능히 날 수가 있다. 옛 어진 이가 붕우를 살피는 것이 어찌 이와 같지 않았겠는가?[34]

上帝給人雙目雙耳雙手雙足, 欲兩友相助, 方爲事有成矣. 友字古篆作叒, 卽兩手也. 可有而不可無. 朋字古篆作羽, 卽兩羽也. 鳥備之, 方能飛. 古賢者視朋友, 豈不如是耶?

[출전] 카시오도로스가 《서간집》[3]에서 말했다.

"하늘이 사람에게 두 손과 두 발, 두 귀와 두 눈을 주어서 두 벗으로 하여금 서로를 돕게 하고 일의 보람을 더욱 단단하게 하였다."

플루타르코스는 《형제적 사랑De fraterno amore》[2]에서 이렇게 말했다.

"손과 발이 서로 돕는 도리는 자연계에서는 그 같은 예가 몹시 많아 도처에 널려 있다. 사람의 몸에서 얼마간 중요한 기관인 손과 발, 눈과 이와 코는 서로 짝을 이뤄 두 개로 되지 않은 것이 없다. 이는 안으로 조화를 이루어 함께 건너가야지, 화목함을 잃고서 서로 공격해

34 '우'란 글자는 …… 않았겠는가?: 연암燕巖 박지원朴趾源(1737~1805)은 〈회성원집발繪聲園集跋〉에서 "옛날에 벗을 말하는 자가 혹 '제2의 나'라고 일컫고, '주선인周旋人'이라 일컬었다. 이런 까닭에 글자를 만든 사람이 날개 우羽 자를 빌려 '붕朋' 자를 만들고, 수手 자를 포개어 '우友' 자를 만들었다. 새에게 두 날개가 있고 사람에게 두 손이 있는 것과 같음을 말한 것이다(古之言朋友者, 或稱第二吾, 或稱周旋人. 是故造字者, 羽借爲朋, 手又爲友. 言若鳥之兩羽, 而人之有兩手也)"라고 했는데, 《교우론》의 이 대목에서 끌어다 쓴 것이다.

서는 안 된다는 것을 나타낸다."

57

세상에 벗이 없다면 즐거움도 없다.

天下無友, 則無樂焉.

[출전] 아리스토텔레스가《니코마코스 윤리학》[9.9]에서 말했다.
"홀로 살면서 벗이 없다면 비록 부유하여 온 세상을 소유했더라도
또한 이를 즐길 수가 없다."

58

거짓으로 벗을 대우하면 처음에는 사람을 멋대로 다룰 수 있을 것
같지만, 오래되어 거짓이 드러날 경우 도리어 벗이 싫어하고 천하게 여
기게 된다. 정성으로 벗을 대우하면 처음에는 다만 혼자 그 마음을 다
하지만, 오래되어 정성을 믿게 되면 벗이 더욱 공경하여 따르게 된다.

以詐待友, 初若可以籠人, 久而詐露, 反爲友厭薄矣. 以誠待友, 初惟自盡其
心, 久而誠孚, 益爲友敬服矣.

[출전] 플루타르코스가《벗과 아첨꾼의 구별》[4.26]에서 말했다.
"마음에서 우러나는 정성으로 사귄 벗을 대하는 것이 훌륭하고 고
귀하다. 직언을 하는 사람은 존숭을 받지만, 지나치게 단점만 꼬집는
사람은 반감과 멸시를 받게 된다."

59

내가 앞서는 가난하고 천하다가 나중에 부유하고 귀하게 되었다면

옛날 사귄 벗을 버려서는 안 되니, 새로운 친구는 내 형세와 이익을 보고 의지하려 들기 때문이다. 내가 앞서 부귀하였다가 나중에 가난하고 천하게 되었을 경우, 예전 사귀던 벗을 믿어서는 안 되니, 새로 사귄 벗이 혹 도의로 서로 하나가 되기 때문이다. 벗이 앞서는 가난하고 천하다가 나중에 부유하고 귀하게 되었다면 내가 마땅히 그 마음을 살펴야 한다. 내가 벗을 가까이하려 해도, 벗이 혹 나를 소원하게 대할까 걱정되기 때문이다. 벗이 앞서는 부귀하였다가 나중에 가난하고 천하게 되었을 경우 내가 마땅히 더욱 공경해야 한다. 벗이 내가 소원해지는 것을 막아도, 내가 마침내 스스로 소원하게 굴까 걱정해서다.

我先貧賤而後富貴, 則舊交不可棄, 而新者或以勢利相依. 我先富貴而後貧賤, 則舊交不可恃, 而新者或以道義相合. 友先貧賤而後富貴, 我當察其情. 恐我欲親友, 而友或疎我也. 友先富貴而後貧賤, 我當加其敬. 恐友防我疎, 而我遂自處于疎也.

[출전] 키케로가 《우정론》[15.54]에서 말했다.

"사실은 이렇다. 예전에 화기애애하게 친하던 사람도 군대의 계급과 권력, 공적이 바뀌게 되면 이에 따라 오래된 친구를 물리쳐버리고 따로 새로운 친구를 맺는다."

또 《우정론》[17.64]에서 말했다.

"이 두 가지 일은 모두 사람들이 경박하게 잘 변하는 것을 나무란 것인데, 잘나갈 때 친구를 멸시할 경우, 실의하였을 때 벗을 찾더라도 도리어 벗에게 버림받는 바가 된다."

《성경》〈잠언〉[19.4-7]에서 말했다.

"부유하면 벗이 많아지지만 옹색하면 있던 벗도 멀어진다. 거짓 증인은 벌을 면할 수 없고 거짓말하는 자는 빠져나갈 길이 없다. 지위가 높은 사람에겐 아첨하는 자가 많고 선물 주는 사람에겐 사람마다 친구가 된다. 가난하면 동기들도 좋아하지 않고 친구들도 멀어진다. 말이 많으면 남에게 해 끼치는 일도 많다. 말 많고 잘되는 법이 없다."

60

대저 지금은 어떤 때인가? 듣기 좋은 말을 하면 벗이 생기지만, 곧은 말은 원망을 낳는다.

夫時何時乎? 順語生友, 直言生怨.

[출전] 키케로가 《우정론》[24.89]에서 말했다.
"듣기에 좋은 말은 벗을 불러오고, 바른말은 미움을 낳는다."

61

그 사람의 벗이 숲과 같이 많은 것을 보고서 그 덕이 성대함을 알고, 그 사람의 벗이 새벽 별처럼 드문 것을 보고 그 덕이 각박한 것을 안다.

視其人之友如林, 則知其德之盛. 視其人之友落落如晨星, 則知其德之薄.

[출전] 키케로가 《우정론》[27.100]에서 말했다.
"덕행은 우정을 만들고, 아울러 이를 지켜 간직하게 한다."

62

군자가 벗을 사귀기는 어렵고, 소인이 벗을 사귀기는 쉽다. 어렵게 만난 사람은 헤어지기가 어렵고, 쉽게 만난 사람은 헤어지기도 쉽다.

君子之交友難, 小人之交友易. 難合者難散, 易合者易散也.

[출전] 아리스토텔레스가 《니코마코스 윤리학》[8.3]에서 말했다.
"젊은 사람의 우정은 쾌락에서 시작된다. 젊은 나이에는 목숨을 가볍게 보고 정감에 이끌리기 때문에 순간의 즐거움을 추구한다. 다만 나이가 들어감에 따라 세월이 더해지면 변화하는 바가 있다. 이 때문에 쉽게 사귄 벗은 버리는 것 또한 쉽다."

63

평상시에 잘 지내다가 하루아침에 잔단 이해에 걸려 마침내 원수가 되는 것은 그 사귐이 바른 데서 나오지 않았기 때문이다. 사귐이 이미 바르다면 이익을 나눌 수 있고 손해도 함께할 수가 있다.

平時交好, 一旦臨小利害, 遂爲仇敵, 由其交之未出於正也. 交旣正, 則利可分, 害可共矣.

[출전] 대 그레고리우스Gregorius Magnus[35]가 《복음서 설교Homilia XL in Evangelia》에서 말했다.
"속된 일을 하면서 벗과 화목하지 않은 것은, 그가 아끼는 것이 속된 일이기 때문이니 벗이 아님을 알 수가 있다."

35 대 그레고리우스(540~604): 교황 성 그레고리오 1세다(재위 590~604). 로마 귀족 출신으로 태어나, 고대에서 중세로 넘어가는 서양 정신사 전환기를 이뤘다. 그 위업과 인품으로 '대교황'이라는 칭호를 받았다. 아우구스티누스, 암브로시우스, 히에로니무스와 함께 서방의 4대 교부로 일컬어진다. 《사목규칙Regula》과 《대화편Dialogi》 등의 저술과 《복음서 설교》 등을 남겼다.

64

내가 잘나갈 때는 청하면 그제야 오고, 근심스러울 때는 청하지 않
아도 스스로 와야 친구라 할 것이다!

我榮時, 請而方來, 患時, 不請而自來, 夫友哉!

[출전] 디오게네스의 《철학자들의 생애》[5.5.10]에서 데모스테네
스가 말했다.

"내가 순조로운 지경에 처했을 때는 청해야만 찾아오고, 내가 역경
에 처했을 때는 청하지 않아도 스스로 오는 것이 진짜 친구다."

65

세간의 물건은 각각은 쓸모가 없다가, 함께해야 비로소 유익함이
있는 경우가 많다. 사람이라고 어찌 홀로 이와 같지 않겠는가?

世間之物, 多各而無用, 同而始有益也. 人豈獨不如此耶?

[출전] 성 키프리아누스Thascius Caecilius Cyprianus[36]가 《서간
집Epistulae》[40.2.1]에서 말했다.

"안으로 화목하여 함께 건너가니 가는 곳마다 적이 없다."

---

36 성 키프리아누스(200?~258): 카르타고에서 태어났다. 수사학으로 유명했으나
246년 그리스도교로 개종하고 249년 주교로 추대되었다. 수차례의 박해에도 굽
히지 않고 사제와 신도를 인도하고 교리 논쟁에 가담했으나, 로마 황제 발레리
아누스의 박해로 순교했다. 신학의 여러 문제, 특히 교회론과 관련된 저작 《가톨
릭교회의 일치》를 남겼고, 아우구스티누스를 위시한 많은 신학자 및 사상가에게
영향을 끼쳤다.

66

좋은 벗과 서로 사귀는 재미는 잃은 뒤에야 더욱 깨달아 알 수가 있다.

良友相交之味, 失之後, 愈可知覺矣.

[출전] 키케로가《백성과 함께 감사드린 연설Oratio cum populo gratias egit》[1.3]에서 말했다.

"벗과의 사귐, 이야기를 주고받는 것, 이웃, 함께 모이는 자리, 나가서 노닒, 좋은 절기 등은 잃고 난 뒤에 그것이 즐거운 일이었음을 더욱 알게 된다."

67

물감가게에서 살며 물감 만드는 사람과 친하게 지내고 염색하는데 가까이 가면 자기 몸을 더럽힘을 면하기가 어렵다. 악한 사람과 교유하여 늘 그 추한 일을 듣고 보면 반드시 이를 익혀 본심을 더럽히고 만다.

居染塵而狎染人, 近染色, 難免無汚穢其身矣. 交友惡人, 恒聽視其醜事, 必習之而洗本心焉.

[출전] 플루타르코스가《아동교육론》[6]에서 인용한 속담이다.

"네가 절름발이와 더불어 같이 살면, 너 또한 장차 절름발이의 걸음에 익숙해질 것이다."

68

내가 어쩌다 어진 벗을 만나서 비록 겨우 한 번 악수하고 헤어졌더

라도, 일찍이 조금이나마 내가 선을 행하려는 의지를 채워주는 데 보
탬이 되지 않음이 없었다.

　　吾偶候遇賢友, 雖僅一抵掌而別, 未嘗少無裨補, 以洽吾爲善之志也.

[출전]　플루타르코스가 《벗과 아첨꾼의 구별》[4.21]에서 말했다.
"어쩌다 공교롭게 한 벗과 만났는데, 한 마디 말도 나누지 않고 겨
우 눈만 한 번 마주치고 미소만 지었지만, 눈과 정신이 선한 뜻과 긴
밀한 만남의 중개를 입어 능히 마음과 정신으로 깨달을 수가 있었다."

　69

벗을 사귀는 뜻은 다른 것이 아니다. 그의 선함이 나보다 나은 점
이 있으면 내가 본받아 이를 익히고, 나의 선함이 그보다 나으면 내가
이를 교화시킨다. 이는 배우면서 가르치고 가르치면서 배우는 것이니,
두 가지가 서로의 바탕이 된다. 그의 선함이 본받아 익히기에 부족하
거나 그의 선하지 않음이 바꿀 수 없는 경우라면, 무엇 때문에 온종일
서로 놀며 시시덕거리면서 한갓 시간만 낭비한단 말인가? 무익한 벗은
시간을 훔쳐가는 도둑이다. 시간을 훔쳐가는 손실은 재물을 훔치는 것보다 심하니, 재물은
다시 쌓을 수가 있지만 시간은 그렇지 않기 때문이다.

　　交友之旨無他. 在彼善長於我, 則我效習之, 我善長於彼, 則我敎化之. 是學而
卽敎, 敎而卽學, 兩者互資矣. 如彼善不足以效習, 彼不善不可以變動, 何殊盡日
相與遊謔, 而徒費陰影乎哉? 無益之友, 乃偸時之盜. 偸時之損, 甚於偸財, 財可復積, 時則否.

[출전]　세네카가 《도덕서간》[1.7.8]에서 말했다.
"네가 잘하는 것을 다 하고 나서 물러나 스스로 생각해보아 너보다
잘하는 점이 있거든 네가 이를 본받고, 남보다 네가 잘하는 것이 있을

경우 네가 이를 가르쳐서, 가르치고 배우면서 서로 발전하면 서로 각자 유익함이 있을 것이다."

스토바이우스Johannes Stobaeus[37]가 《발췌 모음집Florilegium》에 인용한 에픽테토스Epictetus[38]의 말은 이렇다.

"다른 사람과 서로 지내는 데는 세 가지 방법이 있다. 혹 너보다 낫거나, 너보다 못하거나, 너와 서로 같을 경우. 너보다 나은 사람은 네가 본떠서 배우고, 너보다 못한 사람은 네가 권면하여 인도하며, 너와 같은 사람은 네가 이를 따르고 좇는다. 이와 같이 하면 남과 다툴 일이 없어진다."

70

가령 어떤 사람이 천주의 도리를 독실히 믿지 않고, 게다가 덕을 닦은 것이 아직은 위태로워서, 좋은 것은 내보이고 추한 것은 감추어, 마음이 떨려 결단하지 못한다고 하자. 이에 있어 의심나는 것을 쪼개어 풀고, 그 덕을 편안히 북돋워서 장차 실추하는 것을 구하는 꾀는 좋은 벗을 사귀는 것보다 더 나은 것이 없다. 대개 내가 자주 듣고 자주 본 바가 가슴속에 점점 스며들어 시원스럽게 깨닫게 되니, 진실로

---

37 스토바이우스: 5세기에 활동한 작가. 생애에 대해서는 자세히 알려진 것이 없다. 마케도니아의 스토비Stobi 출신으로, 저작으로는 초기 그리스 작가들의 저술에서 간추려 모은 《발췌 모음집》 두 권이 있다.

38 에픽테토스(50?~130?): 고대 로마 스토아학파의 철학자로, 마테오 리치의 《이십오언》의 바탕이 된 《엥케이리디온Encheiridion》의 저자다. 지금의 튀르키예 지역인 히에라폴리스에서 태어나, 68년경 에파프로디투스의 노예가 되었다. 68~95년경 로마에 체류했으며, 95년 도미티아누스 황제가 철학자 추방령을 내리자, 그 후 에페이로스의 니코폴리스에 정착했고, 130년(또는 135년경) 사망했다.

살아 있는 방법으로 나를 선으로 권면하고 나무라는 것과 같다. 엄숙하구나, 군자여! 엄숙하구나, 군자여! 때때로 비록 말이 미치지 못하고, 성난 기색을 더하지 않더라도 또한 덕의 위엄으로 선하지 않은 행동을 막음이 있도다!

使或人未篤信斯道, 且脩德尙危, 出好入醜, 心戰未決. 於以剖釋其疑, 安培其德, 而捄其將墜, 計莫過于交善友. 蓋吾所數聞, 所數覩, 漸透於膺, 豁然開悟, 誠若活法勸責吾於善也. 嚴哉君子! 嚴哉君子! 時雖言語未及, 怒色未加, 亦有德威以沮不善之爲與!

[출전] 세네카가《도덕서간》[15.2.40]에서 말했다.

"남이 덕을 닦도록 도와주고, 남을 위해 의심을 풀어주며, 삿됨을 바름으로 인도하는 것이 좋은 벗이 서로 함께하는 공부 중에 가장 큰 것이다. 대개 올바른 군자는 귀에 젖고 눈에 익어 점차 남의 마음으로 들어가는데, 바른 방법의 힘을 갖추었기 때문에 어진 이가 비록 말하지 않고 얘기하지 않더라도 너 또한 유익함을 얻을 수가 있다."

71

너희는 나를 벗으로 삼지 못할 경우, 모두 아양 떨고 아첨하는 자가 된다.

爾不得用我爲友, 而均爲嫵媚者.

[출전] 플루타르코스가《혼인 계명 Coniugalia praecepta》[142]에서 말했다.

"안티파트로스Antipatrus[39]가 명예롭지 못한 일이 있어 포키온Phocion[40]에게 도움을 청했다. 포키온이 대답했다. '너는 나를 벗으로 삼을 수 없는데, 게다가 벗을 가지고 아첨하는 무리로 삼으려 드는구나.'"

72

벗이란 서로 칭찬하는 예의를 베풀기는 쉬워도, 서로 벗의 잘못을 견뎌내기는 어렵다. 하지만 대부분의 벗은 모두 자기를 칭찬하여 기리는 것에는 감동하면서 자기의 잘못을 참아 견디는 덕에 대해서는 잊어버린다. 왜 그럴까? 하나는 나의 장점을 드러내고, 하나는 나의 단점을 드러내기 때문이다.

友者, 相褒之禮易施也, 夫相忍友乃難矣. 然大都友之皆感稱己之譽, 而忘忍己者之德, 何歟? 一顯我長, 一顯我短故耳.

[출전] 성 아우구스티누스가 《여든세 가지 다양한 질문》[71.1]에서 말했다.

"벗을 알아보는 방법은 그가 능히 서로 참고 견뎌내는지 여부를 살펴보는 것만 한 것이 없다."

39 안티파트로스(BC 397~319): 마케도니아의 장군으로, 필리포스 2세의 가장 유능한 장수였고 알렉산드로스 대왕의 친구이자 후원자였다. 알렉산드로스가 아시아 원정에 나섰을 때, 마케도니아의 섭정(BC 334~323)으로 남았다. 폭군과 과두정치를 지지하는 정책을 펼쳤다.

40 포키온(BC 402?~317): 아테네의 정치가이자 장군으로, 기원전 322~318년 아테네의 실질적인 통치자였다. 플라톤의 제자로 크세노크라테스와 가까웠다. 필리포스 2세가 거느린 마케도니아 연합군에 맞서 뛰어난 전술로 아테네군을 구했다. 뛰어난 중용과 청렴으로 아테네를 다스렸다.

73

한 사람이라도 서로 사랑하지 않는다면 둘은 벗이 되지 못한다.

一人不相愛, 則耦不爲友.

[출전] 플루타르코스가 《벗과 아첨꾼의 구별》[4.2]에서 말했다.
"두 사람이 피차 서로 사랑하는 것이 아니라면 두 사람 모두 벗이
아니다."

74

꼭 필요할 때에 갑자기 그가 친구가 아님을 알게 되니, 안타깝다!

臨當用之時, 俄識其非友也, 慇矣!

[출전] 플루타르코스가 《벗과 아첨꾼의 구별》[2]에서 말했다.
"슬프다! 마땅히 네가 벗을 필요로 할 때 앞서 벗이라고 여겼던 사
람이 마침내 벗이 아님을 깨닫게 되다니!"

75

새 친구가 오게 하려 힘쓰더라도, 옛 친구에게 잘하지 못함을 경계
해야 한다.

務來新友, 戒毋誼舊者.

[출전] 키케로가 《우정론》[19.67-68]에서 말했다.
"너는 새 벗을 구하느라 옛 벗을 잊어서는 안 된다."

76

벗이란 가난한 자의 재산이 되고, 약한 자의 힘이 되며, 병든 자의
약이 된다.

友也, 爲貧之財, 爲弱之力, 爲病之藥焉.

[출전] 키케로가 《우정론》[7.23]에서 말했다.

"벗을 자기의 화신처럼 본다면 비록 헤어져 있어도 곁에 있는 것
같고, 가난하더라도 부자인 듯하며, 병들었어도 건강한 것 같으니, 극
단적으로 말해 비록 죽었더라도 또한 살아 있는 것과 같다."

77

나라에 재물 창고가 없을 수는 있어도, 벗이 없어서는 안 된다.

國家可無財庫, 而不可無友也.

[출전] 이 단락은 출처가 분명치 않다.

78

원수의 선물은 벗의 몽둥이만 못하다.

仇之饋, 不如友之棒也.

[출전] 성 암브로시우스가 《성직자의 의무》[1.34.173]에서 말했다.

"선의善意, Benevolentio를 가지고 말하자면 원수의 입맞춤이 벗의
몽둥이만 못하다."

79

세상에 벗이 없음은 하늘에 해가 없고, 몸에 눈이 없는 것과 같다.

世無友, 如天無日, 如身無目矣.

[출전] 키케로가《우정론》[13.47]에서 말했다.

"살아가면서 벗이 없다면, 세상에 해가 없는 것과 같다."

80

벗이란 찾는 데 오래 걸리고, 얻기가 드물며, 간직하기도 어렵다.
혹 눈에서 벗어나면 바로 마음으로 그리워하게 된다.

友者旣久尋之, 旣少得之, 旣難存之. 或離于眼, 卽念之于心焉.

[출전] 히에로니무스Eusebius Sophronius Hieronymus[41]가《서간집》
[3.6.26]에서 말했다.

"벗을 찾는 데는 시간을 써야 하고, 벗을 얻으려면 정신을 써야 하
니, 진실로 벗은 힘을 소모해야 한다."

---

41 히에로니무스(347~420): 성서학자이자 라틴 교부다. 로마에서 공부하고 세례를
받은 뒤 아퀼레이아Aquileia로 돌아와 동료와 수행의 삶을 추구했다. 교황의 비서
로 일했으며, 386년 베들레헴에 정착해 수도원을 세우고 여생을 보냈다. 교황 다
마수스의 요청으로 옛 라틴어 번역본을 개정했다. 히브리어 원서를 라틴어로 번
역한 성서 번역본《불가타Vulgata》는 교회사의 금자탑이 되는 저술이다. 이 밖에
많은 저술을 남겼다. 암브로시우스, 아우구스티누스, 대 그레고리우스와 함께 서
방의 4대 교부로 꼽힌다.

81

벗의 유익함을 알아, 문을 나서 사람을 만나면 반드시 한 사람의 새 벗과 사귐을 이루기를 꾀한 뒤에 집에 돌아와야 한다.

知友之益, 凡出門會人, 必圖致交一新友, 然後回家矣.

[출전] 아일리아누스Claudius Aelianus[42]가 《다양한 역사Variae historiae)》[14.38]에서 말했다.

"에파미논다스Epaminondas[43]가 펠로피다스Pelopidas[44]에게 말했다. '네가 날마다 저자에 들어가 네 옛 벗 외에 또 새로운 친구를 얻지 못했다면 너는 저자를 떠나서는 안 된다.'"

82

아첨하는 벗은 벗이 아니라 도둑이다. 그 이름을 훔쳐서 이를 빌리

---

[42] 아일리아누스(175?~235): 로마의 작가이자 수사학 교사로, 그리스어를 유창하게 구사해 '꿀 혀'로 불렸다. 로마 태생이나 그리스 작가를 좋아해 고풍스러운 그리스어를 썼다.

[43] 에파미논다스(BC 410?~362): 피타고라스학파의 류시스에게 배웠고, 뛰어난 변설 재능과 기지를 지녔다. 기원전 371년 테바이로 침입한 스파르타군을 맞아 싸웠는데, 사선진斜線陣 전술로 물리쳐 스파르타의 패권을 빼앗았다. 그 뒤에도 친구 펠로피다스와 함께 테바이의 패권 확립을 위해 노력하다가 네 번째 펠로폰네소스 원정 때 만티네이아 전투에서 죽었다. 그의 죽음과 함께 테바이의 패권도 잃게 되었다.

[44] 펠로피다스(BC 410?~364): 스파르타군이 테바이를 점령하자 아테네로 망명했다. 동지들과 함께 아테네에서 테바이의 과두파寡頭派와 스파르타군을 쫓아냈다. 그 후 친구인 에파미논다스와 같이 테바이의 지도자가 되어 여러 차례 전쟁을 치렀다. 페라이의 참주僭主 알렉산드로스의 공격으로부터 지키기 위해 싸우다가 키노스케팔라이에서 전사했다.

려 하는 것일 뿐이다.

諛諂友, 非友, 乃偸者. 偸其名而僭之耳.

[출전] 플루타르코스가《벗과 아첨꾼의 구별》[4.12]에서 말했다.
"찬송하는 말로 남의 뼈에 스며들게 하고, 심지어 아첨하는 말과
아양 떠는 이야기로 그 영성을 흔드니, 이는 마치 하인이 다 자란 보
릿단을 훔치지 않고 보리 씨앗을 훔치는 것과 같다."

83

나의 복이 불러온 벗은 반드시 나의 재앙을 피하게 해준다.

吾福祉所致友, 必吾災禍避之.

[출전] 히에로니무스가《마카서 해설》에서 말했다.
"우정은 아름다우며, 벗들의 행복과 풍요를 추구한다."

84

이미 벗을 맺었거든 서로 우정이 끊어지지 않도록 경계해야 한다.
정은 한번 끊어지면 잠시 서로 붙일 수는 있어도 다시 온전해지기는
어렵기 때문이다. 옥그릇에 붙인 곳이 있으면 보기에 나쁘고, 쉬 흩어
지며, 쓸모도 적은 것처럼 말이다.

友旣結成, 則戒一相斷友情. 情一斷, 可以姑相著而難復全矣. 玉器有所黏,
惡于觀, 易散也, 而寡有用耶.

[출전] 플루타르코스가《형제적 사랑》[34.481]에서 말했다.
"무릇 합쳐 만든 그릇은 접착제가 흩어져도 이에 능히 다시 붙고

다시 합쳐진다. 하늘이 사람 몸을 만들어, 만약 부러진 곳이 있거나 다친 곳이 있을 경우 다시 붙이기를 구하지만 쉽지가 않다. 벗의 우정 또한 그러하다. 어쩌다 한번 조화를 잃으면 이를 다시 좋은 상태로 돌아가게 할 방법이 없다."

85

의사의 뜻은 쓴 약을 가지고 사람의 병을 치료함에 있고, 아첨하는 벗의 지향은 달콤한 말로 남의 재물을 구하는 데 있다.

醫士之意, 以苦藥瘳人病. 諂友之向, 以甘言干人財.

[출전] 성 요한 크리소스토무스Joannes Chrysostomus[45]가 말했다고 알려져 있기도 하나, 플루타르코스의 《벗과 아첨꾼의 구별》[4.11]에 나온다.

"연설가의 뜻은 말로 사람을 감동시키는 데 있고, 의사의 뜻은 약으로 사람을 치료하는 데 있으며, 아첨하는 자의 뜻은 달콤한 말, 꿀 같은 언어로 남을 속이는 데 있다."

---

45 성 요한 크리소스토무스(347~407): 안티오키아 출신으로, 콘스탄티노폴리스의 주교이자 교부였다. 설교가의 주보主保로, 축일은 9월 13일이다. 386년 사제품을 받았고, 398년에 주교품을 받았다. 그의 설교는 듣는 이들의 마음에 큰 울림을 남겼다. 교회를 개혁하고 불의한 황실 권력에 맞서 사회적 약자들의 권리를 지키다가 추방되어 유배길에서 선종했다. 아타나시우스, 대 바실리우스, 나지안루스의 그레고리우스와 더불어 동방의 4대 교부로 일컬어진다. 저서에 《사제직》 등이 있다.

86

자기를 벗 삼을 수 없으면서, 어떻게 남과 벗하겠는가?

不能友己, 何以友人?

[출전] 세네카가《도덕서간》[9.9]에서 말했다.

"네가 마땅히 먼저 너 자신과 더불어 벗이 된 뒤에 남과 벗이 된다."

세네카의 원서에는 이렇게 나온다.

"내가 벗과 교유함은 내 몸에서 시작된다."

87

지혜로운 사람이 경박한 벗을 떼어내려고 할 때는 조금씩 거리를
두지, 빠르게 끊어버리지 않는다.

智者欲離浮友, 且漸而違之, 非速而絶之.

[출전] 키케로가《의무론》[1.33.120]에서 말했다.

"벗이 기뻐할 수는 있어도 믿을 수는 없는 사람일 경우, 지혜로운
사람은 반드시 조금씩 그와 떨어져서, 급작스럽게 관계를 끊어버리지
는 않는다."

88

여러 사람과 우정을 나누려 하는 것은 번거롭다. 내가 마침내 원통
한 원수가 없다면 그것으로 충분하다.

欲於衆人交友則繁焉. 余竟無寃仇, 則足已.

[출전] 세네카가《도덕서간》[2.14.7]에서 말했다.

"사람마다 벗으로 삼는 것은 번거로우니, 원망도 없고 원수도 없다면 그것으로 충분하다."

89

저 사람이 벗이 아닌데도 너를 믿을 경우, 너는 그를 속이지 못한다. 이를 속인다면 지극히 악하다는 증거가 되기 때문이다.

彼非友信爾, 爾不得而欺之. 欺之至惡之之效也.

[출전] 키케로가 《아메리아의 로스키우스를 위한 변론》[40.116]에서 말했다.

"가장 작은 일로 벗을 속이는 것은 또한 가장 큰 수치이다."

90

영원한 덕은 영원한 벗의 훌륭한 양식이다. 무릇 사물은 시간이 오래되면 사람들이 싫증 내지 않음이 없다. 오직 덕만은 오래되면 될수록 더욱 사람의 마음을 감동시킨다. 덕이 원수에게 있더라도 오히려 아낄 만한데, 하물며 벗에게 있음에랴!

永德永友之美餌矣. 凡物無不以時久爲人所厭. 惟德彌久, 彌感人情也. 德在仇人猶可愛, 況在友者歟!

[출전] 키케로가 《우정론》[9.29]에서 말했다.

"어떤 사람들은 미덕을 최고선으로 여기는데, 그것은 옳은 견해이다. 바로 이 미덕이 우정을 낳고 지켜주니, 미덕 없이는 우정은 어떤 경우에도 존재할 수가 없다. …… 늘 가까이 할 수 있는 사람에게서 미덕과 탁월성을 볼 수 있다고 생각될 때 우리의 마음이 감명받는다고 해서 뭐가 그리 놀랍단 말인가?"

91

알렉산드로스Alexandros[46] 대왕대 서역의 옛 황제(總王)[47]이 다급한 일을 만나 몸소 큰 진영 속으로 들어갔다. 이때 보필하던 신하가 이를 말리면서 말했다.

"일이 이처럼 위험한데, 폐하께서는 무엇으로 몸을 면하시렵니까?"

왕이 말했다.

"너는 간사한 벗에게서 나를 벗어나게 하였으니, 드러난 원수는 나 스스로 능히 막겠다."

歷山王 大西域古總王值事急, 躬入大陣, 時有弼臣止之曰: "事險若斯, 陛下安以免身乎?" 王曰: "汝免我于詐友, 且顯仇也, 自乃能防之."

[출전] 쿠르티우스Quintus Curtius Rufus[48]가 《알렉산드로스 대왕의 역사》[9.6]에서 말했다.

"어떤 사람이 왕에게 말했다. '원컨대 폐하께서는 스스로 위험에 몸을 던지지 마십시오.' 왕이 대답했다. '너희가 마땅히 짐朕을 집안사람들의 은밀한 음모와 간사한 꾀에서 지켜주었으니, 전쟁의 위험 같

---

46 알렉산드로스(BC 356~323): 마케도니아의 정복왕. 그리스, 페르시아, 인도에 이르는 대제국을 건설했다. 33세의 젊은 나이에 죽었는데, 그 뒤 대제국의 영토는 마케도니아, 시리아, 이집트 세 나라로 갈라졌다.

47 總王: 마테오 리치와 마르티니는 서양의 황제를 모두 '총왕'으로 일컬었다.

48 쿠르티우스: 1세기에 활동한 전기작가로, 생애에 대해서는 알려진 것이 없다. 알렉산드로스의 전기를 써 아시아에서의 그의 공적에 대해 자세하게 밝혔다.

은 것은 내가 장차 몸소 감당할 수 있다. 염려하지 마라.'"

92

알렉산드로스 왕이 또한 이름을 제논善諾이라고 하는 어진 선비와
사귀기를 바랐다. 먼저 사람을 시켜 수만금을 그에게 바쳤다. 제논이
성을 내며 말했다.

"왕께서 이런 뜻으로 주신다니, 내가 어떤 사람이란 말인가?"

심부름 온 사람이 말했다.

"그렇지 않습니다. 왕께서 그대가 지극히 청렴함을 아시는지라 이
것을 바치게 했을 뿐이오."

제논이 말했다.

"그렇다면 마땅히 내가 청렴하도록 놓아두어야 한다."

그러고는 손을 내저으며 받지 않았다.

사관史官이 이를 단안하여 말했다.

"왕이 선비의 우정을 사려 했지만, 선비는 팔지 않았다."

歷山王亦冀交友賢士, 名爲善諾. 先使人奉之以數萬金. 善諾怫而曰: "王貺
吾以玆意, 吾何人耶?" 使者曰: "否也. 王知夫子爲至廉, 是奉之耳." 曰: "然則當
容我爲廉已矣." 而麾之不受. 史斷之曰: "王者欲買士之友, 而士者毋賣之."

[출전] 플루타르코스가《영웅전》[18.1-2]에서 말했다.

"알렉산드로스 대왕이 사람을 보내 페르시아 왕의 창고에서 포키
온[49]에게 거금을 주었다. 포키온이 사자에게 말했다. '왕께서 아테네

---

[49] 마테오 리치는 '제논'이라고 했으나, 원전에는 '포키온'으로 나온다.

사람 중에 홀로 나를 중히 여겨서 이 같은 의례로 선물을 주시니, 내가 어떤 사람이 되겠는가?' 사자가 대답하였다. '왕께서는 당신을 그리스 사람 중에 가장 어질게 생각하십니다.' 포키온이 말했다. '나를 왕의 마음과 눈 속의 사람이 되도록 받아들여주기를 청합니다.' 알렉산드로스 대왕은 진실로 위대하였고, 포키온은 이보다 더하였으니, 대개 그가 비록 궁하였지만 이처럼 후한 예물을 탐내어 받으려 들지 않았다."

93

알렉산드로스 왕이 황제가 되기 전에는 나라에 창고가 없었다. 무릇 재물을 얻으면 후하게 사람들에게 나눠주었기 때문이다. 적국의 왕은 부유하고 성대하였지만, 오직 일마다 창고를 채우기에 힘쓰면서 알렉산드로스를 비웃으며 말했다.

"그대의 창고는 어느 곳에 있는가?"

알렉산드로스가 말했다.

"벗의 마음속에 있소."

歷山王未得總位時, 無國庫. 凡獲財, 厚頒給與人也. 有敵國王富盛, 惟事務充庫, 譏之曰: "足下之庫, 在於何處?" 曰: "在於友心也."

[출전] 플루타르코스가《영웅전》[15.34]에서 말했다.

"어떤 이가 알렉산드로스 대왕에게 나라의 창고가 어디에 있느냐고 물었다. 왕이 벗을 가리키며 말했다. '여기에 있다네.'"

94

옛날에 친구를 잘 대접하고 풍성하게 베풀어주다가 본래의 가산을 탕진한 사람이 있었다. 곁에 있던 사람이 혹 물어보았다.

"재물을 모두 벗에게 주고 나면 자기에게는 무엇이 남을까요?" 대답하였다.

"벗에게 베푼 즐거움이 남습니다."

다른 전승에서는 이렇게 대답했다.

"벗에게 베푼 기억이 남습니다."

뜻이 속되고 이상하지만 모두 아름답다.

昔年有善待友而豊惠之, 將盡本家産也. 傍人或問之曰: "財物畢與友, 何留於己乎?" 對曰: "惠友之味也." 別傳對曰: "留惠友之冀也." 意俚異而均美焉.

[출전] 플루타르코스가 《영웅전》[15.34]에서 말했다. "알렉산드로스 대왕이 장차 배에 오르면서 벗의 재산을 모두 조사하고, 이를 구분하여 마을과 토지와 세금과 항구를 주었다. 왕의 재산을 나눠주어 거의 없어지자, 어떤 이가 말했다. '폐하께서 자신에게는 장차 무엇을 남기시렵니까?' 알렉산드로스 대왕이 대답했다. '내게 남기려는 것은 희망이라네.' 그가 말했다. '저희가 폐하와 더불어 함께 군대 가운데 있으니, 우리의 희망 또한 장차 폐하와 더불어 함께하겠습니다.'"

95

옛날에 두 사람이 함께 길을 가는데, 한 사람은 지극히 부유했고, 한 사람은 너무도 가난했다. 어떤 이가 말했다.

"두 사람이 벗이 됨이 너무도 친밀하군요."

테오프라스투스Theophrastus, 竇法德[50]옛 이름난 어진 선비가 이 말을 듣고 말했다.

"그렇다면 어떻게 한 사람은 부자가 되고, 한 사람은 가난뱅이가 되었겠는가?" 벗이라고 하는 것은 모두 함께하는 것이다.

古有二人同行, 一極富, 一極貧. 或曰: "二人爲友, 至密矣." 竇法德古者名賢聞
之, 曰: "旣然, 何一爲富者, 一爲貧者哉?" 言友之物皆與共也.

[출전] 이 단락은 출처가 분명치 않다.

96

옛날에 어떤 사람이 그 벗에게 의롭지 못한 일을 요구했다가 함께
하지 못하게 되자, 이렇게 말했다.

"네가 진실로 내가 구하는 것을 함께 하지 않겠다니, 어찌 다시 너
의 친구가 되겠는가?"

그 사람이 말했다.

"진실로 네가 내게 의롭지 않은 일을 요구하니, 어찌 다시 너의 친
구가 되겠는가?"

昔有人求其友, 以非義事, 而不見與之, 曰: "苟爾不與我所求, 何復用爾友
乎?" 彼曰: "苟爾求我以非義事, 何復用爾友乎?"

[출전] 발레리우스가《기억할 만한 말과 행동》에서 말했다.

"어떤 벗이 의롭지 않은 일을 루틸리우스Publius Rutilius Rufus[51]에게

---

50 테오프라스투스(BC 371?~287?): 그리스의 철학자이자 과학자. 아리스토텔레스의
대표적인 제자로, 아리스토텔레스 사후 그 학파를 이끌었다.

51 루틸리우스(BC 158?~78?): 티베리우스가 통치하던 시기에 활동한 로마의 정치가, 군
인, 연설가, 수사학자다. 감각적이고 수사학적인 인물들을 라틴어로 잘 번역해 정
리했다. 율리우스 카이사르의 삼촌이며, 그리스어로 로마의 역사를 쓰기도 했다.

구하자, 루틸리우스가 이를 거절했다. 그 사람이 몹시 기분 나빠 하면서 말했다. '네가 내가 구하는 것을 주지 않으니, 내가 어찌 너를 벗으로 여기겠는가?' 그가 대답했다. '진실로 내가 모름지기 너를 위해 의롭지 않은 일을 한다면, 내가 다시 어찌 너의 친구가 되겠는가?'"

97

서양의 한 옛 왕이 일찍이 한 선비를 벗으로 사귀어, 도읍 안에서 후하게 대접하며 그를 지혜롭고 어진 사람으로 생각하였다. 날이 오래 지났는데도 간언을 올리는 것을 보지 못하자, 그를 사절하며 말했다.

"짐도 사람이니 능히 허물이 없을 수가 없소. 그대가 이를 보지 못했다면 지혜로운 선비가 아니고, 보고서도 간하지 않았다면 어진 벗이 아닐 것이오."

예전 왕은 허물을 간하지 않았다 하여 이와 같이 했는데, 만약 요즘의 글로 허물을 꾸미는 자와 만났더라면 마땅히 어떠하였겠는가?

西土之一先王, 曾交友一士, 而腆養之于都中, 以其爲智賢者. 日曠, 弗見陳諫, 卽辭之曰: "朕乃人也, 不能無過. 汝莫見之, 則非智士也. 見而非諫, 則非賢友也." 先王弗見諫過且如此, 使値近時, 文餙過者當何如?

[출전] 이 단락은 출처가 분명치 않다.

98

스키타이Scythia, 是的亞북방의 나라 이름의 풍속은 유독 벗을 많이 얻은 사람을 일컬어 '부자'라고 한다.

是的亞是北方國名俗, 獨多得友者, 稱之謂富也.

[출전] 이 단락은 출처가 분명치 않다.

99

크로이소스Croesus, 客力所[52]西國王名 서양 나라 임금의 이름 왕은 평민으로 큰 나라를 얻었는데, 한 어진 이가 나라를 얻고 나서 행할 큰 뜻에 대해 묻자 그가 대답했다.

"내 벗에게 은혜를 베풀고, 내 원수를 갚겠소."

현인이 말했다.

"벗에게 베풀되, 은혜로움을 써서 원수를 벗으로 만드는 것만 못합니다."

客力所西國王名以匹夫得大國, 有賢人問得國之所行大旨. 答曰: "惠我友, 報我仇." 賢曰: "不如惠友, 而用恩俾仇爲友也."

[출전] 스토바이우스의 《발췌 모음집》에 나온다.

"소크라테스Socrates[53]가 크로이소스 왕에게 나라를 얻은 뒤에 어떤

---

52 크로이소스(BC 595~547?): 리디아의 마지막 왕. 기원전 547년 페르시아제국에 전쟁을 걸었다가 패해 떠돌이가 되었다. 부유한 것으로 유명해, 헤로도토스의 《역사》에 그리스의 현인 솔론과의 이야기가 전한다.

53 소크라테스(BC 469?~399): 플라톤, 아리스토텔레스와 함께 고대 그리스 철학의 전성기를 이룩했다. 아테네에서 태어나 광장을 거닐며 철학적 토론에 매진했는데, 다양한 계층의 제자가 모여들었다. 강의를 통해 세속적인 명예와 부를 누린 소피스트와 달리 대가로 돈을 받지 않았다. 만년에는 기존 민주주의 세력과 귀족주의 정파 간의 갈등에 휘말려 결국 신성모독과 청년을 현혹한다는 죄목으로 사형판결을 받았다. 플라톤의 《대화편》과 크세노폰Xenophon의 《회고록Memorabilia》 등에 소크라테스의 생애가 자세하다.

일을 가장 중요하게 여기는지 물었다. 대답하였다. '내 원수를 갚고, 내 벗에게 은혜를 내리겠소.' 소크라테스가 말했다. '당신이 능히 원수를 변화시켜 벗이 되게 하는 것이 더 낫지 않을까요?'"

100

메가바주스Megabazus, 墨臥皮[54]옛날의 이름난 선비가 큰 석류를 쪼개서 열자, 어떤 사람이 물었다.

"그대는 어떤 물건을 석류의 씨처럼 많이 얻고 싶으신지요?"

그가 말했다.

"충직한 벗입니다."

墨臥皮古聞士者折開大石榴, 或人問之曰: "夫子何物願獲如其子之多耶?" 曰: "忠友也."

[출전] 헤로도토스Herodotos[55]의 《역사Historiae》[4.143.1-2]에는 페르시아제국의 다리우스Darius 1세[56] 왕이 페르시아인에게 말하는

---

54 메가바주스: 메가바테스Megabates의 아들로, 다리우스 왕의 페르시아 장군이다. 헤로도토스의《역사》에 그에 대한 인적 사항이 나온다.

55 헤로도토스(BC 484?~425?): 고대 그리스의 역사가로, 그레코와 페르시아 전쟁에 대한 상세한 기록인《역사》를 남겼다. 키케로는 그를 '역사의 아버지'라고 불렀다. 그의《역사》는 직접 조사해서 얻은 지식을 바탕으로 집필되었다. 그는 위대한 사람들의 흔적을 남기고, 아시아와 헬라스가 반목하게 된 연유를 밝히기 위해 이 책을 썼다.

56 다리우스 1세(BC 550~486): 페르시아제국 아케메네스Achaimenes 왕조의 왕(재위 BC 522~486)으로, 페르시아를 세계적인 제국으로 확장했다. 당시 페르시아의 영토는 동으로 인더스강, 서로는 에게해 북안, 남으로는 사하라사막에 이르는 광대

대목에서, 다리우스 왕이 석류를 쪼갰을 때 아르타바누스_{Artabanus}[57]
가 질문한 내용으로 다르게 나온다.

만력 23년(1595) 을미년 3월 15일[58]

萬曆 二十三年 歲次乙未 三月望日

한 지역을 포함했다. 그는 이를 20주로 분할해서 총독을 임명해 중앙집권적 통
치 질서를 구축함으로써 향후 150년간의 페르시아제국의 기초를 닦았다.

57 아르타바누스(BC ?~465): 페르시아 아케메네스 왕조 크세르크세스 1세의 장관으
로, 한때 이집트에 의해 왕으로 인정받았으나, 동료인 메가바주스에게 배신당해
아르타크세르크세스에게 살해되었다.

58 만력 23년(1595) 을미년 3월 15일:《교우론》본문 끝에 적힌 1595년 3월 15일이
라는 날짜는 요령부득이다. 마테오 리치가 이 책을 지은 것이 1595년 8월 15일
남창에서 건안왕 주다절과 처음 만난 이후의 일이기 때문이다. 델리아는 자신의
책에서 이 날짜를 인쇄 당시의 오자라고 보았는데, 마테오 리치가 100개가 아닌
76개의 단락을 이탈리아어로 옮겨 적은 필사본(브리티시도서관 소장)에도 동일한
날짜가 적혀 있다. 마테오 리치가 숫자를 쓰면서 'XI월 15일'이라고 쓴 것을 잘
못 읽어 3월로 썼다는 견해도 있지만, 이 필사본의 등장으로 이 문제는 다시 미
궁에 빠졌다. 건안왕과 만나기 전에《교우론》의 초고를 개인적으로 미리 만들어
두었을 가능성도 고려할 수 있다. 아무리 짧은 문장이라 하더라도 여행 중 단 며
칠 만에 이것을 모두 한문으로 번역했다고 보기에는 무리스러운 점이 있기 때문
이다. 근래 번역된《이마두서신집利瑪竇書信集》에 수록된, 1596년 10월 13일 로마
예수회 총장 클라우디오 아콰비바Claudio Acquaviva 신부에게 보낸 편지에도 이 같
은 정황이 드러나 있다. 자세한 내용은 해제를 참조할 것.

《교우론》을 판각하며 쓴 서문[59]

刻交友論序

명나라 만력 신축년(1601) 봄 1월 인일人日에

우이盱眙 풍응경馮應京[60]이

초얼사楚臬司의 명덕당明德堂에서 삼가 쓴다.

明萬曆辛丑春, 正月人日, 盱眙馮應京敬書於楚臬司之明德堂.

　　서태자西泰子 이마두가 8만 리의 고생 끝에 동쪽으로 와 중국에서 노닒은 벗을 사귀기 위해서이다. 그는 사귐의 도리에 대해 깨달은 것이 깊어 서로 구함이 간절하고, 서로 함께함에 독실하였으며, 사귐의 도리를 논한 것은 유독 상세하였다. 아, 벗이 관계된 것이 크도다! 임금과 신하는 의롭지 않을 수 없고, 아비와 자식은 친하지 않을 수 없으며, 지아비와 지어미는 구분이 없을 수 없고, 어른과 아이는 차례가 없을 수 없다. 이 어찌 사귐이 없을 수 있겠는가?

---

59 이 서문은 《사고전서존목총서四庫全書存目叢書》 본에 수록된 《천학초함天學初函》에 실려 있다(자부子部 93, 502~503면 수록).

60 풍응경(1555~1606): 명나라의 관리로 자는 가대可大, 호는 모강慕崗이다. 안휘安徽 사주泗州 사람으로, 만력 20년(1592)에 진사가 되어 벼슬이 호광감찰어사湖廣監察禦史에 이르렀다. 뒤에 마테오 리치의 권고를 받아 천주교에 귀의했다.

西泰子間關八萬里, 東遊於中國, 爲交友也. 其悟交道也深, 故其相求也切, 相與也篤, 而論交道獨詳. 嗟夫, 友之所繫大矣哉! 君臣不得不義, 父子不得不親, 夫婦不得不別, 長幼不得不序. 是烏可無交?

대저 사귐은 대충대충 시끄럽게 서로 어울리고 서로 베풀고 보답하는 것만이 아니다. 서로 도와주고 보탬이 되며 바로잡고 완성시키는 가운데, 그 중간에 그만둘 수 없음에 뿌리를 두고 그 끝에 풀지 못함에 이르는 것을 일컬어 사귐이라 한다. 세상에는 내가 겉으로 대하는데 벗이 마음으로 대하는 경우는 있지 않고, 또한 내가 마음으로 대하는데 벗이 겉으로만 대하는 경우도 있지 않다. 새는 벗의 소리가 있고, 사람은 친구가 있다. 새가 거짓이 없는데 사람이 거짓을 용납하겠는가!

夫交非汎汎然相譁洽. 相施報而已, 相比相益, 相矯相成, 根於其中之不容已, 而極於其終之不可解, 乃稱爲交. 世未有我以面, 而友以心者, 亦未有我以心, 而友以面者. 鳥有友聲, 人有友生. 鳥無僞也, 而人容僞乎哉!

내가 불민하여 일찍부터 서책에 빠진지라, 책상자를 지고 벗을 찾아다니며 동서남북으로 장하게 노닐 겨를이 없었다. 이에 나랏일로 우의를 돈독히 하다가 서태자가 산과 바다를 소요하면서 벗과 사귐에 힘쓰는 것을 살펴보니, 특별히 남는 부끄러움이 있었다. 이에 그의 논의를 음미해보고는 동양과 서양의 이 마음과 이 이치를 더욱 믿게 되었다.

京不敏, 蚤溺鉛槧, 未遑負笈求友, 壯遊東西南北. 乃因王事敦友誼, 視西泰子逍遙山海, 以交友爲務, 殊有餘愧. 爰有味乎其論, 而益信東海西海, 此心此理也.

이를 인쇄에 부치니, 보는 사람들이 내가 사귐의 도리를 무겁게 여김을 알아서 차마 버리지 말기를 바란다. 그러면 얼굴을 못 보고 말을 접해보지 않았더라도 바라건대 정신으로 사귀어 양수陽燧가 해를 향하고, 방제方諸가 달을 향하듯[61] 물과 불이 상응하여 생겨남을 알게 될 것이다. 내가 어찌 감히 그 덕을 잊겠는가!《교우론》은 무릇 100장인데, 이것에 기대 벗을 구하는 폐백으로 삼는다.

付之剞劂, 冀觀者知京重交道, 勿忍見棄. 即顔未承, 詞未接, 願以神交, 知陽燧向日, 方諸向月, 水火相應以生. 京何敢忘德! 交友論凡百章, 藉以爲求友之贄.

---

61 양수가 …… 달을 향하듯: 양수는 고대에 번쩍거리는 금잔을 문질러 뜨겁게 하였다가 햇볕에 쪼이고 깃을 대 불을 일으키던 기구고, 방제는 달(月)에서 물을 받아내는 그릇인데, 달밤에 구리소반(銅盤)에다 받쳐서 받는다고 한다. 받은 물은 방제수方諸水 또는 명수明水라고 하여, 가장 맑고 깨끗하다고 여겨서 제사 지내는 데 썼다고 한다.

대 서역 이마두 공이 지은
《우론》의 서문[62]

大 西 域 利 公 友 論 序

만력 기해년(1599) 정월 초여드렛날에

벗 구여기瞿汝夔 [63]가 서문을 쓴다.

萬曆己亥正月穀旦, 友人瞿汝夔序.

---

62 이 서문은 1599년 만력 연간에 간행된 《교우론》의 첫머리에 얹힌 글이다. 책의 원본은 바티칸도서관에 소장되어 있다. 서문 끝에 주문인朱文印 '구여기인瞿汝夔印'과 백문인白文印 '원화보元化父'의 인장이 찍혀 있다. 책 제목인 '교우론'의 1595년 당시 최초의 이름은 '우론友論'이었다. 대영도서관에 소장된 마테오 리치 수초본手抄本 원문의 첫머리에는 자신의 서문 앞에 '답건안왕건재자우론인答建安王乾齋子友論引'으로 나오고, 1607년 절강의 주정책朱廷策 각본에서도 '우론'이라는 이름을 썼다.

63 구여기(1549~?): 강소성 상숙常熟 사람이다. 자가 원화元化, 호는 태소太素다. 부친인 구경순瞿景淳은 상서尙書를 지냈다. 젊은 시절 방탕하여 벼슬길에 뜻을 두지 않고 떠돌다가 조경肇慶에서 마테오 리치를 처음 만나 알게 되었고, 이후 소주에서 다시 만나 사제의 인연을 맺었다. 마테오 리치에게 승려의 복장을 거두고 유생의 복장으로 갈아입게 한 것도 그였다. 1604년 장남 구식곡瞿式穀을 세례받게 하여 '마테오'라는 세례명을 얻었고, 이듬해인 1605년 본인도 영세를 받았는데, 세례명은 이냐시오다. 마테오 리치와 가장 가까웠던 중국 친구로, 마테오 리치는 그를 두고 '나의 오래되고 가장 훌륭한 친구'로 표현하기도 했다. 처음에는 연금술에 관심이 있어, 마테오 리치가 여기에 조예가 깊다고 여겨 그에게 접근했다. 마테오 리치와 수학과 과학에 대한 관심사를 함께 나눴고, 1593년 《기하원본》의 중국어 번역을 도왔다.

옛날 주周나라는 덕을 쌓고 인仁을 포개어 그 빛이 온 세상을 덮어, 월상越裳과 숙신肅愼[64]이 여러 차례의 통역을 거쳐, 와서 조공을 바쳤다. 주나라 문공文公이 사양하여 자리에 서지 않으면서 말했다.

"정삭正朔을 더하지 않았기에[65] 감히 신하로 받아들이지 못하겠다."

이때에는 손님의 예로써 이들을 대접하였으니,《주관周官》과《일주서逸周書》의 〈왕회王會〉[66]가 역사책에 남아 있다. 이때 이후 한나라는 사막의 나라들과도 교통하였고, 당나라가 바다의 나라들을 초빙하여, 비록 또한 다른 지역임에도 나란히 덕으로 감화시키기에 이르렀지만 일컬어짐은 드물었다. 이 때문에 정실庭實, 즉 조공으로 바친 물품이 번다하였음에도 저술 속에는 남아 있지 않다.

昔周家積德累仁, 光被四表, 以致越裳肅愼, 重譯來獻. 周文公讓而不居, 曰: "正朔不加, 未敢臣畜." 于時以賓禮賓之, 而周官王會, 著在史冊. 自時厥後, 漢通

---

64 월상과 숙신: 고대 이민족의 이름. 월상은 고대 남해에 있던 나라로,《후한서》〈남만전南蠻傳〉에 "교지국交趾國의 남쪽에 월상국이 있다. 주공이 섭정한 지 6년째 되던 해에 예악을 제정하여 천하가 화평하자, 월상국에서 세 통역으로 여러 차례 통역하여 흰 꿩을 바쳤다"라고 나온다. 숙신은 중국의 동북 지역에 위치한 북방 민족으로, 주 무왕武王과 성왕成王 때 호시楛矢와 석노石砮를 가지고 조공하였다. 한나라 이후에는 읍루挹婁, 물길勿吉, 말갈靺鞨, 여진女眞으로 갈라졌다.

65 정삭을 더하지 않았기에: 정삭은 고대 제왕이 새로 반포하는 역법을 말한다. 고대에는 역성易姓으로 천명을 받았을 경우 반드시 정삭을 개정했다. 정正은 한 해의 시작을, 삭朔은 달의 시작을 말한다. 새로운 천자가 정사가 나로부터 시작된다는 뜻을 나타내기 위해 역법을 새로 고치는 것을 가리킨다. 여기서는 자신이 천자가 아니어서 신하로 받아들이지 않는다는 의미로 썼다.

66 《주관》과 《일주서》의 〈왕회〉:《주관》은《주례周禮》의 이칭으로, 주나라 때 관직 제도에 대해 기술한 책이다. 13경의 하나다. 왕회는 원래 고대에 제후와 사방의 이민족이 천자에게 조공을 바치려고 모이는 것을 가리킨다. 여기서는《일주서》71편 중 〈왕회〉 편을 가리킨다.

漠磧, 唐聘海邦, 雖亦殊域, 並至德感, 鮮稱. 故庭實則繁而論著罔列.

아! 우리 대명大明의 성세盛世가 백대에 우뚝하여 신성神聖이 잇달아 일어나고 덕을 베풂이 끝이 없어, 먼 지방의 큰 덕이 있는 이를 불러들이게 되었다. 이공利公 즉 마테오 리치 같은 이는 교화를 사모하여 찾아와 정성을 다하였으나, 현달하기를 바라지 않고 일반 백성과 나란히 서기를 원하였다. 성인의 가르침을 외우고 왕의 법도를 높이며 관冠과 허리띠를 받고 봄가을로 제사를 지내면서, 몸을 지키는 행실을 행하여 참된 닦음을 실천하고, 하늘을 공경히 섬기는 뜻을 펴서 바른 학문에 보탬이 되니, 초재楚材와 희헌希憲[67]쯤은 이공과 더불어 똑같이 말할 수가 없다.

洪惟我大明中天, 冠絶百代, 神聖繼起, 德覆無疆, 以致遐方碩德. 如利公者, 慕化來款, 匪希聞達, 願列編氓. 誦聖謨, 尊王度, 受冠帶, 祠春秋, 躬守身之行, 以踐眞修, 申敬事天之旨, 以裨正學, 即楚材希憲, 未得與利公同日語也.

---

67 초재와 희헌: 초재는 원나라 야율초재耶律楚材, 희헌은 원나라 염희헌廉希憲이다. 모두 이민족 출신의 학자로 이름이 높았다. 야율은 성, 초재는 이름, 자가 진경晉卿, 호는 담연거사湛然居士 또는 옥천노인玉泉老人, 시호는 문정文正이다. 야율초재는 천문·지리·율력律曆·술수術數·석로釋老·의복醫卜에 정통해, 원元 태조太祖가 정벌에 나설 때에는 늘 그에게 먼저 점을 치도록 했다. 그 밖에 월식月蝕이나 사람의 운명을 알아맞히는 등 신이한 행적이 많았다. 염희헌은 나이 19세에 궁중에 들어갔고 경사經史를 손에서 떼지 않았다. 하루는《맹자》를 읽다가 원 세조世祖의 부름으로 책을 가지고 들어갔는데, 세조가 책의 내용을 묻자, 그가 성선性善·의리義利·인폭仁暴 등을 들어 대답하므로 세조가 가상히 여겨 '염맹자廉孟子'로 불렀다고 한다. 두 사람 모두 한족이 아닌 이족 출신으로 정학에 정통했다는 의미로 썼다.

만력 기축년(1589)에 내가 남쪽으로 나부羅浮[68] 땅에 놀러 갔는데, 인하여 사마절재司馬節齋 유계문劉繼文[69] 공을 방문하였다가 마테오 리치를 단주端州[70]에서 만나보았다. 눈으로 잠깐 본 사이에도 이미 시원스러운 모습이 기이하였다. 유계문 공이 그를 소주韶州로 옮기니, 내가 마침 조계曹谿[71]에 들렀다가 또 공과 이곳에서 만나서 공을 따라 상수학象數學[72]을 강론하고는 두 해 만에 작별하였다. 공과 헤어진 지 6년 만에 공은 더욱 북쪽으로 가서 중국을 배웠고, 예장豫章[73]에 이르러 무대撫臺 중학仲鶴 육만해陸萬垓[74] 공이 억류하는 바람에 남창에 머

---

68 나부: 광동성廣東省 동강東江 북쪽 지역에 위치한 산으로, 매화의 산지로도 유명하다. 동진東晉 때 갈홍葛洪이 이곳에서 수도하였으므로 도교에서는 이곳을 '제칠동천第七洞天'이라고 한다.

69 사마절재 유계문: 남경 사람으로 절재는 그의 호다. 그는 당시 광서순무廣西巡撫를 따라 양광총독兩廣總督을 맡아 서양 선교사들이 중국에서 전교하는 것에 대해 엄격한 보수적 정책을 시행했다. 당시 조경에서 전교하던 외국 선교사들을 마카오로 되돌려보내거나 소주 성내 남화사南華寺에 감금하게 하기도 했다. 몇 차례의 교섭 끝에 마테오 리치 일행은 소주 지역에 새로운 거점을 세울 수 있었다.

70 단주: 조경의 다른 이름이다.

71 조계: 소주 남쪽 60리 지점의 이름난 절 남화사가 있던 곳의 지명이다. 당시 마테오 리치는 유계문의 지시에 따라 남화사에 억류되어 있었다.

72 상수학: 원래는 송나라 소옹邵雍이 주창한 학설로, 우주만물의 생성을 설명한 선천상수학先天象數學과 후천학後天學을 가리키나, 여기서는 서양의 천문학과 역법을 가리키는 의미로 썼다.

73 예장: 강서성江西省 북부 지역의 예장군豫章郡을 가리키는데, 남창현南昌縣이 군치郡治다.

74 무대 중학 육만해(1533~1598): 자는 천부天溥 또는 천휴天畦, 호가 중학이다. 가흥嘉興 평호平湖 사람이다. 1568년 진사에 올랐고, 복건성 복녕福寧 지주知州와 형부원외랑刑部員外郎을 지냈다. 당시 강서순무江西巡撫의 직임을 맡았는데, 마테오

물렀다. 여가에 건안군왕建安郡王[75] 전하와 더불어 논의가 우도友道에 미치매 저술하여 한 권의 책을 이루었다. 공이 이를 들어 나에게 보여주며 나로 하여금 한마디 말로 책머리에 얹게 하였다.

萬曆己丑, 不佞南遊羅浮, 因訪司馬節齋劉公, 與利公遇于端州. 目擊之頃, 已灑然異之矣. 及司馬公徙公于韶, 予適過曹谿, 又與公遇于是, 從公講象數之學, 凡兩年而別. 別公六年所, 而公益北學中國, 抵豫章, 撫臺仲鶴陸公留之, 駐南昌. 暇與建安郡王殿下, 論及友道, 著成一編. 公擧以示不佞, 俾爲一言弁之.

내 생각에 호시楛矢와 백치白雉[76]가 명리名理와 관계가 없지만, 옛날의 지혜로운 임금은 오히려 이를 반포하여 보여서 밝은 덕을 드러내셨다. 이제 마테오 리치 공은 지극히 크고 높은 자질로 다만 손님으로 왔을 뿐 아니라, 성인의 교화를 따라 익혀 우리 중국의 문자를 가지고 저들의 스승에게서 받은 것을 번역하였다. 이 마음과 이 이치가 마치 부절을 맞춘 것과 같은지라, 이에 힘입어 이를 기록하여 풍속을 진술

리치의 풍부한 학식에 반해 남창에 장기 체류하게 했다. 원문의 '무대'는 순무의 직임을 나타낸다.

75 건안군왕: 당시 건안군왕으로 있던 황족 주다절朱多㸑을 가리킨다. 그는 건안 혜화왕惠和王 주모롱朱謀㙔의 아들로, 아버지를 이어 건안왕에 습봉되었다. 마테오 리치는 1595년 4월 18일에 소주를 떠나 남경으로 갔다가, 6월 28일 다시 남창으로 돌아왔고, 그해 8월 15일과 20일에 건안왕의 잔치 자리에 초대받아 갔다가 우정에 관해 이야기를 나누고, 건안왕의 요청에 따라 이 책《교우론》을 저술했다. 8월 29일에는 마테오 리치가 중국 지식인들에게 자신의 기억술을 선보여 그들을 놀라게 했다.

76 호시와 백치: 호시는 단단하고 재질이 질긴 싸리나무로 만든 화살이다. 백치는 흰 꿩을 말한다. 숙신에서는 호시를, 월상에서는 백치를 가져와서 바쳤으므로 첫 단락에 이어 여기서 다시 설명한 것이다.

하고 노래를 채집하여 바치는 일에 대비하였다. 나라를 위한 상서로움이 싸리나무 화살이나 흰 꿩을 백 번 포갠 것보다 더 낫지 않겠는가!

予思: 楛矢白雉, 非關名理, 而古先哲王, 猶頒示之, 以昭明德. 今利公其彌天之資, 匪徒來賓, 服習聖化, 以我華文, 譯彼師授. 此心此理, 若合契符, 藉有錄之, 以備陳風采謠之獻. 其爲國之瑞, 不便在楛矢白雉百累之上哉!

그 논의의 정수에 이르러서는 그 안에 절로 두루 갖추어져 있으므로 굳이 집어낼 필요가 없다. 하지만 공에 있어서는 다만 백분의 일일 따름이다. 혹 상국相國 방융房融[77] 같은 이가 있어 그 성명性命 이수理數의 주장을 붓으로 받아적어, 일가를 이루어 온 나라에 보관케 하고 명산에 따로 간직하게 하여 만세 이하로 하여금 그 풀이를 알게 한다면, 틀림없이 하늘을 부지런히 섬기는 기준이 아님이 없을 것이다.

至其論議精粹, 中自具足, 無俟拈出矣. 然于公特百分一耳. 或有如房相國融等, 爲筆授其性命理數之說, 勒成一家, 藏之通國, 副在名山, 使萬世而下, 有知其解者, 未必非昭事上天之準的也.

---

77 방융: 당나라 때 회주장사懷州長史, 정간대부正諫大夫를 지낸 인물로, 하남 사람이다. 그가 광주廣州에 있을 때 천축국의 승려가 범어로 적힌《능엄경》을 가지고 남해를 통해 배를 타고 들어오자, 방융이 광효사光孝寺로 가서 이를 번역해 글로 정리한 일이 있다.

《교우론》의 제사[78]

友 論 題 詞

정미년(1607) 새 가을날에 명상銘常 주정책朱廷策[79]이

보서각寶書閣에서 제한다.

丁未新秋日, 朱廷策銘常父, 題于寶書閣.

대개 진뢰陳雷[80]의 우정이 들리지 않자, 공숙公叔 주목朱穆[81]이 〈절

---

78 이 글은 청나라 사람 유응劉凝(1620~1715)이 엮은 《천학집해天學集解》 권6에만 수록 되었다. 책의 원본은 러시아 상트페테르부르크 국립도서관에 소장되어 있다.

79 주정책: 명나라 가흥嘉興 수수秀水 사람으로, 자가 군익君翊 또는 명상銘常이고, 호 는 취리檇李 또는 중존로거사中尊盧居士로 썼다. 1629년 조정의 부름을 받아 은혜 로 공생貢生이 되었으며, 산학가算學家로 이름이 높았다. 1607년 마테오 리치의 《교우론》을 간행해, 진계유가 《보안당비급》에 이를 수록하게 했다.

80 진뢰: 후한後漢 사람 진중陳重과 뇌의雷義를 가리킨다. 둘의 우의友誼가 몹시 두터 워 향리에서 "아교와 칠을 두고 단단하다 하지만 뇌의와 진중만은 못하리라(膠漆 自謂堅, 不如雷與陳)"라고 일컬었다. 《후한서》 〈진중뇌의전陳重雷義傳〉에 나온다.

81 주목(100~163): 동한東漢 때 남양 사람이다. 승상 주휘朱暉의 손자다. 환제桓帝 때 시어사侍御史가 되었는데, 당시의 풍속이 경박한 것을 탄식해 〈숭후론崇厚論〉과 〈절교론〉을 지었다. 영흥永興 초에 기주자사冀州刺史로 나갔다가 환관을 거스른 바가 되어 형벌을 받게 되었으나 1천 명이 상서하여 사면되었다. 몇 해 뒤에 다

교론絶交論〉을 써서 처음으로 격렬한 논의가 있었다. 내가 본 바로는 이마두 산인山人이 우정론을 모은 유익함이 크니, 어찌 끊어지게 하겠는가? 반형班荊과 경개傾蓋와 결대結帶의 즐거움[82]이 어찌 다만 옛사람에게만 있었겠는가? 관중管仲과 포숙아鮑叔牙, 경홍慶鴻과 염범廉范의 우정[83]은 오늘날까지 전해지니 이러한 우의는 옛날에도 열렬함이 많았다 하겠다. 말린 밥의 풍자[84]는 이를 써서 정성을 보이면 될 것이

시 상서가 되어 환관을 제거할 것을 청했으나 이루어지지 않자 분을 품고 죽었다.

82 반형과 경개와 결대의 즐거움: '반형班荊'은 옛 친구를 만난 기쁨을 표현할 때 쓰는 말이다. 춘추시대 초楚나라 오거伍擧가 채蔡나라 성자聲子와 세교世交를 맺고 있었는데, 두 사람이 우연히 정鄭나라 교외에서 만나 형초荊草를 자리에 깔고 앉아서(班荊) 옛날 이야기를 주고받았다는 고사에서 유래했다. '경개傾蓋'는 경개여고傾蓋如故의 줄임말로, 《사기史記》〈추양열전鄒陽列傳〉에 "흰머리가 되도록 오래 사귀었어도 처음 본 사람처럼 느껴질 때가 있고, 수레 덮개를 기울이고 잠깐 이야기했지만 오랜 벗처럼 느껴지는 경우도 있다(白頭如新, 傾蓋如故)"라고 한 말에서 나왔다. '결대結帶'는 남북조 때 시인 포조鮑照의 시 〈의행로난擬行路難〉 18수 중 "띠를 묶고 나와 함께 이야기하며, 사생과 호오쯤은 상관하지 않았다네(結帶與我言, 死生好惡不相置)"라고 한 구절에서 따왔다. 모두 벗과 만나 마음을 나누는 기쁨을 뜻하는 표현이다.

83 관중과 …… 염범의 우정: 제齊나라 양공襄公이 무도한 정치를 펴자 포숙아는 공자公子 소백小白을 받들고 거莒나라로 망명했고, 관중과 소홀召忽은 공자 규糾를 받들고 노魯나라로 망명했다. 양공이 죽자 소백이 먼저 제나라로 돌아와서 임금이 된 다음 노나라로 하여금 공자 규를 죽이고 관중과 소홀을 제나라로 돌려보내게 했다. 이에 소홀은 그곳에서 자살하고 관중은 함거檻車에 갇히기를 자청해 제나라로 왔는데, 포숙아가 환공에게 청해 관중을 정승으로 삼게 했다. 이에 관중은 환공을 섬겨 패자霸者로 만들었다. 또 후한의 경홍과 염범 또한 문경지교刎頸之交로 일컬어지는 벗으로, 당시 사람들이 "앞서는 관중과 포숙이 있더니, 뒤에는 경홍과 염범이 있다"고들 했다.

84 말린 밥의 풍자: 《시경》〈벌목伐木〉에서 "사람들이 덕을 잃는 것은, 말린 밥 때문에 허물이 생기나니, 술이 있으면 내가 거를 것이요, 술이 없으면 내가 받아올 것

나, 혹시 오교삼흔五交三疊[85]을 고집하면서 개괄하여 네 가지 도리만 말한다면,[86] 끝내 세상에 가까워질 수가 없을 것이다. 마땅히 그렇지 않겠는가?

蓋自陳雷蔑聞, 而叔絕交, 始有激論. 以予所睹, 利山人集友之益大哉, 胡言絕也? 班荊傾蓋結帶之歡, 詎惟是昔人有之? 管鮑慶廉, 迄于今日, 此誼故多烈云. 乾餱之刺, 用以示誠則可, 倘執五交三疊, 而概謂四道, 終不可幾于世也. 當不其然?

이요, 북을 둥둥 내 울리며, 덩실덩실 내 춤을 추어, 내 한가한 때를 만나서, 이 거른 술을 마시리라(民之失德, 乾餱以愆, 有酒湑我, 無酒酤我, 坎坎鼓我, 蹲蹲舞我, 迨我暇矣, 飮此湑矣)"라고 한 것을 두고 한 말이다. '말린 밥'이란 하찮은 음식으로, 친구 사이에 하찮은 음식이나마 서로 나눠먹지 않아 허물을 짓게 된다는 뜻이다.

85 오교삼흔: 중국 남조南朝 때 유준劉峻(463~522)이 〈광절교론廣絶交論〉에서 제시한, 당시 세리勢利를 좇아 우정을 사고파는 지식인들의 장사치만도 못한 세태를 풍자한 글 속에 나오는 우정의 다섯 가지 행태와 이로 인해 발생하는 세 가지 문제를 가리킨다. 우정에는 소교素交와 이교利交 두 종류가 있는데, 장사치의 우정인 이교는 다시 다섯 종류로 나눌 수 있다. 권세 있는 사람에게 딱 붙는 세교勢交와 재물 있는 자에게 결탁하는 회교賄交, 입만 살아서 한몫 보려는 담교談交, 궁할 때는 위하는 듯하다가 한순간에 등을 돌려 제 잇속을 차리는 궁교窮交, 무게를 달아서 재는 양교量交 등 다섯이다. 삼흔三疊은 덕과 의리가 무너져 금수禽獸와 같게 되고, 우정을 등져 원수가 되어서 소송질이나 하며, 탐욕의 수렁에 빠져 뜻있는 사람의 손가락질을 받는 것을 말한다.

86 네 가지 도리만 말한다면: 붕우의 도리가 이처럼 타락했으니, 오륜 중에서 붕우를 빼고 나머지 군신, 부자, 부부, 장유의 윤리만 말한다는 의미다.

《교우론》의 짧은 서문[87]

友論小敍

중순仲醇 진계유陳繼儒[88]가 제한다.

仲醇陳繼儒題.

편 것은 신神이 되고, 굽은 것은 귀鬼가 된다. 군신과 부자, 부부와 형제는 공경히 섬기는 것이다. 사람의 정신은 군신과 부자, 부부와 형제에게는 굽히고, 붕우에게는 편다. 이는 마치 봄이 꽃 안에서 행해지고, 바람과 우레가 원기元氣 안에서 행해지는 것처럼, 네 가지 윤리는 붕우가 아니면 능히 힘써 유지할 수가 없다.

伸者爲神, 屈者爲鬼. 君臣父子夫婦兄弟者, 莊事者也. 人之精神, 屈於君臣

---

87 이 글은 명나라 때 진계유가 엮은 《보안당비급寶顔堂祕笈》에 수록된 《교우론》의 앞쪽에 주정책의 제사와 나란히 실려 있다.

88 진계유(1558~1639): 명말의 문인이요 화가며 출판인이다. 자가 중순, 호는 미공(眉公 또는 麋公)이다. 송강부松江府 화정華亭 사람이다. 29세 때 소곤산小昆山에 은거해 저술에만 힘을 쏟았다. 여러 차례 황제의 부름을 받았으나 병을 핑계 대고 사양했다. 저서에 《진미공전집陳眉公全集》과 《소창유기小窗幽記》, 엮은 책으로 《보안당비급》 등이 있다.

父子夫婦兄弟, 而伸於朋友. 如春行花內, 風雷行元氣內, 四倫非朋友不能彌縫.

서양 사람 마테오 리치 선생이 이를 보았을 줄은 생각지도 못했다. 마테오 리치 선생은 천지인 삼재三才의 도상에 정심하였으나, 그 학문은 오직 천주를 섬기는 것을 가르침으로 삼아, 무릇 중국의 불교나 노자의 학문에 대해서는 말하지 않았다. 대저 하늘이 어찌 능히 사람을 버리겠는가? 사람에게는 벗이 최고의 짝이다. 취리檇李 주명상朱銘常이 사귐의 도리에 있어서 옛사람의 풍도가 있어 이 책을 출판하였으니, 주목과 유효표劉孝標의 미비한 점[89]을 보완할 만하다. 우리는 마땅히 저마다 자리 옆에 한 부를 놓아두고서 세상의 그때그때의 필요에 따라 어지러이 사귀는 자에게 알려주어야 할 것이다.

不意西海人利先生乃見此. 利先生精於天地人三才圖, 其學惟事天主爲教, 凡震旦浮屠老子之學, 勿道也. 夫天孰能舍人哉? 人則朋友其最耦也. 檇李朱銘常, 於交道有古人風, 刻此書, 眞可補朱穆劉孝標之未備. 吾曹宜各置一通於座隅, 以告世之烏合之交者.

---

89 주목과 유효표의 미비한 점: 한나라 때 주목은 유백종과 절교하면서 〈절교론〉을 지어 보냈다. 효표는 남조 양나라 유준의 자字로, 한때 황문시랑黃門侍郎을 지낸 인물이다. 그는 당대의 문장가였던 임방任昉의 자식들이 몰락해 떠돌아다니는데도 친지들이 거들떠보지도 않는 것을 한탄해 주목의 〈절교론〉을 부연 확장한다는 의미에서 〈광절교론〉을 지었다. 이들이 처음 논한 우정의 문제를 마테오 리치가 확장해 본격적으로 논의했다는 뜻이다.

양강총독채진본《교우론》1권 제요[90]

四庫全書總目 子部雜家類存目提要 交友論一卷 兩江總督採進本

명나라 마테오 리치가 엮었다. 만력 기해년(1599)에 마테오 리치가 남창에서 노닐 적에 건안왕과 더불어 우도友道에 대해 논하다가 인하여 이 책을 지어서 바쳤다. 그 말이 그다지 황당하거나 이치에 어긋나지 않았으나, 이해利害에 대해 말한 것이 많아서 순수한 것과 박잡駁雜한 것이 반반이었다.

예를 들어, "벗이 지나치게 칭찬하는 해로움이 원수가 과도하게 헐뜯는 해로움보다 크다"와 같은 말은 이치에 맞고, 또 말하기를 "친밀한 벗이 많다는 것은 친밀한 벗이 없다는 말이다"라고 한 것은 사물의 정리를 꿰뚫어본 것이다. "그 사람의 벗이 숲과 같이 많은 것을 보고

---

90 《사고전서존목총서》〈자부잡가류존목제요子部雜家類存目提要〉에 수록된 기윤紀昀의 글이다(권125, 자부35 수록).

서 그 덕이 성대함을 알고, 그 사람의 벗이 새벽 별처럼 드문 것을 보고 그 덕이 각박함을 안다"고 한 것에 이르러서는 천하에 사귐이 넘쳐 나도록 이끄는 것이다.

또 말하기를, "두 사람이 벗이 되어서 한 사람은 부자이고 한 사람은 가난해서는 안 된다"라고 한 것은 재물을 함께 나누는 뜻을 아는 데 그치고, 옛 예법에서 소공小功 즉 형제간에는 재물을 함께하고 벗에게까지 그렇게 하지는 않는 것을 알지 못한 것이다. 한번 서로 벗이 되었다고 해서 재물을 함께한다면, 이는 부자로 하여금 사랑에 차등이 없게 하고, 가난한 자로 하여금 장차 이익을 함께하는 것이니, 어찌 중용의 도리이겠는가?

왕긍당王肯堂[91]이 《울강재필주鬱岡齋筆塵》에서 이렇게 말했다.[92]

"마테오 리치가 내게 《교우론》 한 편을 주었는데, 그 말한 것이 맛이 있었다. 그로 하여금 평소에 중국의 언어와 문자에 익숙하게 하였

---

91 왕긍당(1549~1613): 강소성 금단金壇 사람이다. 자는 우태宇泰, 호는 손암損庵이다. 1589년 진사에 급제했고, 벼슬은 복건참정福建參政을 지냈다. 왜구를 막는 문제로 상서했다가 직위에서 쫓겨나자, 병을 칭탁하고 고향으로 돌아가 의학 연구에 몰두해 의술로 이름이 높았다. 의학서로 《증치준승證治準繩》 44책 외에 여러 편을 저술했다. 마테오 리치와도 교유해 학술로 토론했는데, 필기류 저술인 《울강재필주》에 관련 내용이 자세히 나온다.

92 왕긍당이 …… 말했다: 《울강재필주》는 《속수사고전서續修四庫全書》 1130책(상해고적출판사, 1997)에 수록되어 있고, 인용 대목은 《울강재필주》 권3 〈교우交友〉에 나온다. 해당 원문은 앞의 책 86면에 "利君遺余交友論一編, 有味哉其言之也. 病懷爲之爽然, 勝枚生七發遠矣. 使其素熟於中土語言文字, 當不止是. 乃稍刪潤著於篇"으로 나오고, 그 아래로 《교우론》의 전문 100개 중 39개 단락의 본문을 수록했다. 이어지는 〈근언近言〉 항목 또한 마테오 리치가 쓴 《이십오언》의 14개 단락을 옮겨 적어 두었다. 이 글을 통해 볼 때 마테오 리치의 《교우론》과 《이십오언》의 한역漢譯 중 어색한 부분을 왕긍당이 상당 부분 윤문해준 것으로 보인다.

더라면 마땅히 여기에 그치지 않았을 것이다. 이에 글을 조금 덜어내고 윤색하여 덧붙였다."

그렇다면 이 책은 긍당이 다듬어서 고친 것이 된다.

明利瑪竇撰. 萬曆己亥, 利瑪竇遊南昌, 與建安王論友道, 因著是編以獻. 其言不甚荒悖, 然多爲利害而言, 醇駁參半. 如云: "友者過譽之害, 大於仇者過訾之害", 此中理者也. 又云: "多有密友, 便無密友", 此洞悉物情者也. 至云: "視其人之友如林, 則知其德之盛. 視其人之友落落如晨星, 則知其德之薄", 是導天下以濫交矣. 又云: "二人爲友, 不應一富一貧", 是止知有通財之義, 而不知古禮惟小功同財, 不槪諸朋友. 一相友而即同財, 是使富者愛無差等, 而貧者且以利合, 又豈中庸之道乎? 王肯堂鬱岡齋筆塵曰: "利君遺余交友論一編, 有味哉其言之也. 使其素熟於中土語言文字, 當不止是. 乃稍刪潤著於篇." 則此書爲肯堂所點竄矣.

1 가의목Jerome de Gravina(1603~1662): 이탈리아 출신의 예수회 선교사. 자가 구장九章이다.

2 홍도정Humbert Augery(1616?~1673): 프랑스 출신의 예수회 선교사. 1656년 중국에 와서 1673년 항주에서 세상을 떴다.

3 유적아Jacques Le Faure(1610?~1675): 프랑스 출신의 예수회 선교사. 자가 성급聖及이다. 파리에서 태어나 1656년 홍도정과 함께 중국에 왔다. 1675년 상해에서 세상을 떴다.

예수회 선교사 위광국 제태가 짓고,
같은 회의 가의목賈宜睦[1]과 홍도정洪度貞[2]이 교정하고,
예수회 책임자인 유적아劉迪我[3]가 인준함
耶穌會士衛匡國濟泰述, 同會賈宜睦洪度貞訂, 值會劉迪我准

구우편

述友篇

《구우편》의 짧은 서문

述友篇小引

태서 예수회 선교사 위광국 제태 씨가 쓰다.

泰西耶穌會士衛匡國濟泰氏述.

예전에 서태 이마두 선생이 《교우론》을 엮은 것은 다만 건안왕建安
王과 더불어 젊은 시절 들었던 바를 말한 것이어서, 벗의 의리를 깊고
넓게 모두 다루지는 못하였다. 이 책을 쓰면서 내가 비록 힘을 다하고
지식을 다 쏟았지만, 감히 스스로 벗의 의리에 대해 만족스럽게 다하
였다고 말할 수 있겠는가? 나는 서양으로부터 중국으로 구경 왔기 때
문에 달리 바라는 바가 없다. 오직 아침저녁으로 경건하게 빌어 벗의
명부에 들어온 사람이 모두 한 분이신 지극히 존귀한 참주인임을 알
아 우리의 큰 부모로 삼고, 삼가 잘 섬겨서 훗날 마침내 편안히 머물
게 될 땅으로 삼기를 바랄 뿐이다. 이것이 동쪽으로 9만 리나 온 본래
의 뜻이다.

昔西泰利先生緝交友論, 第與建安王, 言少時所聞, 未盡友義之深之博也. 是
篇之述, 予雖盡力竭知, 敢自謂於友義足盡哉? 緣旅人自西海觀光上國, 他無所
望. 惟朝夕虔祝, 願入友籍者, 咸認一至尊眞主, 爲我輩大父母, 翼翼昭事, 爲他

日究竟安止之地. 此九萬里東來本意也.

이제 중국의 여러 군자가 나그네와 교유를 맺었으니, 원하기는 거짓 벗이 되지 말고 함께 진짜 벗이 되는 것이다. 이 때문에 처음부터 끝까지 벗을 구하는 도리에 대해 서술하였다. 비록 고향의 벗이 멀리 떨어져 있더라도 이 마음을 절로 능히 잊을 수가 없다. 인하여 처음에는 진실한 벗이 진실한 까닭과 참된 교유의 근본에 대해 진술하였고, 뒤에는 벗과 만난 아름다운 일에 대해 말하였다.

今旣得上國諸君子締交旅人, 所願勿爲假友, 共作眞朋. 故始終述述友之道. 雖遠離故土之友, 此情自不能忘. 因始陳實友之所以然, 眞交之本, 後指與朋友晤聚之美事.

다만 중국말을 익힌 지가 얼마 되지 않아 말이 뜻을 전달하기가 어려우니, 다만 독자께서 그 뜻만 취하고 표현은 건너뛰었으면 한다. 설령 표현이 매끄럽지 않더라도 담겨 있는 뜻은 틀림없이 훌륭하지 않음이 없을 것이기에, 이름난 어진 이들이 그 뜻을 가져가서 엎어지려 할 때 도움을 받고 잘못된 것을 바로잡게 되기를 간절히 바란다. 빈말을 일삼지 않고 권하였으니, 다만 벗 되기를 꾀하는 충실함을 함께 배워 아름다운 풍속을 이루기를 바랄 뿐이다.

但乍習華言, 語難達意, 惟願讀者取其意, 略其詞. 縱詞不文, 而所命之意必不爲不善, 故切懇名賢取其義, 爲將仆之援, 舛錯之正. 不事虛言爲勸, 惟期共學謀友之忠寔, 以成美俗.

평범한 벗으로 하여금 선한 것에 나아가고 선하지 않은 것을 피하여, 서로 권면하고 서로 힘쓰게 해서 잘못을 벗어나 유익함을 찾게 한다면 안타까운 내 마음이 흡족해질 것이다. 어떤 이는 "벗에게 너무 자주 말하면 혹 소원해질까 염려된다"고 하지만, 이것을 두려워해서는 안 됨을 알지 못해서다. 대개 벗을 선으로 은근하게 이끌었는데 받아들이지 않을 경우, 처음에는 벗이 참되지 않다고 생각한다. 이미 나의 참된 벗이 되었는데도 혹 그의 행동이 단정치 못하면 내가 그치지 않고 바로잡을 것이니, 어찌 자주 말하는 것을 꺼리겠는가? 만약 "대략 나무라더라도 마침내 우정을 채울 수 있다"고 한다면, 이것은 교우의 참된 뜻을 잃은 것이다. 그러므로 말이 비록 질박하고 거칠어도 다만 훌륭하고 독실한 말만을 찾았으니, 이 책을 읽으려는 사람은 뜻을 취하여 참된 교유의 근본을 이루어야 한다. 그렇지 않다면 천하에 가득한 사람과 교유한다 한들 무슨 유익함이 있겠는가? 그러므로 능히 참된 교유의 바탕을 아는 사람은 천국에 가깝다 하겠다.

俾凡友者, 就其所善, 避其所不善, 相勸相勵, 脫疵覓益, 則耿耿鄙衷, 庶得慊也. 或曰: "與朋友數, 恐或斯疏." 不知此不可懼也. 蓋婉導友以善而不納, 則其初認友不眞. 旣爲吾眞友, 倘彼行不端, 則吾規不止, 何憚於數哉? 若曰: "略責之, 遂足竟友情." 此失交友之眞義矣. 故言雖樸陋, 特覓善篤說, 欲覽者, 采意以成眞交之本. 否則交天下滿, 奚其益哉? 故能識眞交之本者, 於天國近.

상권

上 卷

태서 예수회 선교사 위광국 제태 씨가 쓰다.

泰西耶穌會士衛匡國濟泰氏述.

---

1. 참된 벗을 얻는 일의 어려움得眞友之難

1.1 [4]

벗이란 사랑의 바다이니 건너가기가 가장 어렵다. 물결이 잔잔하고 파도가 평온하면 배는 기쁘게 깊은 바다로 들어가지만, 갑작스레 미친 바람이 떨쳐일어나 큰 파도가 넓게 솟구치면 엎어져 빠지는 근심도 많다. 바다의 성질은 일정하지가 않아서 바다로 항해하는 사람은 이 때문에 두려워 떨면서 경계하고 삼간다. 사랑의 바다를 건너는

---

[4] 매 단락의 앞에 붙인 번호는《구우편》원본에서 단락을 구분하려고 중간에 한 글자씩 비워둔 부분을 구분하고, 자료 검색의 편의를 위해 역자가 임의로 붙인 것이다.

사람도 또한 그러하니, 반드시 그 마음의 깊고 얕음을 살피고 겉모습의 선하고 악함을 시험해야만 한다. 세상에는 친애함을 밖으로 드러내면서 증오를 안으로 숨겨, 배 속의 생각과 입으로 하는 말이 다른 사람이 있다. 만약 사귐의 나음이 바르고 선하다면 근심스러울 때는 재앙을 풀어주고, 복은 삼감을 더하여 유익함이 아주 클 것이다.

友者, 愛之海, 最難遊也. 浪恬波平, 舟怡然入深洋, 倏狂風決起, 洪濤湧浩, 多覆溺憂. 海性無恒, 航海者, 故兢兢戒謹也. 渡愛海者亦然, 必探厥心之深淺, 試形貌之善惡. 世有親愛現外, 憎惡內伏, 腹口爲岐者. 若交出正善, 憂時解禍, 福則加謹, 弘乎益哉.

진실로 사귐이 거짓에서 나왔다면 위험하기 짝이 없다. 대저 드러난 원수에게서 해로움이 온 것은 막을 수가 있으니, 대개 그의 바르지 못한 마음을 아는지라 적인 것을 밝혀 그 악을 피하면 된다. 거짓 사귐과 교묘한 꾸밈으로 벗의 선한 이름을 드러내 보이면서 실제로는 원수의 뜻을 감춤에 이르러서는, 깊이 헤아려 사람을 함정에 빠뜨리기를 구하다가 촉발될 경우 그 즉시 배 속의 독기를 곧장 토해낸다.

苟生乎假, 險則大矣. 夫害來顯仇, 能防也, 蓋知彼不端之心, 明敵以避厥惡. 至僞交巧令, 著友善名, 實揜仇意, 深計以求陷人, 觸發, 卽直吐腹腸之毒矣.

하물며 덕스러운 군자는 품은 도량이 크고 넓어서 이 같은 부류와 사귈 때는 더더욱 몹시 위태롭다. 대개 그 행동은 간소하여 굽힘이 없고, 곧은 성격은 아주 작은 의심조차 일으키지 않아, 자기를 벗이라고 하면 또한 마땅히 이와 같이 상대를 대한다. 거짓된 벗이 속임수를 행함을 살피지 않고 마침내 속임을 속임수로 물리치지 않는 바람에 거짓된 자의 해로움을 더 받고 만다. 또 굽히거나 휘는 바가 없고 움직였다 하면 반드시 의리에 맞게 하여, 다른 사람이 자신이 알지 못하게 속인 바에 대해 믿지 않고, 스스로 설치하지 않은 함정을 알지 못한 채로 뜻하지 않은 속임을 대하니 그 위험이 더욱 심한 것이다.

況成德君子, 懷量洪廣, 與交此流, 更甚危殆. 蓋其行率易無曲, 直性不起纖疑, 以己謂友, 亦當若是. 不度有僞友行詐, 遂不以欺退欺, 因逾受僞者之害也. 且其無所屈撓, 動必合義, 不信於他人所自莫有之欺, 不知自所不設之陷阱, 以待不虞之詐, 而其險益甚焉.

1.2

툴리우스Tulius, 度略[5]가 말했다.

"아첨은 벗과 교유함에 있어 전염병이니, 아첨은 참된 덕을 무너뜨린다. 대개 교우의 으뜸은 돈독함에 힘써서 한결같이 정성을 쏟는 것으로, 만약 한 사람에게 한결같은 마음이 없다면 참된 덕은 없어진다. 아첨하는 것은 비록 한 사람이지만 그 마음은 몹시도 많다. 그 말이 잡스럽고 그 낯빛이 잡스러우며 그 뜻이 잡스러워 사람에 따라, 때에 따라 아부하여 따르지 않음이 없으니, 어찌 한 사람이 여러 마음을 지닌 증거가 아니겠는가?"[6]

---

5 툴리우스: 키케로Marcus Tullius Cicero(BC 106~43)를 가리킨다. 《구우편》에서는 키케로를 대부분 '툴리우스'로 표기하고 있다. 《구우편》에 인용된 어록의 출전에 대한 정리는 이탈리아의 베르투치올리Giuliano Bertuccioli(1923~2001)가 쓴 논문 〈Il trattato sull'amicizia di M. Martini〉,《Rivista degli studi orientali》66.1-2(1992)의 79-120면과 66.3-4(1992)의 331-380면에서 처음으로 이루어졌다. 이 책에서는 이석학李奭學과 임희강林熙强 주편主編의 《만명천주교번역문학전주晚明天主敎飜譯文學箋注》(전5책, 대만 중앙연구원 중국문철연구소, 2015) 중 제4책의 주석을 참조했다.

度略曰: "諂諛, 交友之疫也, 諂諛墮眞德. 蓋交之首, 務敦以誠一, 若一人無一心, 則眞德滅矣. 諂諛雖一人, 其心則甚多焉. 雜其言, 雜其色, 雜其意, 隨人隨時, 罔不阿狗, 豈不驗一人之多心哉?"

툴리우스의 말은 아첨하는 자가 거짓으로 텅 빈 마음을 늘어놓음을 가지고 참된 벗과 더불어 서로 엮이지 않고 바로 대적하게 한 것이다. 대저 사귐은 합하여 하나가 되는 것을 바탕으로 삼는 것인데, 아첨하는 사람은 얼굴만 그렇지 마음은 그렇지 않아서, 한갓 나를 위할 줄만 안다. 그렇다면 이는 자기를 사귀는 것이니, 자기를 아끼고 자기를 이롭게 하는 것일 뿐이다.

度略之言, 以諂諛者, 幻張虛情, 與眞友不相凝, 正相敵. 夫交以合爲本者也, 諛人是面非心, 徒知爲我. 則是自己之交, 愛己利己而已.

1.3

카토Cato, 加多[7]가 말했다.

"원수의 마음 씀이 나를 유익하게 함은 오히려 아첨하는 자보다 더하다. 저 원수가 비록 악하더라도 원수는 반드시 진실한 말로 나무라는지라, 내가 인하여 더욱 삼감을 더할 수 있다. 아첨하는 벗 같은 경

---

6 아첨은 벗과 …… 아니겠는가: 키케로의 《우정론》[25.91]에서 라일리우스가 한 말이다.

7 카토(大)Marcus Porcius Cato(BC 234~149): 고대 로마의 정치가이자 장군이며 문인. 재무관과 법무관을 거쳐 콘술이 되어 에스파냐를 통치했고, 켄소르 등으로 정계에서 활약했다. 고古로마적인 실질강건성의 회복을 역설하고 주전론을 주창하기도 했다. 라틴 산문학의 시조인 로마 최고의 역사서 《기원론》 등을 남겼다.

우는 절대로 실제의 정리를 그 벗에게 베푸는 법이 없다. 그러므로 차라리 원수가 있을망정, 아첨하는 자와는 사귀지 말아야 함을 알겠다. 대개 아첨하는 벗은 큰 해로움을 품고 있으니, 돌아보건대 내가 그에게서 벗어날 수 없다는 것이 드러나지 않기 때문이다."[8]

아! 이 세상에 참된 교유는 드물고 아첨하는 인사는 많으니, 벗을 선택함에 삼가지 않을 수 있겠는가?

加多曰: "讒之用心, 其益我, 猶愈於諂媚者. 彼讒雖惡, 其讒必以眞實之語, 責之, 我可因益加謹. 若媚友, 絕無實情施其友. 故知寧有讒, 毋交媚. 蓋媚友挾大害, 顧我不能脫之者, 不見故也." 嗚呼! 此世眞交罕, 諂士多, 擇友可不愼歟?

2. 참된 벗과 가짜 벗의 구별眞僞友之別

2.1

벗이 진짜인지 가짜인지를 구별하기란 쉽지가 않다. 둘 다 모두 예의 있는 모습으로 공경하고 순종하며, 부드럽고 온화하며 친애하는지라 그 말이 모두 서로 구분되지 않기 때문이다. 하지만 참된 벗은 부드러운 가운데 굳셈이 있고, 속이 알차고 확고하다. 반면 거짓 벗의 친함은 아첨일 뿐이다. 그러므로 벗의 말을 듣고는 반드시 행동을 살펴야 한다. 가령 네가 환난에 처했을 때 이를 살펴보면 본마음이 절로 드러난다. 비유하자면 거센 풍랑에 뱃사공의 솜씨가 좋은지 나쁜지를

8　원수의 마음 씀이 …… 때문이다: 키케로의 《우정론》[24.90]에서 카토가 한 말이다.

이것을 통해 징험하게 됨과 같다.

辨別友之眞僞, 不易哉. 兩者咸禮貌敬順, 柔和親愛, 言詞皆仿佛也. 然眞友柔中有剛, 衷實確然. 僞友之親, 阿諛耳. 故聽友言, 必察行. 設爾於患難時窺之, 本懷自露. 譬猶暴浪, 舟師巧拙, 於此徵焉.

어떤 이가 말했다.

"노가 기울고 돛이 꺾이기를 기다린 뒤에야 뱃사공의 솜씨가 좋은지 나쁜지를 안다고 하니, 어째서 일에 앞서 이를 알아보지 않는지요? 벗을 사귀는 사람이 어째서 다 지나간 뒤에 시험을 합니까?"

내가 말했다.

"속담에 '이웃의 고난은 나에게 명철과 지혜를 더해준다'[9]고 했다. 네가 한 선비와 교유하기를 바랄 때, 그 사람이 아주 예전에 남과 함께하면서 오직 이익만 꾀하고, 근심과 해로움을 만났을 때 함께하지 않고 구해주는 데 힘을 쏟지 않았음을 살핀다면, 이는 뜬 우정이어서 사귐을 정할 수가 없다. 이에 있어서도 또한 벗이 진짜인지 가짜인지를 시험하기에 충분하다. 거짓으로 짐짓 자기가 위험한 상황에 놓여 명성과 재산과 목숨이 위태로운 것처럼 해서는, 혹 직접 알려주거나, 혹 나를 두터이 대해주는 사람을 시켜서 알려주어, 그가 나에게 대응하는 것을 살핀다면, 그가 어떻게 감추겠는가?"

或曰: "待楫傾颿摧後, 知舟師之巧拙, 曷不先事識之? 交友者, 何作旣往之試?" 曰: "諺云: '比鄰之苦難, 增吾之明智.' 爾冀交一士, 視彼夙昔與人, 惟謀利, 値患害不共, 救援不力, 此卽浮友, 交不可定也. 於此亦足試友之眞僞焉. 佯爲己

---

9 이웃의 고난은 …… 더해준다: 오비디우스의 《변신 이야기》[4.4.28]에 나온다.

臨險狀, 名聲家産性命, 且致危殆, 或躬告之, 或俾我所厚者告之, 觀其所以應
我, 彼焉廋哉?"

2.2

옛날에 한 어린 아들이 늙은 아비 앞에서 스스로 벗을 얻음에 있어
복이 있음을 뽐냈다. 그 아버지가 자기 아들이 나이가 어려서 벗 사귐
의 변화를 겪어보지 못한 것을 알고 이렇게 말했다.

"아들아! 네가 사귀는 벗이 진실로 많다만, 참된 벗은 쉬 얻을 수가
없단다. 네가 시험 삼아 거짓으로 네 친구에게 이렇게 말해보거라. '마
침 남과 싸우다가 너무 화가 나서 칼로 찔러 죽였다네. 자네가 다행히
그 시체를 묻는 데로 달려와준다면 액을 벗어날 수가 있겠네.'"

아들이 분부대로 찾아가자 벗이 사절하며 감히 하려 들지 않으면
서, 게다가 다급히 쫓아내며 말했다.

"내게 너의 큰 죄를 나누는 것은 바라지도 말라."

이에 어린 아들이 비로소 그 벗을 알게 되어, 앞서 그를 택한 것이
잘못임을 뉘우쳤다.

昔一幼子, 於老父前, 自矜有福於得友. 其父知己子年少, 交友之變未經, 語
之曰: "子交友固多, 然眞友不易得. 子試佯謂汝友曰: '適與人鬪, 恚甚, 以刃劓
死. 爾幸勤我瘞其尸, 庶得脫厄.'" 子如命往, 友辭不敢, 且急遣, 曰: "毋冀吾分汝
之巨罪." 於是幼子, 始識其友, 而悔曩者擇之謬也.

아버지가 다시 말했다.

"내 나이가 여든이 넘었고 사귄 사람 또한 많지만, 이제껏 오직 아
무개를 얻어 참된 벗의 절반으로 삼았다. 어찌 또한 시험해보지 않겠
느냐?"

앞서처럼 아들이 분부대로 갔더니, 아버지의 친구가 말했다.

"네 죄가 비록 크다만 실수였을 뿐이니 걱정하지 말거라! 이제 너와 함께 가서 그 시체를 몰래 파묻도록 하자."

어린 아들이 이 말을 듣더니 땅에 무릎을 꿇고 아버지의 벗에게 아버지의 계획을 분명하게 고하고, 아울러 자기의 벗이 자신을 저버렸음도 알리고서, 변치 않을 친구를 다시 정했다.[10]

그래서 속담에 "늘상 재앙이 없기만 하다면 무엇으로 벗을 알아보겠는가?"[11]라고 하는 것이다.

父復語之曰: "吾年八十餘矣, 所交亦多, 至今惟得某, 爲眞友之半. 盍亦試之?" 如前, 子如命往, 父友曰: "汝罪雖大, 誤耳, 勿憂! 今與汝往, 密瘞彼尸." 幼子聞言, 跽伏地, 明告父友以父計, 幷告己友之相負, 更訂石交焉. 故諺云: "常値無禍, 何以識友?"

---

10 옛날에 한 어린 아들이 …… 다시 정했다: 전 세계적으로 널리 퍼져 있는 '우정의 시험test of friendship' 설화의 한 유형이다. 부자간의 친구 시험은 우리 옛 설화에도 자주 등장하는 화소 중 하나다. 이 설화의 수록만으로《구우편》이 조선에서도 읽혔다는 근거로 단정할 수는 없지만, 가능성은 고려할 수 있다고 본다.《구비문학대계》에도 같은 내용의 설화가 여럿 실려 있다. 한국에서의 구전 설화는 한국학중앙연구원 '한국구비문학대계' 아카이브(http://yoksa.aks.ac.kr/jsp/ur/Directory.jsp?gb=3)에서 '부자간의 친구 시험' 또는 '진정한 친구'를 키워드로 검색된다. 서구에서의 관련 논의는 다음 자료를 참고할 것. Stith Thompson,《Motif-Index of Folk Literature: A Classification of Narrative Elements in Folktales, Ballads, Myths, Fables, Medieval Romances, Exempla, Fabliaux, Jest-Books, and Local Legends》(Bloomington: Indiana University Press, 1956), Volume III, "Test of Friendship", pp.511-512.

11 늘상 재앙이 …… 알아보겠는가: 퀸틸리아누스의《대선언문》[16.7]에 나온다.

2.3

세네카Seneca, 色聶加가 말했다.

"벗을 구하는 자는 벗이 곁에서 붙들어주기를 바라지만, 작은 위험
만 만나도 바로 버리니 이를 일러 '잠깐 동안의 벗〔暫友〕'이라고 말한
다. 대저 형세와 이익으로 서로 어울리는 것을 이름하여 '사랑을 산다
〔買愛〕'고 하는데, 다만 은혜를 쓰는 양으로 사랑을 가늠해서, 그가 은
혜를 많이 주면 사랑 또한 많이 준다. 그러므로 벗은 그가 사랑하는
바를 살펴야 하니, 사랑하는 것이 재물과 세력에 있다면 끝내 거짓 벗
에 속하게 된다."[12]

色聶加曰: "卜友者, 望扶掖焉, 遇微險卽棄, 謂之暫友. 夫勢利相與, 名曰買
愛, 爲但用恩之量以圖愛, 恩送彼多, 則愛亦多. 故友者, 察其所愛. 所愛在財勢,
終屬僞交."

2.4

아리스토텔레스Aristoteles, 亞利가 말했다.

"이익을 가지고 서로를 벗 삼는 사람은 이익이 없어지면 벗도 없어
진다. 이익과 벗이 함께 없어져서 이 때문에 사랑도 상관 않고 오직
자기만 사랑할 뿐이다. 대개 남을 사랑하는 것이 자기에게도 이익이
되는데도 그 이익을 얻고 나면 사랑하지 않는다."[13]

亞利曰: "相友以利者, 無利卽無友. 利友並亡, 因愛不相屬, 惟愛己而已. 蓋

---

[12] 벗을 구하는 자는 …… 속하게 된다: 세네카의 《도덕서간》[9.9]에 나온다.
[13] 이익을 가지고 …… 사랑하지 않는다: 아리스토텔레스의 《니코마코스 윤리학》
   [9.1-3]에 나온다.

愛人爲己益, 得其益則不愛也."

2.5

툴리우스가 말했다.

"탐욕은 벗과 사귀는 데 있어 독이 되니 그 해가 이보다 클 수가 없다. 저 사람이 벗을 사랑함은 마치 가축을 먹이는 것과 같으니, 사람이 가축을 기르는 것은 이익을 위한 것일 뿐이다. 오직 거짓으로 사랑하여 그 욕망을 낚아 얻을 뿐이다. 벗이 먹여주기를 바라고, 다시 먹여주는 것이 크고 작은지를 헤아려 그 사랑도 높아지거나 낮아진다. 먹여주는 것이 없어지면 바로 멀리 떠나간다. 대개 은혜를 가지고 경계로 삼아, 은혜가 없으면 벗 또한 없다."[14]

度略曰: "貪者, 交友之毒, 害莫大焉. 彼之愛友, 如牧畜, 人育之者, 爲利而已矣. 惟以佯愛, 釣其欲得耳. 望友以饋, 復度饋大小, 而高下厥愛. 饋之所去, 卽遠離矣. 蓋以恩爲界也, 恩無, 則友亦無矣."

2.6

서양의 왕 중에 알폰수스Alfonsus, 亞爾豐肅[15]라는 이가 있었는데, 바다를 건너 서쪽 시칠리아로 갔다. 바다를 건널 때, 새 떼가 따라 날아오자, 왕이 물 위에 먹을 것을 뿌렸다. 새들이 다투어 쪼아먹더니 배가 부르자 마침내 날아갔다. 왕이 모시는 신하들을 돌아보며 말했다.

---

14 탐욕은 벗과 …… 벗 또한 없다: 키케로의 《우정론》[9.32]에 나온다.

15 알폰수스Alfonsus Rex Aragonum et Neapolis(1396~1458): 중세 스페인에 있던 아라곤왕국의 왕(재위 1416~1458)이자 이탈리아에 있던 시칠리아왕국과 나폴리왕국의 왕(재위 1442~1458)이다.

"너희들 또한 저 새와 같다. 너희 바람이 흡족해지면 내 나라의 일을 놓아두고 돌보지 않을 것이다."**16**

옛 어진 이가 말했다.

"참으로 벗을 알아차렸을 때는 아무도 없다."

西王有亞爾豐肅者, 涉海之西齊里亞. 越海時, 群鳥隨之飛, 王散食水上. 鳥競啄之, 飽逐颺. 王顧侍臣曰: "爾輩亦猶是. 爾願旣恰, 卽置我國事不顧矣." 古賢曰: "眞認友之時, 俱無也."

3. 참된 벗은 서로를 두려워하지 않는다眞友不相懼

3.1

벗과 사귀기 전에 이미 더 살피고, 벗과 사귄 뒤에는 마땅히 두려워하지 않아야 한다. 두려움과 사랑은 서로 맞지 않으니, 벗을 사랑하면서 다시 두려워하는 자는 있지 않다. 두려움은 나의 결정이니, 그가 나를 사랑하더라도, 또한 그를 믿지는 않는 것이다. 믿지 않으면 의심하게 되고, 작은 의심으로 크게 거슬리게 됨은 반드시 이르는 이치이다.

交友之先, 旣加察, 交友之後, 不當懼. 懼愛不相合, 未有愛友而復懼之者. 懼者, 吾之決, 彼卽愛我, 亦不彼信. 不信則疑, 小疑大逆, 必至之理也.

---

16 서양의 왕 ⋯⋯ 돌보지 않을 것이다: 베카델리A. Beccadelli의 《아라곤과 나폴리의 왕 알폰수스 언행록》에 나온다.

3.2

툴리우스가 말했다.

"벗의 견고함은 오직 믿음뿐이다. 믿음이 없다면 사귐은 오래가지
못한다. 벗이 믿지 않는 것은 처음에는 두려움 때문인데, 대개 두려워
하는 사람은 사랑을 얻지 못할 따름이다. 만약 벗이 내가 그를 두려워
하는 것을 안다면 그 또한 나를 사랑할 수가 없으니, 사랑을 따르는
중에는 두려움이 있을 수 없기 때문이다. 사람의 마음속 비밀스러운
일에 반드시 두려움이 있는 사람은 없다. 두려우면 나의 재화에 기대
거나, 내 목숨을 의탁할 수조차 없거늘, 오히려 마음속에 간직한 것을
다 줄 수가 있겠는가?"[17]

度略曰: "友之堅固, 惟信而已矣. 無信, 則交不永也. 友不信, 初因懼, 蓋懼之
人, 則愛不得耳. 若友知我懼彼, 彼亦不能愛, 緣愛之中, 不能有懼. 人心中密事,
必無有懼者也. 懼則不可倚吾財貨, 托吾性命, 尙可與竭中心之藏哉?"

3.3

라일리우스Laelius, 勒略[18]가 말했다.

"사귐에는 두 가지 기본이 있으니, 하나는 거짓으로 하지 말라는
것이고, 하나는 의심하지 말라는 것이다. 거짓은 두려움에서 나오고,

---

17 벗의 견고함은 …… 있겠는가: 키케로의《우정론》[18.65]에 실려 있다.

18 라일리우스(BC 190?~125): 로마의 정치가. 카르타고를 토벌했으며, 기원전 140년
집정관이 되었다. '현자賢者, Sapiens'라고 일컬어졌으며, 키케로의《우정론》에 내
레이터로 등장하는 인물이다. 부친인 가이우스 라일리우스Gaius Laelius(BC ?~160?)
또한 스키피오와 함께 제2차 포에니 전쟁에서 활약했고, 기원전 190년 집정관이
되었다.

의심은 두려움의 짝이다. 만약 내가 저 사람이 나를 두려워하는 것을 안다면 저 사람을 의심할 것이다. 이 때문에 나를 두려워하는 것과 나를 사랑하는 것을 서로 이을 수 없게 되고, 인하여 나를 두려워하게 된다면 나를 믿지 않을 것이다. 두려움은 믿음을 없앤다."[19]

勒略云: "交有二本, 一毋僞, 一毋疑. 僞出於懼, 而疑, 懼之侶也. 若我知彼懼我, 則疑彼矣. 因爲懼我愛我不能相連, 因爲懼我, 則不信我. 懼, 去信也."

3.4

서양 속담에 말했다.

"사나운 주인을 섬기는 것과 어진 주인을 섬기는 것은 다르다. 사나운 주인을 섬기는 사람은 두려움 때문에 사랑의 모습을 겉으로 꾸민다. 어진 주인을 섬기는 사람은 믿음 때문에 다만 참됨을 쓰니, 참됨은 곧 사랑이다. 믿음은 마음의 비밀을 열고 또 두려움의 자물쇠를 여니, 이로 인하여 그 믿음을 믿게 된다."[20]

西諺云: "事暴主與事仁主異. 事暴主者, 因懼之故, 假愛之形. 事仁主者, 因信之所以, 止用眞, 眞則愛. 信者, 開心之秘, 又開懼之鑰, 因爲信其信也."

---

19 사귐에는 …… 믿음을 없앤다: 키케로의 《우정론》[18.65]에 실려 있다.

20 사나운 주인을 …… 믿게 된다: 키케로의 《우정론》[15.53]에 실려 있다.

4. 마땅히 어떤 벗을 택해야 할까 當擇何友

4.1

툴리우스가 말했다.

"벗을 선택함은 반드시 신중해야 한다. 장차 이를 사랑하고자 하면 갑작스레 이를 사랑하여 사랑의 원인이 없게 해서는 안 된다. 그러므로 사랑의 원인이 될 만한 것은 착한 덕일 뿐이다. 덕의 선함은 뜻은 비록 볼 수 없으나, 실은 능히 사람을 이끌어서 그로 하여금 멀리서도 사모하여 받들게 한다. 오직 선이 이것과 함께하여 진실한 사랑이 드러난다."[21]

살펴볼 때 툴리우스가 말한 것은 사귐을 정하는 것은 마땅히 신중하게 택해야 하고, 이미 더불어 벗이 되었거든 다시 떨어져서는 안 된다는 말이다. 덕이 부족한 사람은 일정한 뜻이 없고 도타운 마음이 없으니 굳센 벗이 아니다.

度略曰: "擇友必愼. 將欲愛之, 不遽愛之, 以無愛之因. 故可愛之因, 善德而已矣. 德之善, 意雖不可見, 實能引人以俾承遠慕也. 惟善是與, 斯著實愛." 按度略所言, 謂定交者當愼擇, 旣與爲友, 不可復離也. 寡德者, 無恒志, 無篤心, 匪堅友矣.

4.2

플라톤Platon, 巴辣多[22]이 말했다.

---

21 벗을 선택함은 …… 사랑이 드러난다: 키케로의 《우정론》[21.79]에 실려 있다.

22 플라톤(BC 427~347): 고대 그리스의 철학자, 객관적 관념론의 창시자다. 소크라

"오직 착한 사람만이 착한 사람과 벗이 될 수 있으니, 착하지 않은 사람은 착한 사람과 사귈 수 없고, 착하지 않은 사람과도 사귈 수가 없다. 대개 선과 악은 마음이 같지 않아서 뜻이 맞지 않는다. 선과 악 각자의 마음은 하나로 될 수가 없으니, 두 사람의 마음이 다른데 어찌 능히 사귐의 도리를 이루겠는가? 이 때문에 착한 사람이 조화를 이루는 것은 사귐이라 일컬어도, 착하지 않은 사람은 비록 무리와 함께 있더라도 사귐은 아니니, 개돼지가 모인 것일 뿐이다."[23]

巴辣多曰: "惟善者, 可友善者, 不善者於善者, 不能交, 且亦於不善者, 不能交. 蓋善惡不同心, 不合意. 善惡之自心, 尙不能一, 兩人殊情, 豈能成交道哉? 故善人協和, 乃稱交. 不善者雖群處, 非交也, 犬豕聚耳."

4.3

살루스티우스Sallustius, 沙路斯帝[24]가 말했다.

"착한 사람 중에는 벗이 있고, 악한 사람 중에는 배반자가 있다. 대개 사랑은 도리를 따르지만 악은 이치를 거스르기 때문에 배반한다.

테스의 제자로, 40세 무렵 아테네 교외의 아카데미아에 학교를 열어 교육에 힘썼으며 《대화편》을 비롯해 수많은 저작을 남겼다. 그의 철학은 피타고라스, 파르메니데스, 헤라클레이토스 등의 영향을 받았으며 이데아설을 제창한 것으로도 유명하다.

23 오직 착한 사람만이 …… 것일 뿐이다: 플라톤이 우정에 대해 토론한 《뤼시스Lysis》[214D]에 나온다.

24 살루스티우스Gaius Sallustius Crispus(BC 86~35?): 고대 로마의 역사가이자 정치가로, 호민관에 선출되어 키케로의 정적이 되었다. 카이사르 군대를 지휘해 아프리카, 누미디아 총독으로 있다가 카이사르가 암살된(BC 44) 후 정계를 떠나, 호사한 여생을 보내면서 저술에 전념했다. 주저로 《역사》, 《카틸리나의 음모》 등이 있다. 스토아철학의 영향이 강한 문제의식 및 역사관이 엿보인다.

하물며 착하지 않은 자 역시 착하지 않음을 증오한다. 자신이 행한 착하지 않은 일은 자기 마음에서도 오히려 또 이를 미워하여 남들이 또한 자기를 속일까 염려하여 이를 믿지 않으니, 막역한 벗이라고 일컬을 수 있겠는가?"[25]

沙路斯帝曰: "善中有友, 惡中有叛. 蓋愛緣理, 惡逆理, 故叛也. 況不善者, 亦憎不善. 自所造之不善, 於己心猶且惡之, 恐人亦慮己欺, 而不信之也, 而可稱莫逆乎?"

4.4

툴리우스가 말했다.

"오직 덕이 있는 사람은 나아가 사귐을 논할 때 자신을 굳게 지녀 바꾸지 않는다. 대개 덕은 사귐의 도리에서 당연함이 되니 언제나 변치 않고, 항상 굳세고 독실하다."[26]

度略曰: "惟有德者, 就論交時, 己固存而不替. 蓋德爲交道之當然, 一常不變, 恒堅篤也."

4.5

키케로Cicero, 西則祿가 말했다.

"풍속이 같지 않다면 뜻이 같지 않음이 있다."[27]

---

25 착한 사람 중에는 …… 있겠는가: 살루스티우스의 《유구르타 전쟁》[31.15]의 한 대목이다.

26 오직 덕이 있는…… 독실하다: 키케로의 《우정론》[27.100]에 나온다.

27 풍속이 같지 …… 않음이 있다: 키케로의 《우정론》[20.74]에 나온다.

같지 않은 뜻은 벗을 무너뜨린다. 벗은 천지의 위이고, 지극한 사랑의 조화가 되니, 풍속이 같지 않으면 조화를 이루지 못하므로, 선과 악이 서로를 벗할 수가 없다.

西則祿曰: "風俗不同, 則意有不同." 不同之意, 壞友也. 友爲天地之上, 至愛之和, 不同風俗, 和不成, 故善惡不能相友.

4.6

번민하는 사람은 맑은 사람이 아니다. 번민은 편안한 마음의 원수이니, 음산한 비가 내리는 중에 날이 개기를 바랄 수 없는 것과 같다. 그러므로 더불어 벗이 될 수가 없다.

悶者, 非靜人也. 悶者乃安心之仇, 猶陰雨中不能望晴也. 故不可與友.

5. 좋지 않은 벗의 해로움不善友之害

5.1

악한 벗과 잘 지내면 악하게 됨을 면하기가 어렵다. 사람의 덕이 어두워지고 가려져서, 선에 대해서는 약해지고, 악에 대해서는 강해진다. 이 때문에 착한 사람이 착하지 않은 것을 배우는 것은 착하지 않은 자가 착한 것을 배우기보다 쉽다. 악의 싹은 절로 무성해져서 밭갈고 김매는 수고로움이 없다. 소량의 짐독鴆毒이라도 많은 약으로 해독하지 못하고, 물방울이 떨어져도 오래되면 바위에 구멍을 뚫는다. 벗의 악함이 마음에 들어오면 달콤하게 이끌어 함께 더럽혀진다. 그러므로 숯가게와 염료가게에 다들 거처하지 않는 것은 검은 것이 흰 것을 오염시키기 때문이다. 그래서 흰 것이 검게 되기는 너무도 쉽다.

善與惡交, 難免無惡. 人德昏蔽, 弱於善, 强於惡, 故善者學不善易於不善者學善也. 惡莠自茂, 無勞耕耨. 微熄, 多藥莫解, 漏滴, 久且洞石. 友惡入心, 甘引同洒. 故煤肆染舍皆不處, 黑污白也. 乃白之爲黑也, 甚易矣.

5.2

성 바오로Paulus, 保琭[28]가 말했다.

"의로움과 의롭지 않음은 똑같이 나누지 못하고, 어둡고 밝은 것은 똑같이 조화를 이루지 못한다. 혹 착하지 않은 벗을 만나면 선이 위태로워진다. 선하지 않은 것이 선한 것보다 강하기 때문이다."[29]

聖保琭曰: "義不義不同分, 暗明不同和, 倘偶友不善, 則善危矣. 因不善强於善耳."

5.3

세네카가 말했다.

"역병의 독이 유행할 때는 비록 피하더라도 전염된다. 대개 병들었을 때 병이 없는 사람과 더불어 왕래하는 것은 바로 병 없는 사람이 병드는 때이니, 사귐을 정하는 자가 경계하지 않을 수 있겠는가?"[30]

---

28 성 바오로(?~62): 초기 그리스도교 사도로, 그리스도교의 초석을 닦았다. 처음에 유대교적 율법주의에 따라 그리스도교를 탄압했으나 그리스도의 음성을 듣고 회심했다. 이후 각지를 순방하며 전도에 힘쓰다 순교했다. 그가 남긴 서간이《신약성서》의 중요한 부분을 이룬다.

29 의로움과 …… 강하기 때문이다:《성경》〈고린토인들에게 보낸 둘째 편지〉[6.14]에서 "믿지 않는 사람들과 짝짓지 마십시오. 서로 어울리지 않습니다. 정의와 불의가 어떻게 짝이 될 수 있으며 빛이 어떻게 어둠과 사귈 수 있습니까?"라고 했다.

30 역병의 독이 …… 있겠는가: 세네카의《마음의 안정에 관하여》[7.4]에 나온다.

色聶加曰: "疫毒流行, 雖避有染. 蓋病之時, 與無疾人往來, 卽是無疾人病之時. 定交者可不戒?"

5.4

《성경》〈시편〉에 말했다.

"성인과 더불어 함께 지내면 장차 또한 성인이 되니, 착한 이와 함께 섬긴다면 어찌 착하지 않겠는가? 천주께서 기뻐하시는 것과 함께 한다면 천주께서도 또한 이를 기뻐하실 것이다."[31]

聖詩云: "與聖同居, 且亦聖. 與善同事, 寧不善? 同於天主所喜者, 天主亦喜之."

5.5

서양 속담에 말했다.

"100마리 양이 무리를 이루고 있을 때, 양 한 마리가 부스럼이 나면 100마리 양에게 그 병이 옮는다."[32]

비록 100마리 건강한 양이라도 한 마리 양의 질병을 낫게 할 수 없다면 도리어 그 질병에 걸리게 된다. 그래서 100명의 착한 벗은 한 사람의 악한 벗을 바꾸기에 부족하지만 한 사람의 착하지 않은 벗은 100명의 착한 벗을 그르치기에 충분하고도 남는다. 아! 벗을 해치는

---

31 성인과 더불어 …… 것이다:《성경》〈시편〉에서 직접 인용한 구절이 아니고, 가톨릭교회의 대표적인 기도 중 하나인 성체성사 기도의 "거룩한 성령과 함께 거룩하게 하시며, 죄 없는 사람과 함께 죄 없이 행하시며, 택한 자와 함께 택하실 것이며, 부정한 자와 함께 부정하게 하시리라"에서 일부 따와 보탠 내용이다. 예수 그리스도의 몸과 피를 받는 순간을 기념하고 경배하기 위해 올리는 기도다.

32 100마리 양이 …… 병이 옮는다: 로마의 풍자시인 유베날리스Decimus Iunius Iuvenalis(55?~127)의《풍자시Saturae》[2.79-80]의 한 구절이다.

도구로는 더러운 습속보다 심한 것이 없고, 덕을 무너뜨리는 일은 악한 습관보다 더 심한 것이 없다. 삼갈진저!

西諺云: "有百羊爲群, 一羊瘡, 百羊傳其疾." 雖百善羊, 不能愈一羊之疾, 而反受其疾也. 故百善友, 不足易一惡友, 而一不善友, 大足誤百善友. 嗚呼! 害友之具, 莫大於汚俗. 敗德之事, 莫甚於惡習. 愼哉!

6. 좋은 벗의 유익함善友之益

6.1

서양의 기록에 말했다.

"참된 벗은 만나기가 쉽지 않으니, 투명한 옥과 같이 드문 물건이어서 이것을 귀하게 여기는 것이다."**33**

西誌云: "眞友不易覯, 瑩瑩如玉也罕物, 斯貴之矣."

서양의 여러 서적에는 좋은 벗을 칭찬하여 기리지 않음이 없는데, 능히 이름 붙일 수가 없어서 다만 세상 복의 지극함이나, 사람의 즐거움 중 지극함이라고 일컬어 말하기에 이르렀다. 두 사람의 참된 벗이 서로를 얻으면 조금의 성냄도 없이 영원한 달콤함이 있다. 그러므로 참된 벗은 여러 질병과 많은 고통을 덜어주는 약제로, 재앙을 복이 되게 하고, 근심을 기쁨이 되게 하며, 눈물을 마르게 해준다. 죽음도 벗

---

33 참된 벗은 …… 여기는 것이다:《성경》〈집회서〉[6.14]의 "성실한 친구는 안전한 피난처요, 그런 친구를 가진 것은 보화를 지닌 것과 같다"와 비슷하다.

에게는 죽음이 아니게 되어, 이는 두 번째 삶에 속한다. 참된 벗의 마음에 영원히 살아, 영원히 잊히지 않기 때문이다.

太西諸籍, 莫不讚譽良友, 至謂不能名, 第稱爲世福之極, 人樂之至. 兩眞友相得, 無微慍, 有永甘. 故眞友者, 衆疾衆痛之減劑也, 禍之祉, 憂之喜, 涕之乾也. 死爲友非死也, 是二生之屬也. 永生於眞友之心, 而永不忘之矣.

이런 까닭에 사랑 또한 삶이라고 이름 붙이니, 나의 삶이요 나의 사랑인 것이다. 그렇다면 영원한 사랑은 영원한 삶이라 이름 지을 수 있을 것이다. 하물며 참된 사랑은 한량이 없어 능히 사라질 수가 없다. 참된 사랑이란 신령의 크나큰 덕이니, 신령은 아득히 오래되어도 흩어지지 않고 참된 덕과 함께한다. 그러므로 비록 죽은 뒤에도 또한 좋은 벗을 사랑하는 것은 사랑하는 사람의 마음에 길이 남아 있기 때문이다. 이를 일러 '덕의 사랑〔德愛〕'이라고 하나, 보기가 드물다.

是故愛亦名生, 吾生吾愛焉. 然則永愛, 可以名永生矣. 況眞愛無限無量, 不能滅也. 眞愛者, 神靈之大德, 神靈悠遠不散, 眞德與俱. 故良友雖至死後, 亦愛之焉, 緣長在愛者之心也. 是之謂德愛, 罕睹.

6.2

나를 사랑하는 사람이 있고, 나를 벗으로 삼는 사람이 있다. 나를 사랑하는 사람은 나의 몸을 좋아하고, 나를 벗으로 삼는 사람은 나의 마음을 좋아한다. 그러므로 벗이라는 것은 덕에 도움이 되는 것이지, 몸에 도움이 되는 것이 아니다.

有愛我者, 有友我者. 愛我者, 好我之身. 友我者, 好我之心. 故友者, 德之助, 非身之助.

6.3

디온Dion, 第完[34]이 말했다.

"사람이 많은 벗을 얻음은 여러 개의 눈과 귀와 손과 발과 입과 마음을 얻는 것과 같다. 내 눈이 보지 못하는 것을 내 친구가 보고, 내 귀가 듣지 못하는 것을 내 친구가 듣는다. 내 손이 감당치 못하는 것을 내 친구가 감당해주고, 내 발이 미치지 못하는 곳에 내 친구가 가준다. 내 입이 이르지 못하는 것을 내 친구가 말해주고, 내 마음이 다하지 못하는 것을 내 친구가 다해준다. 그런 까닭에 천주께서 너에게 좋은 벗을 많이 내려주심은 많은 귀와 눈과 손과 발과 입과 마음을 너에게 내려준 것과 같다."[35]

第完曰: "人得多友, 猶得多目多耳多手多足多口多心也. 目所不睹, 我友睹之. 耳所不聽, 我友聽之. 手所不勝, 我友勝之. 足所不逮, 我友逮之. 口所不達, 我友達之. 心所不悉, 我友悉之. 故天主多賜良友於爾, 如賜多耳目手足口心於爾也."

6.4

라일리우스肋略가 말했다.

"가난하고 천할 때 서로 얻었다가, 뜻을 얻고 나서 옛 친구를 버리는 것이 정리일까? 이는 좋은 벗이 아니다. 좋은 벗이란 복이 바뀌고

---

34 디온Dion Chrysostomos(BC 408?~354?): 시라쿠사의 귀족이자 디오니시우스의 의동생으로, 재상을 지냈다. 궁정에서 플라톤을 알고 그의 찬미자가 된 후, 디오니시우스 2세에게 이상정치를 하게 하려 했으나 실패하고, 기원전 366년 플라톤과 함께 추방되었다. 기원전 357년 군대와 함께 시라쿠사에 귀환, 기원전 355년 왕을 축출하고 대신 지배자가 되었으나, 아테네인 칼리포스의 명령에 의해 암살되었다.

35 사람이 많은 …… 것과 같다: 디온의 《군주론》[104-107]에 나온다.

지위가 달라지더라도 자신의 사귐을 바꾸지 않는다. 대개 진실한 벗은 복을 바꿀망정 벗을 바꾸지 않으니, 그렇지 않으면 다른 사람의 벗이 되지 못하고 복된 벗도 되지 못한다. 그러므로 사귐을 바꾸는 사람은 '오랜 벗(久友)'이라고 말해서는 안 되고, 단지 '그때그때의 벗(時友)'이라고 말할 수 있을 뿐이다."³⁶

肋略曰: "貧賤相得, 獲志則棄舊者, 情乎? 是非善友也. 善友者, 改福易位, 不改我交. 蓋眞友, 改福不改友, 否則不爲人友, 而爲福友. 故易交者, 不可謂久友, 止可謂時之友耳."

6.5

또 말했다.

"너는 덕을 닦기에 힘쓰라. 덕이라는 것은 참된 사귐의 바탕이니, 천하에 벗이 없는 사람은 즐거움도 없다. 참된 즐거움은 마음이 억지로 애쓰는 데서 나오지 않고, 사람이 느껴 촉발되는 것이다. 이 때문에 두 사람의 마음이 나뉘면 즐거움이 있을 수 없다. 가령 의심스럽거나 두려워도 즐거움은 없으니, 온갖 즐거움이 모두 사랑의 위에 있기 때문이다. 참된 벗은 군대로는 얻을 수가 없고, 재물로도 얻을 수가 없으니, 사랑으로 이를 모으고, 덕으로 이를 연계시켜야 한다. 나라가 힘만 믿으면 변고가 많아지고, 이익을 탐하면 얼마 가지 않아 실패하고 만다. 사랑이라는 것은 국가를 응결시키고, 나라를 굳세게 한다. 임금이 군사와 성지城池의 호위와 군대와 백성의 마음이 있더라도 사랑이 있지 않으면 태연할 수가 없다. 전쟁의 도구는 자기를 지킬 수 있지만

36 가난하고 천할 때 …… 있을 뿐이다: 키케로의 《우정론》[16.67]에 나온다.

또한 자기를 해칠 수도 있다. 참된 사랑이 이르게 되면 갑옷이 아니어도 굳세고 성이 아니어도 견고해진다."**37**

又曰: "勖爾修德. 德者, 眞交之本, 天下無友者, 樂無也. 眞樂不出心之勉强, 人之感觸. 故兩心相分, 不能有樂. 設疑設懼, 則樂無也, 所以萬樂俱在愛之上也. 眞友不能得以兵, 不能得以財, 集之以愛, 聯之以德. 國恃力, 變多, 貪利, 敗不旋踵. 愛者, 國之凝, 邦之固也. 人主有軍士城池之衛, 兵民之心, 不屬愛焉, 不能泰然. 戰爭之具, 可以守己, 亦可以殘己. 眞愛旣至, 不甲堅, 不城固矣."

7. 참된 사랑의 능력 眞愛之能力

7.1

사랑의 능력은 너무나 거대하다. 심성의 위대하고 열렬함은 짐독조차 마다하지 않고 병장기도 피하지 않으면서 그가 친애하는 바를 구해낸다. 대개 친구의 목숨 보기를 자기의 목숨처럼 여기고 또 자기보다 높게 보므로, 차라리 자기의 목숨을 가벼이 여기고 그 친구가 오래 살기를 바란다.

愛之能力甚巨. 心性偉烈, 不辭鴆毒, 不避兵刃, 以救其所親愛. 蓋視友之命如己, 且尊於己, 故寧輕己之生, 而冀久生厥友.

7.2

옛날에 두 충직한 벗이 있었는데, 한 사람은 오레스테스Orestes, 阿

---

37 너는 덕을 …… 견고해진다: 키케로의 《우정론》[22,83]에 나온다.

肋德[38]이고 한 사람은 필라데스Pylades, 比辣得[39]로, 함께 다른 나라로 갔다. 오레스테스가 그 나라에서 금하는 것을 묻지 않고 그 나라의 법을 범하자, 재판관이 그를 죽이려고 하였다. 필라데스가 일이 급박한 것을 보고 대신해서 죽으려고 재판관을 찾아가 말했다.

"실은 내가 죄를 지었고, 오레스테스는 죄가 없으니, 마땅히 내가 죽겠습니다."

오레스테스 또한 자기가 죽어 그 친구를 살리려고 스스로 맹세까지 하면서 자기의 죄를 인정했다. 두 사람이 서로 죽기를 다투자, 재판관이 그 실정을 알고 나서 놀라움을 이기지 못해 마침내 둘 다 풀어주니, 도리어 영예를 더하게 되었다.[40]

昔有兩忠友, 一曰阿肋德, 一曰比辣得. 俱至他國. 阿肋不問禁, 犯其律, 有司擬殺之. 比辣見事迫, 欲代死, 往見有司, 曰: "我實獲罪, 阿肋無罪, 我當死." 阿肋亦欲己死, 而生其友, 自誓以認己罪. 兩人爭死, 有司知其情, 不勝驚異, 遂兩釋之, 反爲延譽.

그런 까닭에 이렇게 말한다.

"참되게 벗을 사랑하는 사람은 벗이 혹 위험에 빠졌을 경우 나의

---

38 오레스테스: 그리스 신화에 나오는 미케네, 아르고스, 스파르타의 왕이다. 아가멤논과 클리타임네스트라의 아들로, 저주받은 탄탈로스 가문의 후손이다. 아버지 아가멤논의 원수를 갚기 위해 어머니 클리타임네스트라를 살해했다.

39 필라데스: 그리스 신화에서 아가멤논의 아들 오레스테스의 둘도 없는 친구다. 오레스테스가 아버지의 원수를 갚고 복수의 여신들에게 쫓길 때 충실한 동반자가 되어준다.

40 옛날에 두 충직한 …… 더하게 되었다: 이 설화는 에우리피데스Euripides(BC 480?~408)의 극작《타우리스의 이피게네이아》에 나온다.

지위와 목숨을 버려서 그 벗을 건져내주지 않으면 즐겁지가 않다."

이는 그 임금을 몹시 사랑하는 이름난 장수가 몸을 떨쳐 칼날을 무릅쓰면서 죽을 때까지 변치 않는 것과 같으니, 그가 죽음을 달게 여기는 것은 임금을 사랑하기 때문이다. 대저 용맹한 병사 또한 죽으면서도 이를 마다하지 않는 자가 있는데, 살펴보면 죽는 중에도 오히려 그 삶을 애석해한다. 만약 그 임금을 사랑하여 죽는다면 이것을 일러 큰 사랑의 용맹이라 하겠다.

故曰: "眞愛友者, 友或履險, 不捐我之祿位性命, 以拯存其友, 卽不樂也." 如名將之甚愛君者, 奮身冒刃, 至死不變. 彼之甘死, 爲愛君故. 夫勇士亦有死而不厭者, 顧死中猶惜其生. 若愛死其君, 此謂大愛之勇.

서양의 왕 캄비세스Cambyses, 剛比斯[41]가 이웃 나라의 왕 삼메니토스Psammenitos, 沙滿[42]와 자녀 및 여러 신하를 사로잡았다. 캄비세스가 삼메니토스의 아들과 딸로 하여금 천한 노비와 함께 묶어서 물을 긷게 했다. 신하와 백성 중에 붙들려간 자들이 임금의 아들과 임금의 딸이 이와 같은 것을 보고 눈물을 흘리지 않음이 없었지만, 삼메니토스

---

41 캄비세스(BC ?~522): 아케메네스 왕조 페르시아의 황제(재위 BC 530~522). 즉위 직후부터 이집트를 공격하기로 마음먹더니 기원전 525년, 펠루시움 전투에서 이겨 이집트를 정복했다. 기원전 522년 봄, 페르시아에서 일어난 반란을 진압하기 위해 이집트를 떠나다가 상처가 악화되어 사망했다. 아버지 캄비세스 1세는 안산의 왕이었으며, 키루스 1세의 아들이자 아루쿠의 형제이며 키루스 대왕(키루스 2세)의 아버지였다.

42 삼메니토스Psammenitos Ⅲ of Memphis: 이집트 제26왕조의 마지막 파라오(재위 BC 526~525)로, 헤로도토스의 《역사》[3.14]에 그에 관한 기록이 남아 있다. 펠루시움 전투에서 연속으로 패하며 멤피스로 달아났다가 체포되어 파라오에서 폐위되었고, 후에 자살했다.

는 흔들리지 않았다. 이에 다시 한 사람을 잡아다 묶자, 삼메니토스가 통곡하였다.

캄비세스가 말했다.

"너는 자녀에 대해서는 아무렇지도 않아 하더니, 신하를 두고는 운단 말인가?"

삼메니토스가 말했다.

"이는 나의 신하가 아니라 벗이다. 내가 자녀에 대해서는 통곡을 해도 나의 고통을 다하기에 충분치 않지만, 내 벗에 대해서는 한 번의 통곡으로 처음 내 정을 펴 보이려는 것이다."

西王剛比斯, 虜其鄰王曰沙滿, 幷子女臣庶. 剛比斯使沙滿之子之女, 與賤隷賤婢, 同繫而汲水. 臣民之被徙者, 見君子君女之若此也, 莫不流涕, 而沙滿不動也. 乃復取一人繫之, 沙滿哭慟. 剛比斯曰: "汝於子女恝然, 臣是泣乎?" 曰: "此非吾臣也, 乃友也. 吾於子女, 哭不足盡我痛, 於吾友也, 以一哭始發吾情矣."

7.3

옛날에 한 신하가 임금을 죽이고 왕위를 빼앗고는 임금의 가족을 모두 죽였다. 다만 임금의 큰딸만 남아 장차 그를 붙잡으려 하니, 한 궁인이 그 주인을 깊이 사랑하여 계책으로 그를 구하려고, 이에 거짓으로 이름을 대고 그 옷을 입고서 적에게 자수하였다. 큰딸이 궁인의 충성을 알았지만 그 정에 보답할 방법이 없음을 안타깝게 여겨, 자기가 죽어 그를 살릴 생각으로 원수에게 나타났다. 아! 차라리 자기가 죽어서 벗을 살리는 것이 어찌 큰 사랑의 징험이 되지 않겠는가?[43]

43 옛날에 한 신하가 …… 않겠는가: 발레리우스의 《기억할 만한 말과 행동》[3.2]에

昔一臣, 弑君篡位, 盡滅君之族. 惟餘皇長女, 將執之, 一宮人深愛其主, 救之以計, 乃佯冒名, 服其服, 而自呈於賊. 皇女知宮人之忠, 恨無以答其情, 思維己死以生之, 乃出見於讐. 嗚呼! 寧死己而生友, 豈不爲大愛之驗哉?

7.4

루킬리우스Lucilius, 露際落와 브루투스Brutus, 捕露篤, 안토니우스Antonius, 暗多尼阿 세 사람[44]이 서로를 벗으로 삼음이 몹시 훌륭하였다. 그러다가 갑자기 브루투스와 안토니우스가 서로 원수가 되니, 루킬리우스가 이를 화해시키려 하였지만 듣지 않았다. 그러다가 안토니우스가 브루투스와 싸워 브루투스가 패하자, 안토니우스의 군사가 이를 추격하였다. 루킬리우스가 군사를 길에서 만나자 이렇게 말했다.

"내가 브루투스다."

군사가 마침내 이를 잡아서 바쳤다.

안토니우스가 말했다.

나온다.

44 루킬리우스와 브루투스, 안토니우스 세 사람: 루킬리우스Gaius Lucilius(BC 180?~102?)는 수에사 아우룽카 출생으로 소小스키피오의 문학서클에서 가장 유력한 멤버 중 한 사람이었으며, 사투라(풍자시)의 진실한 창시자다. '담론시談論詩, semones'라는 이름으로 사생활·교우·여행·주연酒宴·문학 등을 화제로 개인 공격과 사회비평에 거침이 없었다. 브루투스(Marcus Junius Brutus 또는 Quintus Servilius Caepio Brutus, BC 85~42)는 로마 공화정 말기의 정치인으로, 율리우스 카이사르를 암살한 인물이다. 동지인 카시우스Gaius Cassius Longinus(BC 85~42)와 함께 군사를 일으켰으나 실패하고 죽었다. 안토니우스Marcus Antonius(BC 83~30)는 카이사르가 암살된 뒤 브루투스와 카시우스를 살려줬으나 결국 제거한 다음 옥타비아누스, 레피두스와 함께 제2차 삼두정치를 성립했다. 여기서 루킬리우스는 가이우스 루킬리우스와 가이우스 카시우스를 혼동한 것으로 보인다.

"이는 나의 원수가 아니라 나의 벗이다."

군사가 원수를 놓쳤으므로 몹시 두려워하였다.

안토니우스가 말했다.

"두려워하지 마라! 내가 너희에게 내 원수를 잡으라고 명했는데, 너희가 이제 내 벗을 데려왔으니, 너희의 공이 내 원수를 잡아온 것보다 훨씬 크다."[45]

露際落, 捕露篤, 暗多尼阿, 三人相友甚善也. 忽捕露篤與暗多尼阿相讐, 露際落解之, 勿聽. 已而暗多尼阿與捕露篤戰, 捕露篤敗, 暗多尼阿之士追之. 露際落値於途, 即曰: "吾捕露篤也." 士遂執之以獻. 暗多尼阿曰: "此非吾讐, 吾友耳." 士以失讐, 懼甚. 暗多尼阿曰: "毋畏! 我命爾得我仇, 爾今乃得我友, 爾功更多於得我仇矣."

7.5

마음에 사랑을 이미 온전하게 얻었다면 일마다 다시 억지로 함이 없다. 사랑의 마음을 잘 가져다 자기가 사랑하는 사람에게 이를 바친다. 이 때문에 참된 사랑은 두려움이 없고, 일의 형세가 어려운지 쉬운지를 따지지 않고서, 몸을 떨쳐 사랑하는 사람에게 나아가 그 위급함을 건져주지 않음이 없다.

愛旣全得於心, 無事復强也. 善奪愛者之心, 而獻之於己所愛焉. 故眞愛無懼, 不顧事勢難易, 莫不奮身以就所愛, 而拯其急也.

45 루킬리우스와 …… 훨씬 크다: 플루타르코스의 《생애의 비교》[50] 중 브루투스의 전기에 나온다.

8. 참된 사귐의 바탕참된 사귐의 첫 번째 단서眞交之本眞交之第一端

8.1

성 베르나르도Bernardus, 伯爾納[46]가 말했다.

"참된 사귐은 이익을 구하는 마음이 없고, 오직 서로 사랑하기만을 구한다. 서로 사랑하는 것 외에는 가는 터럭 하나도 바람이 없다."[47]

다만 자기를 사랑하는 벗을 사랑함은 오히려 사사로워, 작록과 지위를 사랑하는 것과 똑같다. 참된 교유라는 것은 오직 벗의 사랑을 사랑할 뿐이다. 오직 다만 이미 벗으로 삼은 바를 사랑할 경우, 다시 나와 사귀려 하는 자는 많은 벗을 찾아서 나의 사랑을 펴야만 한다. 이 때문에 벗을 사랑함은 자기를 사랑함과 같고, 벗을 믿음은 자기를 믿음과 같다.

聖伯爾納曰: "眞交無利心, 惟求互愛. 互愛之外, 無冀纖毫也." 但愛愛己之友, 猶私也, 等愛祿位也. 眞交者, 惟愛友之愛而已. 惟特愛所旣友, 更欲交我者, 覓多友而申吾愛. 故愛友如愛己, 信友如信己.

---

46 성 베르나르도(1090~1153): 프랑스의 가톨릭 사상가. 라틴어 이름은 '베르나르두스'다. 디종 근처 퐁텐의 귀족 집안에서 태어났다. 1112년경 근친 형제 등 30명과 함께 시토회 수도원에 들어갔으며, 3년 후 신설 클레르보Clairvaux 수도원의 원장이 되었다. 1128년 트루아 교회 회의에서 승인한 성전기사수도회의 회칙을 그가 썼다고 한다. 신의 사랑을 자신의 신비적 체험을 바탕으로 펼쳤는데, 의지의 우위, 은총의 필요, 불가결성의 역할 중시 등이 그의 신학 특징으로 꼽힌다. 유려한 문체의 매력으로 신과의 합일과 기도를 중심에 두는 신학 전통의 대표자로 꼽힌다.

47 참된 사귐은 …… 바람이 없다: 성 베르나르도의《아가 강해》[83]에 나온다.

8.2

아리스토텔레스가 말했다.

"벗이란 바로 한 몸 안에 한결같이 하나의 영혼이 살아 있는 것이다."[48]

亞利曰: "友者, 卽一身之內, 一活一魂也."

8.3

참된 사랑은 벗의 물건을 바라지 않고 다만 사랑을 바랄 뿐이니, 오직 사랑해주는 것을 사랑할 뿐이다. 만약 부귀로 말미암으면 이에 이익으로 사랑하는 것이 되고, 마음으로 사랑하는 것이 되지 않는다. 사랑이란 사랑의 이로움이니, 그래서 이로움은 자기 한 사람의 사랑이 되고, 두 사람이 서로를 사랑함이 되지는 않는다.[49]

眞愛不望友之物, 但望愛, 惟愛愛之者. 若因富貴, 乃爲利愛, 非爲心愛. 愛者是愛之利, 所以利爲一己之愛, 而不爲兩人相愛也.

8.4

두 벗이 서로 사랑함은 분수의 구별이 없고, 저쪽과 이쪽의 차이도 없다. 나를 봄이 벗을 봄과 같고, 벗을 봄 또한 나를 봄과 같다. 자기를 가지고 벗을 헤아리고, 벗을 가지고 자기를 가늠한다. 같지만 같음이 없고, 달라도 다름이 없다. 이 때문에 한 사람이 병들면 두 사람이 아

---

48 벗이란 바로 …… 살아 있는 것이다: 디오게네스의 《철학자들의 생애》[5.20] 중 아리스토텔레스 전기에 나온다.

49 참된 사랑은 …… 되지는 않는다: 키케로의 《최고선악론》[26.85]에 나온다.

프고, 한 사람이 힘들면 두 사람이 괴로워하며, 한 사람이 근심하면 두 사람이 성을 낸다. 한 사람이 웃으면 두 사람이 웃고, 한 사람이 곡하면 두 사람이 곡한다. 욕된 것이나 영예로운 것이나 하나에게 있으면 둘이 이를 얻는다. 이 때문에 "참된 벗의 물건은 함께하지 않음이 없다"[50]고 한다.

　兩友互愛, 無分數之別, 無彼此之殊. 見我如見友, 見友亦如見我. 以己度友, 以友度己. 同無同, 異無異. 是故一之病, 二之痛, 一之艱, 二之苦, 一之憂, 二之慍矣. 一笑卽二笑, 一哭卽二哭焉. 辱者榮者, 在一而兩得之也. 故曰: "眞友之物, 無不共."

8.5

서양의 현인 아니투스Anytus, 亞尼多[51]가 그 친구를 대접하려고 하였는데, 알키비아데스Alcibiades, 亞際比[52]가 다른 일로 미처 도착하지 않았다. 아니투스가 다른 손님과 더불어 모여 먹는데, 자리가 절반쯤 지났을 때 알키비아데스가 도착하더니, 바로 아니투스의 물건을 잔뜩 거두어 돌아갔다. 여러 손님이 화를 내자, 아니투스가 말했다.

"내 재물은 바로 저 사람의 재물이니, 비록 다 가져간다고 해도 유감이 없는데, 저 사람이 겨우 반만 거두어갔으니, 크게 청렴하지 않은

---

50 참된 벗의 …… 않음이 없다: 디오게네스의 《철학자들의 생애》[8.10] 중 피타고라스 전기에 나온다.

51 아니투스(BC 451~388): 고대 아테네의 정치가로, 펠로폰네소스 전쟁에서 장군으로 활약했고, 폭군에 반대하는 민주 세력의 후원자였다.

52 알키비아데스(BC 450?~404): 아테네의 정치가이자 장군으로, 펠로폰네소스 전쟁의 후반부에 전략고문과 군사령관을 맡아 중요한 역할을 했다.

가?"**53**

西賢亞尼多, 欲飮其友, 亞際比以他故未至. 亞尼多與別賓會食, 席半, 亞際
比至, 卽大拾亞尼多之物以歸. 衆賓怒, 亞尼多曰: "吾財卽彼財也, 雖盡取無恨,
彼僅拾半, 不大廉乎?"

8.6
소크라테스Socrates, 瑣加德가 한번은 손님을 대접하는데, 그 아내가
말했다.

"너무 검소하게 하지 마세요."

소크라테스가 말했다.

"저 사람은 착한 사람인 데다 또 나의 진실함을 기뻐한다오. 진실
로 선하지 않다면 남 또한 내게 비용을 들여가며 대접하지는 않을 것
이오."**54**

瑣加德, 嘗晏客, 妻曰: "毋太儉." 曰: "彼善人, 且喜我之眞. 苟不善, 人亦毋容
費我以奉之耳."

8.7
세네카가 말했다.

"참된 벗이 물건을 함께함은 한배에서 난 자식이 부모의 물건을 함
께하는 것에 비유할 수 있다. 또 한 아들을 가리키면서 '이는 아버지가

---

53 서양의 현인 …… 청렴하지 않은가: 플루타르코스의 《생애의 비교》[4.5] 중 알키
비아데스 전기에 나온다.

54 소크라테스가 한번은 …… 않을 것이오: 디오게네스의 《철학자들의 생애》[2.34]
에 나온다.

낳았고, 이는 어머니가 낳았다'고 말할 수 없는 것과 같다. 또 두 아들을 두고, 그 부모가 또한 둘을 갈라 '너는 아버지의 아들이고, 너는 어머니의 아들이다'라고 할 수 없는 것과 같다. 그러므로 벗은 사사로이 기뻐함이 없고, 사사로이 근심함도 없다. 공공으로 자기를 없애고 두 뜻을 서로 얻어 두 몸이 하나와 같이 된다. 벗의 마음이 내 마음과 같고, 내 물건을 벗의 물건과 같이 아끼니, 어찌 한 마음에 두 몸이 아니겠는가?"**55**

색췌가왈: "眞友共物, 譬一胞之子, 共父母之物焉. 又如一子, 不能指曰: '此父生也, 此母生也.' 又如兩子, 厥父母亦不獲分之曰: '若爲父之子, 若爲母之子也.' 故友無私悅, 無私慼, 以公滅己, 兩意相得, 兩體若一矣. 友心如我心, 愛我物如友物, 豈不一心二身也哉?"

8.8

참된 벗의 진실은 몸은 둘로 서로 떨어져 있으나 마음은 하나로 함께 있는 것과 같다. 네 아내는 나를 '제2'로 삼으니, 내 아내를 위해 너는 제2의 내가 된다. 너는 나의 일을 위해 내가 마치 저기에 있는 듯이 여기고, 나는 너의 일을 위해 네가 내가 된 것처럼 한다. 몸은 둘이지만 똑같은 하나의 사랑이기 때문이다.

眞友之寔, 猶二身相離, 一心同在. 爾室, 我爲第二, 爲我室, 爾爲第二我. 爾爲我之事, 如我在彼, 我爲爾之事, 如爾爲己. 緣二身同一愛也.

55 참된 벗이 …… 아니겠는가: 세네카의 《도덕서간》[7.66.26]에 나온다.

9. 참된 벗은 벗의 이치를 따르고, 의리가 아닌 것은 추구하지 않는다 참된 사귐의 두 번째 단서眞友順友之理, 不求非義者眞交之第二端

9.1

내가 의롭지 않은 것으로 벗을 구해서는 안 되고, 벗 또한 마땅히 의롭지 않은 것으로 나를 따라서는 안 된다. 사귐에 경계가 있더라도 덕과 의리로만 해야 하니, 의롭지 않은 것을 구하는 것은 그 경계를 넘어선 것이다. 벗이 착하지 않은 것을 그대로 앉아서 보는 것은 이미 벗을 사랑하지 않는 것인데, 만약 도리어 악으로 그를 이끈다면 되겠는가? 진실로 벗이 손해 보기를 바라는 사람은 없겠지만, 손해가 실로 심한 것은 그른 것을 따르기 때문이다. 천하의 큰 손해는 마음이 악한 것보다 더 큰 것이 없다. 움직이거나 가만있거나 괴상하고 흉하다고 하면서 덕성의 아름다움을 어둡게 하고, 정리에 맞음을 어지럽히면서 그릇됨을 따르는 사람을 모두 불러들이면, 나의 큰 원수가 된다. 원수가 몸을 해치거나 다치게 함을 유감스럽게 여기고, 벗이 덕을 해치거나 망가뜨림을 손해로 여긴다.

我不可求友以非義, 友亦不當順我以非義也. 交有疆域, 惟德惟義, 求非義者, 越其界矣. 坐視友不善, 已爲不愛友, 若反引之於惡, 可乎? 人固未有冀友之損害者, 而損害實甚, 順非故也. 天下之大害, 莫大心惡. 動靜云爲之僻戾, 昏德性之美, 亂情理之中, 而順非之士, 皆以致之, 則爲我大仇矣. 恨仇之害傷身, 損友之害敗德.

9.2

네가 벗의 얼굴에 묻은 때를 보면 틀림없이 "어째서 닦지 않느냐?"라고 하고, 모자가 바르지 않으면 반드시 "어째서 바로 쓰지 않느냐?"

라고 할 것이다. 그런데 어찌하여 벗이 착하지 않음을 알고도 말하지 않는가? 그런 까닭에 벗을 위해서 허물을 꾸며주는 것을 이름하여 '사귐의 적(交賊)'이라 한다. 충고해주는 사람은 그 벗을 인의仁義로 이끌어서, 그로 하여금 깨끗한 마음을 즐거워하고 부끄러움을 없애주며 근심을 멀리하게 해주니, 행복이 이보다 클 수가 없다.

爾睹友面垢, 必曰: "盍拭?" 冠不止, 必曰: "盍整?" 奈何知友不善而不言? 故爲友文過, 名曰交賊. 忠告者, 導其友以仁義, 俾得淨心之樂, 愧作之消, 憂患之遠, 福幸莫偉焉.

9.3

《성경》에 말했다.

"사람이 선하지 않은 일을 행하고도 혹 자각하지 못하다가, 내가 이를 나무라면 그도 깨닫는다. 이미 깨닫고 나면 다시 하지 않으니, 이것은 내가 그의 선하지 않음을 끊은 것이다."[56]

聖經曰: "人行不善, 或不自覺, 我責之, 則彼覺. 旣覺則不復爲, 是我絕彼之不善也."

9.4

서양의 어진 이가 말했다.

"네가 이미 나의 친구가 되고 나서도 나의 허물을 나무라지 않는다

---

56 사람이 선하지 않은 …… 끊은 것이다:《성경》〈마태오의 복음서〉[18.15]에 "어떤 형제가 너에게 잘못한 일이 있거든 단둘이 만나서 그의 잘못을 타일러주어라. 그가 말을 들으면 너는 형제 하나를 얻는 셈이다"라고 했다.

면, 이는 너의 큰 잘못이다. 내가 마땅히 너를 꾸짖을 것이다."

西賢曰: "爾旣爲我友, 而不責我過, 是卽爾之大過也. 吾當責爾矣."

9.5

서양의 왕 필리포스Philippos II, 斐理伯[57]가 반란을 일으킨 신하 수십 명을 붙잡아, 죄 의논하기를 마치고 나서 막 사형을 시키려 하는데, 한 사람이 큰 소리로 말했다.

"저는 선왕의 신하요, 우리 왕의 변함없는 벗입니다."

왕이 말했다.

"네가 내 벗이 아니거늘, 어찌 나를 벗이라고 말하는가?"

그가 말했다.

"말하게 하려 하신다면 비밀스레 말할 것을 청합니다."

왕이 그와 함께 은밀한 장소로 가서 묻자, 그가 말했다.

"신이 마침 왕께서 옷 입은 것이 조심스럽지 않고 앉은 것이 단정치 않음을 보았으니, 모두 덕이 굳세지 않기 때문입니다."

왕이 말했다.

"내가 이제 알겠다. 지난번에 네가 나더러 착하지 않다고 나무랐는데, 내가 너를 따르지 않자 마침내 네가 배반하기에 이르렀으니, 너는

---

57 필리포스(BC 382~336): 마케도니아왕국의 왕(재위 BC 359~336)으로, 알렉산드로스 대왕의 아버지다. 대국 마케도니아의 기초를 다졌다. 군사식민지를 건설하고, 군제개혁을 단행해 강력한 군대를 만들었으며, 제3차 신성神聖 전쟁에서 북부 그리스의 패권을 확립했다. 카이로네이아에서 아테네와 테바이의 연합군을 분쇄해 그리스의 정치적 독립을 종식시키고 코린토스 동맹을 결성해 자신의 지휘 아래 두었다.

참으로 나의 벗이다."

마침내 그를 풀어주었다. 뒤에 필리포스 왕 또한 훌륭한 임금이 되었다.[58]

西王斐理伯, 執叛臣數十人, 讞畢, 將刑, 一人大呼曰: "我先王之臣, 吾王始終之友也." 王曰: "爾非吾友, 曷言吾友?" 曰: "欲言之, 則請密言." 王與偕之隱所, 問焉, 曰: "臣適見王衣不飭, 坐不端, 皆由德不固." 王曰: "吾以玆知, 向者爾責我以不善, 而我不汝從, 遂致汝於叛, 若眞吾友也." 竟釋之. 後斐理伯亦爲令主焉.

9.6

벌이란 물건은 침도 있고 꿀도 있지만, 사람들이 그 침은 미워하지 않고 그 꿀만 사랑한다. 이 때문에 벗이 나더러 착하지 않다고 꾸짖어 말하지 않는 것은 내게 침을 쏘는 것이 되고, 마땅히 내가 선에 대해 훌륭하게 되게 하려고 말하는 것은 내게 꿀을 주는 것이 된다.

蜂之爲物, 有刺有蜜, 人不惡其刺, 而愛其蜜. 故無謂友之責我不善, 爲投我以刺, 當謂其欲玉我於善, 爲遺我以蜜也.

9.7

라일리우스가 말했다.

"벗 사귐의 으뜸은 선하지 않음으로 벗을 구하지 않는 데 있지 않고 나의 벗에게서 선하지 않음을 허락하지 않아 그를 구하는 데 있다.

---

58 서양의 왕 …… 임금이 되었다: 플루타르코스의 《왕과 황제의 금언집》[19]에 나온다.

벗이 선하지 않음은 내가 내버려둘 수가 없는데 벗의 악을 참는 것은 그가 악하게 됨을 지켜보는 것이니, 내가 이것을 맡아 나의 악으로 삼는 것만 못하다. 벗을 손해나게 하고 아울러 내게 손해를 끼친다."**59**

肋略曰: "交友之首, 不在不求友以不善, 在不許不善於吾友中求之也. 友之不善, 我無可委, 忍友之惡者, 視爲彼惡, 不如己任之爲吾惡. 損友幷損我矣."

10. 스스로 착하지 않은 것 외에는 참된 벗은 마땅히 행하지 못할 것이 없다 참된 사귐의 세 번째 단서 自不善外眞友無不當行眞交之第三端

10.1

벗이 잘못을 따름을 경계하는 것은 선한 덕성을 손상할까 염려해서이다. 만약 의리에 합당한 일이라면 비록 나의 작록과 지위와 생명을 잃더라도 또한 마땅히 벗을 위해 힘을 다할 것이다.

友戒順非者, 恐損善德也. 若合義之事, 雖喪我之祿位生命, 亦當爲友竭力焉.

10.2

예전 포악한 왕 디오니시우스Dionysius, 氐阿尼**60**가 다몬Damon, 大漫

---

59 벗 사귐의 …… 손해를 끼친다: 키케로의《우정론》[13.44]와 [10.35]에 비슷한 내용이 보인다.

60 디오니시우스Dionysius senex(BC 430?~367): 시칠리아에 있던 시라쿠사의 그리스 폭군이었다. 시칠리아와 남부 이탈리아의 여러 도시를 정복하고 시칠리아에서 카르타고의 영향력에 반대했으며 시라쿠사를 서부 그리스 식민지 중 가장 강력하게 만들었다. 최악의 전제군주의 전형으로 여겨졌다.

이라는 이름의 신하를 체포해 오게 해서 장차 그를 죽이려 하였다. 다
몬의 친구 핀티아스Phintias, 比帝亞가 다몬을 구하려고 꾀를 내어, 스스
로를 왕에게 인질로 잡히고 잠시 벗을 며칠 동안 석방하여 집안일을
처리하게 해줄 것을 구하였다.[61]

왕이 이를 허락하며 말했다.

"기한이 되어서도 오지 않으면 대신 죽어야 한다!"

인하여 그를 붙들어두었다. 다몬이 급히 집으로 돌아갔다가 일을
마치고 이르렀지만, 다몬이 온 것이 너무 늦어서 한정한 시간이 이미
다 되었으므로 왕이 핀티아스를 죽일 것을 명하였다. 장차 사형을 하
려는데 다몬이 도착해서 큰 소리로 외쳤다.

"내가 왔소, 내가 왔소!"

왕이 놀라고 기이하게 여겨 노여움을 거두고 아울러 다몬을 석방
하고는 또 두 사람과 더불어 벗이 되기를 구하여, 세 사람은 친밀한
벗이 되었으니, 벗의 참다운 사랑과 그 큰 능력이 이와 같음을 보이기
에 충분하다. 대개 폭군은 덕을 몹시 사랑하지 않았으나, 다만 벗을 사
랑하였기 때문에 그 노여움을 고쳐 사랑이 되게 하고, 그 형법을 고쳐
서 은혜가 되게 하였으며, 그 괴로움을 고쳐 존경이 되게 하였다.[62]

---

61 다몬과 핀티아스: 우정에 관한 피타고라스학파의 이상을 그린 그리스 전설이다.
사형을 선고받은 핀티아스가 디오니시우스 1세에게 남은 업무를 정리할 수 있도
록 해달라고 청하자, 디오니시우스는 핀티아스의 친구 다몬을 대신 가두겠다는
조건을 걸었다. 핀티아스가 돌아오지 않으면 그가 대신 사형에 처해질 예정이었
으나, 핀티아스가 돌아오자 디오니시우스는 이들의 우애와 신뢰에 감탄하여 둘
을 모두 방면했다. 여기서는 핀티아스가 아닌 다몬이 사형을 선고받은 것으로 혼
동한 듯하다. 발레리우스의《기억할 만한 말과 행동》[4.7]에 나온다.
62 예전 포악한 왕 …… 되게 하였다: 그리스·로마 고전 중 널리 알려진 고사다.

昔有虐王氏阿尼, 詔繫一臣名大漫, 將殺之. 大漫之友比帝亞, 謀救大漫, 自質於王, 求暫釋友數日, 得處置家事. 王許之, 曰: "限至不至, 代死!" 因錮之. 大漫急返家, 竣事而至. 大漫之來也甚遲, 乃限時已盡, 王命殺比帝亞. 將刑, 大漫至, 大呼曰: "我至, 我至!" 王駭異, 輟怒, 幷釋大漫, 且求與二人交, 爲三密友焉. 足見友之眞愛, 其大能如此. 蓋暴主極不愛德, 而獨愛友, 故改其怒爲愛, 改其刑法爲恩, 改其苦爲尊敬.

10.3

어떤 이가 말했다.

"벗을 우선으로 하고 자기를 나중으로 하는 것을 지금에 와서 찾아볼 수 없는 것은 어째서입니까?"

말하였다.

"참된 벗의 맛이 단 줄을 알지 못하기 때문에 이것이 어려울 뿐이다. 벗을 구해주는 것을 즐거움으로 삼는 사람은 벗의 편안함을 즐거워하기를 자기의 편안함을 즐거워함보다 더 귀하게 여긴다. 자기의 괴로움을 가지고 벗의 즐거움과 맞바꿔, 돌아보아 함께 즐거워하며 자기의 괴로움을 잊는다. 참된 벗은 곤액을 당했을 때 그 정을 더욱 굳세게 붙들어, 벗을 위해 죽으면서도 그 죽음을 몹시 다행으로 여긴다. 이는 다른 것이 아니라, 참된 사랑이요 참된 어짊이기 때문이다. 자신이 죽더라도 벗은 편안함을 얻는다는 것을 알기에 죽음 가운데서도 또한 즐거운 것이 참된 벗의 즐거움이다. 오직 말하기를, 이 좋은 벗을 잃는다면 복 가운데 화가 있다고 할 것이다. 하지만 충직한 벗을 얻은 사람이 이를 통해 재앙에서 벗어나려 해서는 안 된다. 진실로 이러한 생각을 품는다면 재앙을 면하려다 도리어 큰 재앙을 얻게 될 것이다. 서양에서는 능히 그 벗을 구하는 자나 그 벗을 위해 죽는 사람을 모두 높이고 이를 기리곤 한다. 생각건대 죽은 벗이 기쁘게 가더라도 산 벗은 몹시 애통해하고, 좋은 벗을 잃는 것을 자기의 큰 재앙으로 여긴다. 그러므로 '내 벗을 위해 힘을 다 쏟는 것은 비록 작록과 지위와 생명을 잃는다 해도 사양하지 않는다'고 말하는 것이다."

或曰: "先友後己, 今時落落. 何也?" 曰: "由不識眞友味之甘, 是爲難耳. 彼以救友爲樂者, 其樂友之安, 甚於樂己之安也. 以己之苦, 易友之樂, 顧嘗同樂, 而忘己之苦焉. 眞友當厄困時, 愈堅摯其情, 爲友而死, 且甚幸其死. 此無他, 眞愛眞仁. 知己死而友可獲安, 卽死中亦樂, 眞友之樂也. 惟謂失此良友, 則福中有禍矣. 然得忠友者, 不可圖之爲免禍地. 苟懷此想, 是免禍反得大禍也. 西方有能救其友者, 爲其友死者, 皆尊之譽之. 顧死友欣然往, 而生友則甚痛, 喪良朋, 以爲己大禍焉. 故曰: '爲吾友竭力者, 雖喪祿位生命, 不辭也.'"

11. 벗에 대한 근거 없는 의심 풀기 解友不可憑之疑

11.1

지혜로운 선비의 말은 이렇다.

"사람들은 원수가 알게 될까 두려워하여, 반드시 감히 착하지 않은 일을 행하지 못한다."

벗에 있어서도 또한 그러할 뿐이다. 오늘 사귄 사람이 나중에 혹 변하여 원수가 될 것을 마땅히 생각해야 한다. 세상의 물건은 모두 망가지게 되어 있고, 세상일은 모두 정해진 것이 없는지라, 본 것과 익숙한 것은 종종 자주 옮겨가게 마련이다. 이 때문에 옛 어진 이로 교유를 경계한 사람이 이렇게 말했다.

"높은 산의 단단한 바위 또한 허물어져 부서지기에 이르니, 사람의

마음이 어찌 능히 언제나 안정될 수 있겠는가? 너희가 마땅히 지금 사
귀는 사람을 내일 혹 잃을 수도 있다고 생각한다면, 부끄러워할 만한
일을 해놓고 '내 벗은 믿을 만해서 잠시 마음 놓고 행한다'고 말해서
는 안 된다."

혹 이 말을 가지고 너무 심하다 하겠지만 살피지 않을 수가 없다.
사람이 감히 그 벗을 헤아리지 못하기에 이른 것은 애초에 가려 취함
을 잘못 했기 때문이다. 가볍게 합해진 것은 가볍게 흩어짐의 매개이
니 뜬 사귐은 쉬 어긋나고 만다. 이 때문에 쉬 흩어지는 벗은 소인의
무리일 뿐이다. 참된 벗은 다만 산 벗을 버리지 않을 뿐 아니라, 죽은
벗 또한 때로 마음과 눈 속에서 살고 있다. 진실로 사랑은 악을 변화
시킬 수 있으니, 그가 벗이 됨은 다만 사랑의 그림자일 뿐이다. 진실한
사랑을 서로 함께하면서 오직 그 덕을 믿고 착함에 기대어서 간다면,
어찌 내 벗을 두려워하겠는가? 그런 까닭에 벗의 앞에 있는 것과 원수
의 앞에 있는 것은 같다.

智士之言曰: "人懼爲仇所知, 必不敢行不善." 於友亦爾. 今日所交, 宜思後或
變爲仇矣. 世物皆屬壞, 世事皆無定, 所見所習, 往往屢遷. 故昔賢之警交者曰:
"高山堅石, 亦致毀敗, 人心豈能恒定? 爾當思今所交, 翌日或失之, 則可恥之事,
毋曰吾友足信, 姑安行焉." 或以此言太甚, 然不可不察. 人至不敢量其友者, 初
失擇取故也. 輕合者媒輕散, 浮交易違也. 故易散之友, 小人羣耳. 眞友不但不棄
生友, 卽死友亦時居心目焉. 苟愛可變惡, 其爲友, 特愛之影. 實愛相與, 惟恃厥
德, 憑善而往, 曷畏我朋? 故在友之前, 與在仇之前等.

11.2

착한 벗과 벗을 삼는 사람은 마땅히 벗이 변해 원수가 될 수 있음
을 염려해서는 안 된다. 대개 덕으로 사귀는 아름다움이 그러하기 때

문이다. 덕은 오래될수록 더욱 사람의 정을 끌어당기니 무엇을 염려하며, 어찌 변한단 말인가? 이 때문에 덕으로 사귀는 사람은 속마음이 태연하여 내 벗에 대해 환히 알아 조금의 두려움이나 조금의 의심도 없다. 만약 의심스럽고 두려워할 만하다면 다만 도리로 서로 가깝게 지낸 사람이 아닐 뿐이다.

友善友者, 不當慮友之可變仇也. 蓋德爲交之美所以然. 德彌久, 彌引人情矣, 何慮哉? 何變哉? 是以德交者, 泰然中懷, 燭於我友, 無少懼, 無少疑也. 若可疑可懼, 特非道相狎者耳.

11.3

스키피오Scipio, 西比阿[63]가 말했다.

"사귐을 해치는 논의는 지금 눈앞에서 벗으로 사랑하던 바를 다른 날 힐난하며 혹 미워하게 되는 것보다 큰 것이 없다. 대저 벗이 원수가 될 수 있다고 생각하면 마음에 반드시 두려움이 생기고 의심이 싹튼다. 의심이 많으면 충직함이 없어지고 신의가 사라져서 내 마음의 태연함을 잃고 말아, 편안히 좋은 벗의 깊은 맛을 얻지 못하게 된다."[64]

西比阿曰: "賊交之論, 莫大乎目今所友愛, 詰日或可惡之也. 夫思友可爲仇, 心必生畏生疑. 多疑則泯忠滅信, 喪我心泰, 勿獲安良友之深味矣."

---

63 스키피오Publius Cornelius Scipio Africanus(BC 236~183): 로마의 장군이자 정치가로, 제2차 포에니 전쟁에서 로마가 카르타고를 이기는 데 큰 공을 세웠다. 역사상 가장 위대한 군사지휘관이자 전략가 중 한 명으로 여겨진다. 기원전 202년 자마 전투에서 한니발을 패퇴시켰는데, 아프리카에서의 이 승리로 그는 '아프리카 사람'을 뜻하는 '아프리카누스Africanus'라는 별명을 얻었다.

64 사귐을 해치는 …… 못하게 된다: 키케로의《우정론》[16.59-60]에 나온다.

11.4

세네카가 말했다.

"미리 좋은 벗을 얻어서, 그에게 내 마음을 태연하게 놓아둔다. 뒤에 혹 몹시 비밀스러운 계획이 있을 경우 내 속에 감춰둔 것을 다 드러낼 수 있다면 즐거움이 이보다 클 수가 없을 것이다. 대저 내가 혼자만 아는 것은 혼자 두려워하는 것과 같다. 좋은 벗이 내가 그것을 두려워하는 것을 알면 도리어 내가 나를 두려워하는 것보다 더 심할 것이다. 그러므로 좋은 벗은 마음의 근심을 풀어주고, 그의 논의는 나의 의심을 가라앉혀주며, 그 정은 나의 즐거움을 이끌어낸다."[65]

또 말했다.

"한 사람의 벗을 얻고 나서 이를 자기 자신처럼 믿지 않는 것은 큰 잘못이다. 이 같은 무리들은 참된 벗의 힘이 온통 훌륭하고 아름다워, 어떤 일이건 더불어 의논할 수 없는 것이 없고, 돌아보건대 구차한 바가 없다는 것을 알지 못한다. 아직 사귐을 정하기 전에 여러 가지로 헤아려보고, 이미 사귀었거든 마치 한 몸처럼 보아야 한다. 이미 사귐을 정해 믿게 되었거든, 벗에게 말하는 것이 자기에게 말하는 것과 같아야 한다."[66]

色聶加曰: "預得良友, 泰然置吾心於彼. 後或有甚密計, 可盡泄我中藏, 則樂莫大焉. 夫我所自知, 猶自懼之. 良友知我其懼也, 反甚於我懼我矣. 故善友釋心之愁, 其論定我之疑, 其情引我以歡也." 又曰: "得一友而不信之如己, 大謬矣. 此輩不知眞友之力, 渾然嘉美, 靡事不可與議, 顧無所苟且. 多方計量, 在未定交

---

[65] 미리 좋은 벗을 …… 이끌어낸다: 세네카의 《도덕서간》[1.3]에 나온다.
[66] 한 사람의 벗을 …… 같아야 한다: 세네카의 《도덕서간》[1.3]에 나온다.

先. 及旣交也, 則視若一身. 旣定旣信, 則言之於友, 猶言之於己焉."

11.5

자기가 자신에게 원수가 될 수는 없기 때문에, 사람들은 스스로 자신의 비밀을 전하여 자기를 해치게 될까 염려하지 않듯이, 또한 마땅히 벗이 나의 비밀을 전할 것을 걱정하지 않는다. 덕을 사모하여 함께하고, 선을 행하여서 미더움이 있기 때문에, 덕으로 사귀는 선비는 비록 깊은 비밀이 있더라도 모두 다 의리에 합당하여, 굳이 좋은 벗에게 가려서 감출 필요가 없다. 믿음이 믿음을 낳고 사랑이 사랑을 낳으니, 벗이 나를 사랑하게 하려면 내 사랑을 가지고 함께하고, 벗이 나를 믿게 하려면 내 믿음을 가지고 이끌어야 한다. 사랑을 이끌어내는 선물은 이렇게 예로써 예를 이루는 것이니, 두 사람의 사랑이 서로 생겨남이 마치 불에 불이 붙는 것과 같다.

己不能爲己之仇, 故人莫慮自傳其密而害己者, 亦不當慮友傳吾密也. 慕德而與, 行善爲孚, 故德交之士, 雖有甚秘, 悉皆合義, 不必掩藏於良友. 信生信, 愛生愛, 欲友吾愛, 以我愛將之, 欲友吾信, 以我信將之. 引愛之饋, 是以禮致禮, 兩愛互生, 如火生火.

11.6

어떤 사람이 말했다.

"지금의 풍속은 착하다가 변하여 악하게 되는 경우가 많으니, 어찌 벗을 믿는 두려움이 생기지 않겠는가?"

내가 말했다.

"이것은 참된 사귐이 없기 때문이다. 그가 사귐을 받아들일 때, 원래부터 덕을 사모하지 않았다면 어찌 의심하고 두려워함을 면하겠는가? 선을 향하여 사귀고서 뒤에 비록 변하여 착하지 않게 되었더라도, 바야흐로 막 사귈 때에는 태도가 변하리라는 생각을 미리 해서는 안 된다. 대개 착한 벗과 사귈 때 다만 착한 덕을 행하면 실패하는 것에 대해 염려할 것이 없다."

或曰: "今俗善變爲惡者多, 豈不啓信友之懼?" 曰: "此無眞交之所以然也. 當其納交, 原非慕德, 安免疑畏? 向善而交, 後雖易爲不善, 顧方交時, 變態之思, 不宜預作. 蓋交善友, 惟行善德, 無虞於敗類矣."

하권

下 卷

태서 예수회 선교사 위광국 제태 씨가 쓰다.

泰西耶穌會士衛匡國濟泰氏述.

12. 벗의 선악은 물들기가 쉽다友之善惡易染

12.1

덕스러운 교유의 진실함과 참된 벗의 아름다움에 대해서는 앞에서 이미 대략 말하였다. 여기서는 용렬한 벗을 처리하는 것과, 무리와 잘 어울리는 방법에 대해 논해볼까 한다. 사람이 세상을 살아가면서 동료가 없을 수 없는데, 착한 사람이 아니면 악한 무리이다. 그러므로 사람이 세상을 노닒은 마치 벌이 꽃 사이를 노닐면서 그 가시의 고약함은 남겨두고 단 이슬만을 취하여 으뜸가는 덕의 꿀로 만드는 것과 같다.

德交之實, 眞友之美, 前已略言之. 玆則論處庸友, 幷善羣集之方也. 人生天地, 不能無儕, 非善人, 則惡輩. 故人游世, 如蜂游卉, 留其刺之惡, 取其甘露, 以成上德之蜜也.

12.2

사람이 큰 선과 큰 악의 사이에 처함은 훈도되어 익히는 바가 일정하여서 오래되면 정해진 모양이 되니, 대개 자기도 모르는 사이에 그 이로움과 해로움이 스며든다. 이 때문에 벗과 처음 교유할 때는 그것이 손해인지 이익인지 깨닫기가 어렵다가, 익숙해져서 큰 선과 큰 악에 이르면 쌓이고 포개져서 점차 분명해진다.

人處大善大惡之間, 常所熏習, 久則爲定模, 蓋默浸其益與害也. 故交友初, 難悟其損益, 馴至大善大惡, 積累而漸明焉.

12.3

예전 서양의 한 선비가 말했다.

"내가 오직 자신을 힘써 덕에 나아가기만 했더니, 이제는 하고 싶은 대로 따르더라도 지극한 이치가 아님이 없다."[67]

이 말을 이끌어 익히 익히면 틀림없이 큰 힘이 생겨날 것이니, 착한 벗과 더불어 함께하면 반드시 변치 않을 아름다움을 이루게 된다. 이는 마치 풀과 나무가 물에 가깝고 아울러 태양 빛을 많이 받을 경우 그 윤기와 빛깔을 반드시 절로 얻게 되는 것과 같다. 이미 착한 벗을 얻었거든 스스로 닦는 것을 더욱 게을리해서는 안 된다. 내가 능히 잘 마치지 않고는 옛것을 제거하고 새것에 나아가기가 어렵다. 아! 선을 벗어나기는 쉽고 악을 막기란 어렵구나! 지금 세상에는 이끌어주고

---

67 내가 오직 …… 아님이 없다: 서양 선비의 말이라고 했으나, 《논어》 〈위정〉 편에 나오는 "70이 되자 마음이 하고자 하는 대로 따라도 법도를 넘지 않았다(七十而從心所欲, 不踰矩)"고 한 뜻에 더 가깝다.

도와주는 이가 많이 있지만, 다만 착하지 않은 길만 아는 것이 애석하다. 그러므로 비옥한 밭에 돌피가 무성할 경우, 좋은 곡식이라도 심는 노력과 김매는 노고가 아니고서야 어찌 결실을 맺겠는가? 사람의 마음 밭에는 죄와 허물이 저절로 생겨나 덕의 아름다움 위로 덩굴져 나가는데 하물며 좋은 벗이 없기를 바라겠는가?

昔一西士曰: "吾往惟勉己進德, 今隨所欲, 莫非至理." 導習熟, 必生大力焉, 與善友俱, 必成醇美. 如卉木邇水, 兼多受太陽, 其潤與色, 自必得矣. 旣得善友, 自修更不可懈. 我不克終, 難去舊卽新. 嗚呼! 去善易哉, 窒惡難哉! 今世有多引多助, 惜惟識不善之徑也. 故稗茂沃田, 若嘉穀, 非植之力, 耨之勞, 豈有成也? 人心之田, 罪愆自生, 以蔓德美, 況翼無良?

12.4

벗에는 네 종류가 있다. 하나는 성우性友이니 씨족이 같다. 하나는 습우習友로 거처가 같다. 하나는 근우近友로 사는 고장이 같다. 하나는 천우天友이니 나의 신령으로 사귀는 벗이다.[68]

友有四. 一曰性友, 同氏族也. 一曰習友, 同居處也. 一曰近友, 同鄕邑也. 一曰天友, 爲吾神靈之交焉.

12.5

손으로 송진을 더듬으면 그 진액이 반드시 들러붙는다.[69]

---

68 벗에는 …… 사귀는 벗이다: 디오게네스의 《철학자들의 생애》[3.81] 중 플라톤 전기에 나온다.

69 손으로 …… 들러붙는다: 《성경》〈집회서〉[13.1]에서 "숯을 만지면 너도 더러워지고 오만한 자들과 사귀면 너마저 오만해진다"라고 한 뜻에 가깝다.

手探松瀝, 其瀝必沾也.

12.6

오래도록 매서운 불 곁에 있으면 쇠 또한 변화한다. 나의 덕이 비록 굳세더라도 반드시 악인의 불에 녹아버린다.

久在烈火側, 鐵亦化. 吾德雖堅, 必融於惡人之火矣.

12.7

사람이 온종일 위험한 것을 밟고 있으면 반드시 넘어져 엎어짐이 있다. 악인과 더불어 온종일 지내면서 능히 위험함이 없겠는가?

人終日履危險, 必有顚跲. 與惡人終日處, 能無危乎?

12.8

차라리 착하지 않은 자로 하여금 나를 미워하게 할망정, 그가 나를 벗으로 삼게 해서는 안 된다.

寧使不善者惡我, 毋使彼友我.

12.9

어떤 사람이 잔치를 베풀어 너를 대접하거든, "오늘 무엇을 마시고 먹느냐?"고 말하지 말고, 다만 "오늘 어떤 사람과 마시고 먹느냐?"고 말해야 한다.

有人設燕待爾, 無曰: "今日是何飮食?" 惟曰: "今日是何人飮食?"

12.10

그릇된 벗과 멀리하거나 떨어져 지내는 것이 덕으로 들어가는 시작이다. 죄 많고 추한 자가 유혹함이 없고, 함께하지 않으며, 칭찬하여 기림이 없다면 악은 또한 쉽게 줄어든다. 악한 벗은 나의 악함을 알고도 도리어 이를 꾸미고 칭찬하니, 그것은 나를 착하지 않게 만드는 미끼이다.

遠離匪友, 入德之始也. 罪醜無誘, 無偕, 無贊譽, 則亦易減. 惡友知吾惡, 反飾之, 奬成之, 其我不善之餌也.

12.11

사람의 마음은 바다와 같으니, 바람이 없으면 파도는 성내지 않는다. 사람이 비록 훌륭한 점은 없더라도 악한 벗이 실로 바람이 되어 그의 성냄을 부추기고, 원망을 충동질하며, 해치도록 선동하고, 뽐내는 것으로 유혹하고, 욕심으로 이끌면 온갖 죄악이 큰 물결이 끓어오르듯이 일어나게 된다. 그 결과 착하던 본성은 모두 망가져버리고 만다. 이 때문에 아첨하는 자의 더러운 말과 나태한 자의 흥겨운 오락, 술주정뱅이의 진한 술로 착하던 뜻이 혼미해진다. 망령스러운 자는 온종일 덕스러운 말은 하지 않고 터무니없는 말로 시시덕거리기를 일삼으니, 모두 벗을 해친다.

人心如海, 無風而濤不怒. 人雖無良, 惡友實爲之風, 鼓其恚, 動其悵, 扇其殘, 感其矜, 引其慾, 萬罪起如洪沸. 本性之善, 漸敗盡矣. 故佞者汚言, 逸者盤樂, 酗者醲醇, 而善意昏. 幻妄者, 終日匪德語, 而謔浪爲事, 皆害友也.

12.12

사람이 이미 잘못된 벗과 사귀었더라도 또한 급작스럽게 끊어서는 안 되니, 그가 성을 내어 혹 큰 사달을 낼까 염려해서이다. 지혜로운 사람은 때를 보고 형세를 살펴 차츰 멀어지고 조금씩 거리를 두니, 이렇게 하는 것이 좋다.

人既交匪朋, 亦不可遽絶之, 恐發其嗔, 或成大釁. 智者相時審勢, 漸遠漸離, 斯善矣.

13. 벗과 사귀는 사람은 성을 내면 안 되고, 다만 온화하고 부드러워야 한다交者不可有怒, 惟宜和柔

13.1

사귐에는 마땅히 성내는 것을 금해야 한다. 너무 성을 많이 내면 반드시 서로 증오하고 서로 해치는 재앙이 일어난다. 이 때문에 조급한 사람은 착한 벗을 사귈 수 없을 뿐 아니라, 용렬한 무리와도 함께할 수가 없으니, 이런 사람은 다만 광야에서 혼자 지내면서 무리가 없는 것이 옳을 뿐이다. 성내는 사람은 이성이 없는 혼탁한 마음이 참된 조화를 크게 어그러뜨려서 마치 미친 바람이 사물을 쓸어버려 뒤흔들지 않음이 없는 것과 같다.

交宜禁怒. 多動忿懥, 必致相憎相戕之禍焉. 故躁急者, 不但不可交善友, 幷不可與庸人輩也, 是惟曠野獨居, 無儕可耳. 怒者, 無理之心溷, 大敗眞和, 如狂風蕩物, 莫不擾矣.

13.2

《성경》에 말했다.

"고약한 미친개처럼 쉽게 성내는 사람을 벗으로 삼지 말라. 그 성정을 익혀서 네 마음의 덕의 아름다움을 상하게 할까 염려되기 때문이다." [70]

그러므로 가려서 사귀는 사람은 반드시 조급한 벗을 피한다. 한결같이 이끌리게 되어 그 행태를 닮아가기 때문이다. 대저 성났을 때 행한 일은 가라앉았을 때 반드시 후회하게 마련이다. 하지만 이미 천주께 죄를 얻고 남에게 해를 끼쳤다면, 비록 뉘우친다 한들 무슨 유익함이 있겠는가?

聖經曰: "勿友易怒人, 如同惡獅. 恐習其性情, 傷汝心之德美也." 故擇交者, 必避躁友. 一爲引牽, 且肖其態. 夫怒時所行, 息時必悔. 然已獲罪於上主, 已布害於人, 雖悔何益?

13.3

어떤 사람이 플라톤霸辣篤에게 물었다.

"무엇으로 그 사람이 어진지 그렇지 않은지를 압니까?"

그가 말했다.

"칭찬하더라도 교만해서는 안 되고, 헐뜯어도 성내서는 안 된다."

플라톤이 하루는 그 종에게 성을 내며 말했다.

"네가 다행히 내가 성났을 때를 만났기 때문에 너를 놓아준다. 만약 내가 성나지 않았을 때 그랬다면 반드시 너를 형벌에 처했을 것이다."[71]

人問霸辣篤曰: "何以知人之賢否?" 曰: "譽不可驕, 毀不可怒." 霸辣篤一日怒其僕, 曰: "汝幸値我怒, 故釋汝. 若値我不怒時, 必刑汝矣."

---

70 고약한 미친개처럼 …… 때문이다:《성경》〈잠언〉[22.24-25]에서 "성급한 사람과 벗하지 말고 성 잘 내는 사람과 가까이 지내지 마라. 그들과 어울리다가는 올가미에 걸려 목숨을 잃는다"고 했다.

71 어떤 사람이 …… 처했을 것이다: 디오게네스의 《철학자들의 생애》[3.39] 중 플라톤 전기에 나온다.

13.4

물이 혼탁하면 맑아지기를 기다린 뒤에 긷는다. 성내는 사람은 마음이 혼탁한 것이니, 반드시 차분히 가라앉기를 기다린 뒤에 일을 행해야 한다.

水淆, 待淸後汲焉. 怒者, 心之淆也, 必待其靜而後行事焉.

13.5

물가에 배를 놓아두면 좋고 나쁨이 드러나지 않는다. 폭풍 가운데 휩쓸리고 나면 그제야 이를 안다. 그러므로 심한 노여움을 던지더라도 격동되지 않아야 군자가 될 수 있다.

置舟於涯, 美惡不見. 蕩於暴風之中, 斯知之矣. 故投以甚怒不激, 斯成君子.

13.6

뱃사공은 바다를 건널 때 반드시 그 키를 단단히 잡는다. 이치라는 것은 마음의 키이니, 항상 이를 잡고 있으면 어찌 성난 바람에 날려 갈 것을 두려워하겠는가?

舟師涉海, 必握其舵. 理者, 心舵也, 常握之, 何懼吹於怒風?

13.7

서방의 한 고을에 잔약하고 병든 사람이 성에 들어오면 반드시 1전을 받았다. 다리를 저는 어떤 사람이 성에 들어오려 하므로 문지기가 그 돈을 요구하자 성을 내며 주지 않았다. 문지기가 다시 그의 두 팔뚝을 살펴보니 부스럼으로 가득했으므로 2전을 내야 한다고 하자 한층 노여워하며 주지 않았다. 문지기가 다시 그 눈을 살펴보매 진물이 흐르므로 3전을 요구하자 더욱 성이 나서 주지 않았다. 그 몸을 두루 살펴보니 큰 독으로 인해 장차 문드러지려고 하였기에 마침내 4전을 요구하였다. 이 돈을 받고 나서야 겨우 놓아주어 들어가게 했다. 대저 1전을 아끼려고 성을 냈다가 마침내 4전을 내고 말았으니, 성냄이 사람을 망치는 것이 대개 이와 같다.

西方一郡, 凡殘疾者入城, 必致一錢. 一跛者將入城, 門者索其錢, 怒不予. 門者復視其兩臂, 則疥盈焉, 乃索其錢二, 更怒不予. 門者益視其目, 則有流液, 索其錢三, 更怒不予. 展察其體, 方有大毒將潰, 遂索其錢四. 旣得, 始縱之入. 夫以怒斬一錢, 卒致四錢, 怒之敗人, 類如斯.

13.8

무릇 남과 함께 있을 때는 따뜻하고 기쁘게 이를 대우해야 하니, 즐겁게 맞이하고 온화하게 전송해야 한다. 혹 내게 무례한 행동을 하더라도 또한 보지도 듣지도 않고 즐겁게 웃으면서 내버려두어 태연하게 그대로 받아들여야지, 갚아줄 생각을 해서는 안 된다. 두 개의 돌이 부딪치면 불꽃이 생겨나지만, 굳세고 부드러운 것이 서로를 밀면 절로 손상됨이 없기 때문이다.

어떤 사람이 서양의 어진 이에게 발을 걸어 땅에 넘어지게 했다. 곁에서 말했다.

"어떻게 되갚아주시렵니까?"

그가 말했다.

"나귀가 성이 나서 나를 찼다고 나 또한 성을 내며 나귀를 차란 말인가?"**72**

---

72 어떤 사람이 …… 차란 말인가: 디오게네스의 《철학자들의 생애》[2.21]에 나온다.

그래서《성경》에서는 이렇게 말했다.

"약한 것이 마땅히 성난 것을 깨뜨리고, 굳센 말은 흉악함을 드러낸다."[73]

凡與人處, 和悅待之, 愉迎之, 闇送之. 或無禮加我, 亦不見聞, 嬉笑任之, 泰然直受, 不思報也. 二石擊, 火生, 堅柔相推, 自無傷. 太西賢者, 有人以足撥之, 仆地. 傍曰: "曷報?" 曰: "使驢怒而蹄我, 我亦怒而蹄驢也哉?" 故聖經曰: "弱應破怒, 堅語發兇."

13.9

어떤 이는 이렇게 말한다.

"원수를 갚지 않는다면 남들이 용맹이 없다고 우습게 볼 것이다."

내가 말했다.

"이 말은 착한 덕을 지닌 군자를 비방하고, 말하지 않는 어진 이에게 보답하지 않으면서, 덕으로 원한을 갚는 지극한 사람을 우습게 보고, 원수를 맺어 재앙을 쌓는 소인을 칭찬하는 것이니, 어찌 성대한 덕이 함양하는 바이겠는가? 욕됨을 욕됨으로 되갚아주고, 해로움을 해로움으로 돌려주는 것은 혈기의 용맹함이요 사나운 짐승의 정리이다. 군자가 원수에 대해 너그럽게 하는 영예로움을 아는 것이 원수를 이기는 영광보다 더 낫다. 비록 악하여 착하지 않더라도 또한 그 죄에 대해 화를 내되 그 사람은 사랑해야 한다. 그래서《성경》에 말했다. '너를 사랑하는 자를 사랑하기란 가장 쉬우니, 비록 악인이라 하더라

---

73 약한 것이 …… 드러낸다:《성경》〈잠언〉[15.1]에서 "부드럽게 받는 말은 화를 가라앉히고 거친 말은 노여움을 일으킨다"라고 했다.

도 또한 이를 능히 한다. 능히 여기에만 그칠 경우, 무엇으로 천주께 보답하겠는가? 너는 마땅히 너를 원수로 대하는 자를 사랑하고 아끼고, 너에게 악하게 하는 자에게 은혜를 더해야만 천주의 아들이 된다. 천주께서는 태양에게 명하시어 선악 없이 두루 비추게 하고, 내리는 비의 은택에 죄가 있고 없음은 논하지 않으신 채 똑같이 윤기에 젖게 하였다.'**74**"

或曰: "不復仇, 則人鄙其無勇." 曰: "此言也, 謗訕善德之君子, 不報無道之賢者, 輕略以德報怨之至人, 稱譽結仇積禍之小人, 豈知盛德所涵哉? 以辱復辱, 以害答害, 血氣之勇, 猛獸之情也. 君子知寬仇之榮, 甚於勝仇之榮. 雖惡不善, 亦怒其罪而愛其人. 聖經曰: '愛愛汝者最易, 雖惡人亦能之. 止能是, 何報於上主乎? 汝當仁愛仇汝者, 加惠惡汝者, 乃爲上主之子也. 上主命太陽普照善惡, 所降雨澤, 不論有罪無罪, 同沾潤焉.'"

13.10

황제 트라야누스Trajanus, 大亞諾**75**는 무릇 뵙기를 구하는 자를 모두

---

74 너를 사랑하는 …… 젖게 하였다:《성경》〈마태오의 복음서〉[5.44-46]에서 "원수를 사랑하고 너희를 박해하는 사람들을 위하여 기도하여라. 그래야만 너희는 하늘에 계신 아버지의 아들이 될 것이다. 아버지께서는 악한 사람에게나 선한 사람에게나 똑같이 햇빛을 주시고 옳은 사람에게나 옳지 못한 사람에게나 똑같이 비를 내려주신다. 너희가 자기를 사랑하는 사람들만 사랑한다면 무슨 상을 받겠느냐?"라고 했다.

75 트라야누스Marcus Ulpius Trajanus(53~117): 로마의 황제(재위 98~117)로, 5현제의 한 사람이다. 에스파냐 출생으로 군사를 이끄는 수단이 뛰어나 게르마니아 및 동방에서 공을 세워 제국 최대 영토를 이루었다. 공공시설 건축에 힘써 도서관, 극장, 욕장, 광장을 만들었으며, 백성을 사랑하여 가난한 사람을 돕고 보호했다. 아담쿠리시에 있는 50의 트라야누스(개선 기둥)는 황제의 업적을 기념하기 위하여 세워졌으며, '최선의 원수元首'라는 찬사를 받았다.

잘 대접해주었다. 여러 신하가 모두 이에 대해 간하자, 이렇게 말했다.

"내가 천자[76]가 되어 차마 아랫사람을 잘 대하지 않을 수가 없다. 내가 아래에 있더라도 또한 천자가 나를 잘 대접해주었으면 할 것이다."[77]

總王大亞諾, 凡求觀者, 俱善待之. 群臣咸諫. 曰: "吾爲天子, 不忍不善待下. 猶吾在下, 亦欲天子之善待我耳."

13.11

텔레클루스Teleclus, 得勒國[78]가 그 아우와 함께 모두 제후가 되었다. 나라 사람이 형은 기리면서 아우는 찬송하지 않았다. 텔레클루스의 아우가 말했다.

"어떻게 이와 같이 하는가?"

텔레클루스가 말했다.

"네가 능히 남의 악에 대해 참지 못하는 까닭에 여러 악인이 이렇게 하는 것이다."[79]

---

76 천자: 마르티니는 서양 황제에 대해 앞서 쓴 '총왕總王'이라는 표현 대신 처음으로 황제가 자신을 '천자天子'로 호칭하게 했다. 서양의 황제가 중국의 천자에 해당한다는 의미로 쓴 듯하다.

77 황제 트라야누스는 …… 할 것이다: 에라스뮈스의 《격언집》 제8권에 나온다.

78 텔레클루스: 기원전 8세기경 스파르타의 왕. 치세 중 이웃의 여러 나라를 정복했고, 아르테미스 림나티스의 사원에서 축제 기간에 메세니아인과의 소규모 충돌 중에 피살되었다. 그 사건으로 1차 메세니아 전쟁이 일어났다. 그의 아들 알카메네스(또는 알크메네스)가 왕위를 계승했다.

79 텔레클루스가 …… 하는 것이다: 플루타르코스의 《왕과 황제의 금언집》[190]에 나온다.

得勒國與其弟, 皆爲諸侯. 國人譽兄, 不頌弟. 得勒國之弟曰: "何以若是?" 曰: "汝不能忍人惡, 故衆惡及之."

13.12

어떤 사람이 말했다.

"원수를 갚는 것이 불가하면 곧장 원한을 갚으면 충분하지, 어째서 굳이 덕으로 원한을 갚는단 말입니까?"

내가 말하였다.

"곧바로 원한을 갚는 것은 죄도 아니고 또한 공도 아니다. 하지만 덕으로 원한을 갚으면 천주의 마음을 깊이 감동케 해서 큰 공을 이룬다. 곧장 원한을 갚는 것은 저 원수를 위한 것이 아니지만, 덕으로 원한을 갚는 것은 원수와 화해할 뿐 아니라 또 벗이 되어 그로 하여금 허물을 고치게 만든다."

或曰: "報仇不可, 然以直報怨足矣, 何必以德報怨邪?" 曰: "以直報怨, 匪罪亦匪功. 以德報怨, 甚感天主之心, 而成大勛也. 以直報怨, 不爲彼仇, 以德報怨, 不但解仇, 且化爲友, 俾其改過矣."

13.13

원수를 친애하는 사랑이 반드시 벗을 친애하는 사랑보다 도리어 깊으니, 대개 원수를 사랑함은 자기를 이기는 것의 지극함이기 때문이다. 그 원수를 원망하지 않을 뿐 아니라, 또 나의 진실한 사랑을 가지고 원수를 변화시켜 덕이 되게 하므로, 마치 불길이 타올라 장차 물건을 변화시켜 불이 되게 하는 것과 같다. 그러므로 덕으로 원한을 갚는 덕은 덕에 보답하는 덕보다 더 힘들다. 행하기가 어렵지만 그 공은 더욱 풍성하다.

親仇之愛, 必反深於親友之愛, 蓋愛仇爲克己之至. 不惟不怨其仇, 且以我之眞愛, 化仇爲德, 如火然, 且化物爲火. 故報怨之德, 甚於報德之德也. 難行, 其功更豐.

14. 사귐은 증오를 품어서는 안 되고 질투하여 다투어서도 안 된다交不可生憎, 不可妒競

14.1

마음에 증오를 기른다면 반드시 질투하여 성냄이 쉬 생겨난다. 벗의 덕업德業이 길하고 상서로운 것과, 부귀와 광영을 보게 되면 바로 크게 시샘하여 자기가 그 위에 있으려고 한다. 처음에는 시샘하다가 이어서 분노하고 마침내는 원망하여, 친밀하던 친구가 마침내 죽을 원수가 되고 만다. 골육이나 가까운 친척이 정으로 잘 지내며 본래 도탑다가도 갑자기 혐의하고 꺼리게 되면, 그 악함을 원망함이 소원하던 자를 보는 것보다 더욱 심하다.

畜憎於心, 則必妒而易生嗔怒焉. 見友之德業吉祥, 富貴光榮, 卽大嫉之, 欲己處其上. 始忮, 繼忿, 終怨, 密友遂爲死仇矣. 至骨肉至戚, 情好本篤, 忽或嫌忌, 其怨惡, 視疎者更甚.

14.2

만들기가 어려운 물건은 한번 만들어지면 반드시 길게 오래가고, 반드시 완전하며 알차다. 어렵게 합쳐진 것은 흩어지기가 어렵고, 쉽게 합쳐진 것은 떨어지기도 쉽다.[80]

物之難成, 旣成必永久, 必完實也. 難合者難散, 易合者易離.

14.3

사귐에 대해 질투하는 단서가 비록 많아도 재능과 작록과 지위가 나란하지 않음에 지나지 않는다. 설령 한 아버지에게서 난 아들이라도 하루아침에 귀천과 빈부가 조금 달라지면 마침내 친애함은 생각지 않고, 차라리 자기의 지위를 내리고 자기의 작록에서 물러날지언정 내 친형제가 이를 얻게 하고자 하지 않는다. 차라리 남에게 줄망정 형제에게 주지는 않는다. 오직 태어난 순서를 괴로움으로 여기고, 부모의 분별과 한 젖을 먹고 자란 분별도 없으니, 존귀의 분별을 금하기가 어렵다.

交之妬端雖多, 莫過才能祿位之不齊也. 卽一父之子, 一旦貴賤貧富稍殊, 遂不念親愛, 寧降己位, 黜己祿, 而不欲吾同氣得之. 寧與他人, 毋與兄弟. 惟以胎之上下爲苦, 無父母之分別, 同乳之分別, 難禁尊貴之分別也.

14.4

시샘하는 것은 영화롭고 부귀한 사람만이 아니라, 뒷골목의 일반 백성이나, 아래로 온갖 기예에 종사하는 사람에 이르기까지도 또한 그러하다. 다만 그가 복을 얻는 것을 눈 뜨고 지켜보는 것에 화를 낼 뿐 아니라, 그런가 의심하는 것만으로도 또한 성을 낸다.

妬者, 非特榮貴之人, 卽里巷細民, 下至百工技藝, 亦然. 不但明矚其獲福是怒, 卽疑惑焉亦怒.

80 만들기가 …… 떨어지기도 쉽다: 마테오 리치의 《교우론》[62]와 비슷하다.

14.5

서양의 시에 말했다.

"다른 사람의 밭은 내 밭보다 더욱 풍성하고 무성하며, 다른 사람의 소와 양은 내 것보다 훨씬 살찌고 털도 윤기가 나네."[81]

매번 사실이 아닌 것을 사실로 여기는구나!

西詩曰: "他人之田, 更豐茂於我, 他人之牛羊, 更肥毳於予." 每以空爲實!

14.6

또 말했다.

"다른 사람이 살찌면 시샘하는 자는 수척해진다. 다른 사람의 복은 시샘하는 자에게는 재앙이다. 다른 사람의 기쁨과 즐거움은 시샘하는 자의 근심이 된다."[82]

又曰: "他人之肥, 是妬者之瘠. 他人之福, 是妬者之禍. 他人之悦樂, 是妬者之憂也."

14.7

대개 시기하는 자는 항상 남을 이기려 든다. 하나라도 이기지 못할 경우, 이 때문에 크게 근심하여 마음에 유감과 증오가 생겨난다. 이미 이를 증오하게 되면 반드시 이를 해친다. 혹 능히 해칠 수 없다면 죽을 때까지 마음 가득 시샘하며 유감으로 여긴다.

夫妬者, 恒欲勝人. 及一不勝, 爲之大戚, 心生恨憎. 已憎之, 必殘害之. 或不

---

81 다른 사람의 …… 윤기가 나네: 오비디우스의 《사랑의 예술》에 나오는 구절이다.
82 다른 사람이 …… 근심이 된다: 호라티우스의 《서간집》[1.2.57]에 나온다.

能害, 則終身妬恨盈懷焉.

14.8

두 벗이 평생 행한 비밀스러운 일을 반드시 서로에게 고하여 말하
곤 하였다. 한 사람이 높은 지위에 오르고, 한 사람은 낮은 지위에 있
게 되자, 낮은 사람은 높은 사람이 자기에 대해 아는 것을 두려워하고,
높은 사람 또한 낮은 자가 자기에 대해 아는 것을 꺼려하여, 마침내
서로를 시기하게 되었다.

兩友生平所行密事, 必相告語. 及一居尊, 一居卑, 卑者懼尊者知己, 尊者亦
懼卑者知己, 遂相妬媚矣.

14.9

세상 사람들은 자신에게 너무 관대하여 벗이 적다. 스스로 자기의
착함이 반드시 벗보다 훨씬 더하다고 보면서, 벗의 착함은 모두 자기
아래에 있다고 여긴다. 다른 사람의 큰 선함은 반드시 세세하게 따져
업신여기고, 자기가 한 것은 별것 아닌데도 또한 크게 과장하곤 한다.
다른 사람이 공이 있을 경우 반드시 그 결점을 말하고, 자기는 비록
결점이 있더라도 또한 완전하게 아름다운 양 말한다. 옛 벗의 새로운
복을 살피고는 항상 옛날보다 더해지지 않기를 바란다.

世人多恕己, 少其友也. 自視己善, 必遠過友, 視友之善, 悉在己下. 他人大
善, 必細蔑之. 惟己所爲, 雖小, 亦行張大. 他人有功, 必謂有缺. 己雖有缺, 亦謂
完美. 視舊友之新福, 恒冀其無加於舊也.

14.10

어떤 사람이 말했다.

"재주와 덕, 길함과 복됨이 없으면 아무도 이를 질투하지 않는다. 걸핏하면 그를 불쌍히 여겨 동정하면서 더욱 흉한 재앙 속에 둔다. 그런데도 오히려 이조차 시샘하는 자는 그를 평생 재주와 덕, 길함과 복됨을 갖춘 군자라고 한다."

아! 복과 덕을 이미 갖추었는데도 시샘하는 벗을 만나지 않았다면 복 가운데 복이 생겼다고 말할 만하다.

或曰: "人無才德吉福, 必不妬之. 動其憐恤, 尤在凶禍. 然猶有妬之者, 謂其生平爲才德吉福之君子也." 嗟乎! 福德既備, 不遭妬友, 可謂福中生福矣.

14.11

벗의 질투를 불러오지 않는 것에도 방법이 있다. 높은 지위와 부유함을 얻을 경우 스스로 보기를 마치 감당하지 못하는 듯이 하고, 지난날의 옛 모습을 잊지 않아, 예를 더욱 공경스럽게 하고, 정을 한층 도탑게 한다. 먼저 "내가 안다"고 말하지 말아야 한다. 장중하게 공경함이 있지 않으면 존귀하고 높은 지위를 덜게 되고, 겸손하고 비우지 않고는 윗자리에 있는 자의 영광이 줄어들게 된다. 먼저 공경하여 남에게 예로 대하고, 반드시 그 공경하여 사랑함을 펴서 이끌어 크게 자기의 영광을 더해야 한다. 영광이란 그림자와 같아서 이를 피하려는 자를 늘 따라가고, 이를 도모하려는 자를 피해간다. 이 때문에 내가 벗과 잘 지내면 질투하지 않을 뿐 아니라 또 나를 칭찬한다.

不招友妬, 有道焉. 得尊富, 自視如不敢當, 毋忘曩昔之舊, 禮益恭, 情益篤. 毋先之以言, 曰: "我知". 未有莊敬, 損位之尊高也, 未有謙冲, 減在上者之榮光也. 先敬禮人, 必發引其敬愛, 而大增己之榮光也. 光榮如影, 常隨避之者, 而避圖之者. 故我善和友, 不但不妬, 且譽我也.

14.12

개가 소의 구유에 들어가서, 소가 장차 먹으려 하자 개가 이를 가로막았다. 소가 말했다.

"너는 나의 풀을 먹을 수가 없는데, 어째서 내가 풀을 먹는 것을 못하게 하는가?"

질투하는 자는 복이 자기에게 돌아오게 할 수 없을 경우 한갓 남의 복조차 꺼려하여 막는지라, 그 마음 씀씀이가 또한 이와 같다.

犬入牛槽, 牛將食, 犬格之, 牛曰: "爾不能食我之草, 何爲禁吾食草?" 妒者不能使福歸己, 徒忌沮人之福, 其情亦猶是矣.

15. 사귀는 벗을 비방하지 말라 交友毋謗

15.1

성 바오로가 말했다.

"참소하는 자는 천주께서 미워하여 성내는 바이다."[83]

聖葆琭曰: "讒夫者, 上主所惡怒也."

---

[83] 참소하는 자는 …… 성내는 바이다: 《성경》〈로마인들에게 보낸 편지〉[1.29-31]에서 "그래서 인간은 온갖 부정과 부패와 탐욕과 악독으로 가득 차 있으며 시기와 살의와 분쟁과 사기와 악의에 싸여서 없는 말을 지어내고, 서로 헐뜯고 하느님의 미움을 사고 난폭하고 거만하며 제 자랑만 하고 악한 일을 꾀하고 부모를 거역할뿐더러 분별력도, 신의도, 온정도, 자비도 없습니다"라고 했다.

15.2

또 말했다.

"참소하는 간사한 주장은 무너진 것이 굳센 성보다 많고, 실패한
것이 세가世家보다 많으며, 쇠함이 백성의 강력함보다 많고, 엎어지는
경우가 용맹한 나라보다 많다."[84]

又曰: "讒邪之說, 壞多堅城, 敗多世家, 衰多民之強力, 覆多勇之邦國."

15.3

비방하는 사람은 시비를 어지럽게 하고, 삿되고 바름을 뒤엎어버
려 천하를 크게 어지럽힌다. 남과 이야기할 때는 마땅히 네 혀를 재갈
물리고 네 입술을 막아버려서, 먼저 그 말을 끊고 다듬은 뒤에 말해야
한다.

誹謗者, 渾亂是非, 顚倒邪正, 大亂天下也. 與人唔, 當韁著汝舌, 礙著汝脣,

---

84 참소하는 간사한 …… 나라보다 많다:《성경》〈베드로의 둘째 편지〉[2.1-6]에서
"전에 이스라엘 백성 가운데 거짓 예언자들이 있었던 것처럼 여러분 가운데도
거짓 교사들이 나타날 것입니다. 그들은 파멸을 가져오는 이단을 몰래 끌어들일
뿐만 아니라 피를 흘리셔서 자기들을 구원해주신 주님을 부인하며 자기 자신들
의 멸망을 재촉하는 자들입니다. 많은 사람이 그들을 본받아 방종하게 되고 그들
때문에 진리의 가르침이 오히려 비방을 받게 될 것입니다. 또 그들은 탐욕을 채
우려고 감언이설로 여러분을 속여 착취할 것입니다. 하느님께서는 오래전에 이
미 그들을 단죄하셨으며, 그들은 반드시 파멸당하고 말 것입니다. 하느님께서는
죄지은 천사들을 용서 없이 깊은 구렁텅이에 던져서 심판 때까지 어둠 속에 갇
혀 있게 하셨습니다. 또 하느님께서는 옛날 사람들이 당신을 배반했을 때에 홍수
를 내리셔서 그들을 가차없이 벌하셨습니다. 그러나 정의를 부르짖던 노아의 일
가 여덟 사람만은 살려주셨습니다. 그리고 소돔과 고모라 두 도시를 단죄하여 잿
더미로 만드셔서 후세에 하느님을 배반할 자들에게 보일 본보기로 삼으셨습니
다"라고 했다.

先切磋其言, 而後言焉.

15.4

칭찬할 만한 점이 없는 사람 또한 헐뜯어서는 안 된다. 사람이 혹 그가 착하지 않다고 하더라도 너는 마땅히 뒤집힌 것을 풀어주어야 한다. 비방하는 자의 성냄을 불러들일까 두려운 경우에는 오직 침묵하여 말하지 않아야 한다. 비방하는 자가 마땅히 너의 어눌함을 유감으로 여기지는 않을 것이다. 혹 네가 침묵하는 것을 깨닫고 다시 물어 "아무개는 진실로 어떠한가?"라고 하면, 너는 다만 그의 좋은 점만 말한다. 헐뜯는 자가 혹 또 말하기를 "그가 착하지 않음을 내가 눈으로 보았거늘 어찌 칭찬한단 말인가?"라고 하면, 너는 바로 "우연한 허물은 성인도 면하지 못하였는데, 게다가 저 사람은 말할 만한 것이 많으니, 한 번의 실수쯤은 진실로 덮어 가려주어야 한다"라고 말한다. 이렇게 다방면으로 풀이해주면 비록 비방을 즐겨 하는 사람 또한 장차 너를 위해 변화할 것이다.

人無可譽, 亦不得毀. 人或稱彼不善, 爾當解覆. 懼招訕者之怒, 則惟緘默不言. 訕者當不憾汝訥也. 或覺爾默, 卽復詢曰: "某誠何如?" 爾則惟道其善. 訕者或又曰: "彼之不善, 吾目之, 何譽也?" 汝則曰: "偶然之過, 聖人不免, 且彼可述者多, 一失固不足以掩." 如此多方釋白, 雖樂謗人者, 亦且爲爾化矣.

15.5

덕이 없으면서 악이 있는 사람은 능히 기릴 수가 없고 헐뜯어서도 안 되니, 다만 말하지 않음에 부칠 뿐이다.

無德有惡之人, 不能譽, 不可毀, 惟付之不言.

15.6

사람은 다만 입으로 헐뜯음을 행하지 말아야 할 뿐 아니라, 또한 마땅히 참소하는 말을 듣지 않아야 한다. 듣기를 좋아하므로, 이 때문에 내 귀가 그 참소에 끌려다니는 것이다.

그러므로 이렇게 말한다.

"기뻐하는 낯빛은 헐뜯음을 불러들이고, 성내는 얼굴은 비방을 막는다."

人不但毋以口行讒, 亦不當以耳讒也. 好聽, 是以我耳引其讒矣. 故曰: "喜色誘讒, 怒顔塞謗."

15.7

로마에 두 개의 석상이 있었는데, 하나는 낮고 작아, 항상 사람의 그림자가 위쪽으로 지나가게 걸려 있어서 오가는 사람들이 모두 이를 치는 통에 귀와 눈, 코와 입이 다시 온전한 것이 없었다. 다른 하나는 높고 커서 안전하여 손상되지 않았다.

어떤 이가 물었다.

"이것은 어찌 된 것입니까?"

대답하였다.

"이것은 사람의 허물과 악을 드러내기 때문에 손상을 당했고, 저것은 고요히 침묵하였기 때문에 해침이 없었다."

羅瑪有兩石像, 其一卑小, 常揭人陰過於上, 往來者咸擊之, 耳目鼻口, 無復全者. 其一高大, 安全不損. 或問曰: "此何故?" 答曰: "此著人之過惡, 故受傷. 彼靜默, 故無害."

16. 벗을 사귐에 자신을 뽐내지 말라交友毋自譽

16.1

남과 사귀는 사람은 마땅히 벗을 칭찬해야지, 마땅히 자신을 칭찬해서는 안 된다. 시험 삼아 묻노니, 대체 무엇을 뽐낸단 말인가? 그것이 혹 집안의 부유함이나 지위의 높음이라면, 이 같은 사업은 오래가지 않아서 다른 사람에게 속하게 되니, 잘못 보고 너의 복으로 여기는 것일 뿐이다. 말을 칭찬하는 자는 말의 재갈과 안장, 고삐와 굴레를 자랑하지 않고 다만 잘 길들고 잘 달리는 것을 칭찬한다. 잘 길들고 잘 달리는 것은 말이 본래 지닌 아름다움이니, 겉으로 꾸민 것과 말 구유에 이르러서는 거들떠보지 않는다. 사람은 오직 밝은 덕을 자기의 본래 물건으로 삼지만, 또한 마땅히 스스로 칭찬해서는 안 된다. 대개 내가 덕이라 말하는 바를 남은 혹 허물이 된다고 보니, 너무 심하게 스스로를 아끼고 스스로에 대해 기뻐하면 반드시 능히 자기의 덕과 자기의 허물이 가벼운지 무거운지를 깨달을 수가 없다. 그러므로 자기가 자기를 위해 정할 수가 없고, 반드시 곧은 벗이 정해주기를 기다려야 한다.

與人交者, 當譽友, 不當自譽. 試問所誇揚何物乎? 或家之富, 或位之尊, 此業不久, 卽屬他人, 謬視爲汝福耳. 譽馬者, 不譽馬之鑣鞍韁勒, 惟譽其調良善走也. 調良善走, 馬之本美. 外飾, 至槽卽去. 人惟明德, 爲己本物, 然亦不應自譽. 蓋我所謂德, 人或視爲過, 自愛自喜之甚, 必不能悟己德己過之輕重也. 故己不能爲己之定, 必待定於直友.

16.2

서양 속담에 말했다.

"자기 입으로 한 칭찬은 반드시 추하게 변한다."

마땅히 다른 사람이 말하고 찬송하기를 기다려서, 또한 마땅히 얼굴을 붉히며 받아들여 부끄러운 기색을 띠면 빛나고 아름답기가 더욱 성대해진다. 대개 사람이 지닌 덕은 혹 진실한 덕일까? 혹은 겨우 덕의 그림자일 뿐인 걸까? 진실한 덕일 경우 찬양하여 서술함을 기다리지 않고도 밖으로 드러나는 것이니, 안쪽에 바탕을 둔 것은 어두워지려 하면 할수록, 억누르려 하면 할수록 더욱더 드러난다. 마치 등촉이 타오르는 것처럼 위에서 누르면 빛이 더욱 드러난다. 간신히 덕의 그림자만 갖추었을 경우, 드러내어 칭찬할수록 단지 아무것도 없는 빈 껍데기임이 드러나고 만다. 대개 자기를 칭찬하는 말은 반드시 듣는 자로 하여금 그 실제 진실을 살펴 묻고 그 단서와 근본을 살펴 구하게 해서 마침내 반드시 감춰진 것을 드러나게 만든다.

西諺云: "己口之譽, 必變醜媸." 宜待人述之頌之, 而亦當以赧然受之, 色怵怩, 光美益盛. 蓋人所有之德, 或實德乎? 或僅德之影乎? 實德則不待揚述, 著乎外者, 本乎內, 逾欲闇, 逾欲抑, 則逾章也. 如燭然, 上壓之, 光益著. 若僅德之影, 逾宣讚之, 第露其冥虛矣. 蓋譽己之言, 必令聽者, 咨審其實眞, 考求其端本, 終必露其郛廓耳.

16.3

사자가 온갖 짐승의 왕이 되어, 여러 짐승을 모아놓고 물었다.
"짐승 가운데 누가 가장 아름다운가?"
원숭이가 그 어린 새끼를 끼고 나와 바치며 말했다.
"이것이 아름다운 것 중에 가장 아름다운 것입니다."
가서 이를 살펴보더니 그 뒤로는 아무도 편들어주지 않았다.[85]
대저 원숭이는 자신을 아름답다고 하여 그 추함을 드러냈고, 사람은 스스로 뽐냄으로써 자기가 못난 것을 자랑한다.

獅爲百獸王, 集羣獸問曰: "獸中孰爲最美?" 有猴挾其小子獻曰: "此爲美中之最美." 適視之, 乃其後無蔽. 夫猴以自美呈其醜, 人以自誇揚其劣.

17. 혀가 둘인 사람은 벗으로 삼아서는 안 된다兩舌者不可爲友

17.1

마음과 입은 서로 돌아보지 않으니 반드시 좋은 벗이 아니다. 마음에 간직해둔 것과 입으로 말하는 것이 진실로 간혹 일치하지 않을 경우, 결단코 크게 이치에 어긋나는 일이 그 뒤를 따르게 마련이다. 처음에 혹 좋은 벗인 척하더라도 오래되면 장차 농락할 것이니, 대개 속이는 말은 절로 얄팍해서 정밀한 마음으로 살펴보면 그것이 들뜬 말임을 바로 알게 된다. 그 아름다움은 기하학의 면과 같아서 지극히 두터움이 없으니, 가는 먼지보다 더 잘 떠다닌다.

心與口不顧, 必非善友也. 所藏於心, 發於口, 苟或不一, 決有大逆理者, 隨其後. 初或冒爲良朋, 久且施其籠絡, 蓋詆言自淺, 精心視之, 卽識其浮. 其美若幾何之面, 無厚之極, 浮於細塵也.

17.2

소돔Sodoma, 俗多瑪은 서양의 이름난 성이다. 과일이 나는데, 모양이 몹시 아름답고 익었을 때는 빛깔이 더욱 곱다. 하지만 이것을 갈

---

85 사자가 …… 편들어주지 않았다: 《이솝우화》의 〈아름다움 뽐내기 시합〉 이야기를 각색한 것이다.

라보면 그 과육이 지극히 더러워서 마치 검은흙과 같고, 조금 문지르면 더러운 과육이 날려 흩어져버린다. 이 과일이야말로 두 혀의 형상이다.[86]

俗多瑪, 西方之名城也. 有果焉, 形甚美, 熟候, 色更秀. 剖之, 則穰極穢, 似於黑塵, 稍摸, 卽穰穢飛散也. 是果也, 其兩舌之象.

17.3

사냥꾼이 이리를 쫓자 이리가 급히 달아나다가 지쳐서 쉬고 있었다. 멀리 양이 지나가는 것이 보이자, 가까이 오게 하여 잡아먹으려고 양을 불러 말했다.

"내가 마침 너무 목이 마르니 물을 가져다가 나에게 다오."

양이 말했다.

"네가 물을 구하는 것이 아니라 나를 구하는 것일 뿐이다."[87]

---

86 과일이 나는데 …… 형상이다: 이 과일에 관한 이야기는 《칠극》[1.52]에도 나온다. "서양에 사해死海, 즉 죽음의 바다가 있다. 그 바닷가에 나무가 있는데, 열매의 빛깔이 너무 아름답다. 본 사람이 아껴서 이를 따보지만 손에 닿기만 하면 그대로 문드러진다. 속은 모두 더러운 연기뿐 아무것도 없다. 거짓 선행으로 빈 칭찬을 얻는 것은 이 열매와 비슷하다. 《성경》에서는 이를 백묘白墓, 곧 회칠한 무덤이라고 했다. 밖은 색을 칠했지만 안에는 썩은 뼈만 있기 때문이다(西有死海, 海濱有樹, 果色甚美. 見者愛而探之, 着手卽破. 中皆穢烟, 一無所有. 假善行以取虛譽, 類是果矣. 經謂之白墓, 外設色, 內朽骨也)." 베르투치올리에 따르면, 이 과일은 소돔과Pomo di Sodoma라고 불리는데, 전설에서는 소돔이 천주께 멸망을 당한 뒤에 유일하게 큰 화재 속에서 살아남은 식물이라고 한다. 솔리누스Julius Solinus의 《비망록》[35.7-13]에 나온다.

87 사냥꾼이 이리를 …… 것일 뿐이다: 《이솝우화》 중 〈어미 양과 다친 이리〉에 나온다.

거짓된 벗의 말은 이리가 물을 구하는 것과 같다.

獵人逐狼, 狼急走, 疲而憩. 遠見羊過焉, 欲使近而得之, 則呼曰: "予適甚渴, 取水予我." 羊曰: "汝非求水, 求我耳." 僞友之言, 猶狼求水.

17.4

거짓된 벗은 비록 죽더라도 그 악함을 덮어 가릴 수가 없다. 하지만 처음에 계책이 몹시 교묘하고 꾀가 대단히 깊을 경우에는 마침내 알아채서 미리 피하기가 쉽지 않다.

僞友雖卒, 不能掩其惡. 然初爲計甚巧, 謀甚深, 不易遂識而預避之.

17.5

믿지 못할 벗을 시험해보려거든, 그가 승낙하는 바가 반드시 그가 응하지 않는 바임을 살피고, 그가 승낙하지 않는 바가 반드시 그가 응하는 바임을 살펴야 한다. 강개한 태도로 직접 맹세할수록 더욱 믿을 수가 없으니, 그 속임수가 두렵다.

欲試不信之友, 視其所諾, 必其所不應, 視其所不諾, 必其所應. 愈慷慨自誓, 愈不足信, 懼其詭焉.

17.6

《성경》에 말했다.

"두 혀로 하는 말은 간단하고 순수한 듯하여 스며들기가 쉬우나, 비록 부드러운 목소리와 기쁜 듯한 낯빛이라도 대개 그 속에는 일곱 가지 간특함을 감추고 있다."[88]

聖經曰: "兩舌之言, 似單素而易透, 雖柔聲怡色, 蓋内藏七慝焉."

17.7

교묘한 말과 위선적인 모습은 계수나무 잎이 맑고 빼어나지만 속에 날카로운 가시를 감추고 있는 것과 같다. 대저 공중의 새는 잡는 사람이 반드시 그 소리를 꾸며서 화답하여 그를 꾄다. 거짓된 벗의 꾀도 또한 그러하니, 반드시 착하거나 어진 것처럼 해서 나를 옭아맨다.

巧言僞貌者, 如桂葉之淸秀, 撥藏棘刺也. 夫空中之鳥, 捕者必假其聲音, 唱和以誘之. 僞友之計亦然, 必托爲良善, 而籠我焉.

17.8

들떠서 꾸미는 것이 실제보다 지나친 벗은 원수와 다름없다. 군자는 남과 더불어 순박하면서도 위엄이 있어서 꾸밈과 질박함이 마땅함을 얻고, 남들이 아첨하는 것을 기뻐하지 않고, 또한 남에게 아첨하지도 않는다. 저 사람이 입으로 쉴 새 없이 떠드는 것은 다만 비천한 자의 태도일 뿐이다. 덕스러운 선비는 먼저 성실에 힘쓰고 염치를 몹시 무겁게 보아 참됨을 잃는 것을 크게 위험한 것으로 생각한다.

浮靡過寔之友, 此仇效也. 君子與人, 醇樸威嚴, 文質得宜, 不喜人佞, 亦不佞人. 彼口喋喋, 特卑下者之態耳. 德士首務誠實, 視廉恥爲甚重, 而以失眞爲大危焉.

---

88 두 혀로 하는 …… 감추고 있다: 《성경》〈잠언〉[26.22-25]에서 "고자질하는 말은 맛난 음식과 같아 배 속 깊이 들어간다. 마음이 악하면서 말만 부드럽게 하는 것은 겉만 매끈하게 칠한 질그릇과 같다. 원수는 그럴싸한 말을 해도 엉뚱한 속셈을 품고 있다. 다정하게 말해도 믿지 마라. 그 속에 구렁이가 일곱 마리나 들어 있다"라고 했다.

17.9

어떤 이가 말했다.

"오늘날 부귀를 찾으려 하는 사람은 바보나 멍청이여서 반드시 얻을 수가 없다. 이를 얻은 사람은 반드시 위선적인 행동으로 아첨하는 사람일 것이다. 그러므로 허탄한 말은 옛날에도 하찮게 여겼을 따름이다."

말하였다.

"지금은 옛날과 한가지다. 옛날의 덕이 아름다운 것은 지금의 덕이 아름다운 것과 같다. 거짓을 숭상하는 사람은 비록 덕의 아름다움을 일삼지 않더라도 반드시 좋아하기는 한다. 그러므로 교활하게 속이기를 잘하는 사람은 언제나 아랫사람의 의리를 헤아리기를 좋아한다. 대개 속임이라는 것은 또한 남이 나를 도모할까 두려워하기를 자기가 남을 도모하듯이 하는 것이다. 남과 더불어 악을 같이하면서 자기의 악을 가리키지 않고 남의 악만 가리킨다. 그러나 저와 내가 이미 한가지 형상인지라, 저들이 내세우는 것을 가져다가 자기에게 내걸어 내세우는 것이다."

或曰: "今時欲覓富貴者, 椎魯樸質, 必不可得. 其得此者, 必作僞貢諛之人也. 故虛誕之詞, 古可少耳." 曰: "今與古時一也. 古之德美, 猶今之德美也. 尙僞者, 雖不事德美, 然必好之也. 故狙詐之長, 恒喜下之義諒. 蓋詐者, 亦懼人之圖己, 如己所以圖人也. 與人同惡, 不指己之惡, 而指人之惡. 然彼我旣一像, 招揭彼, 卽招揭我也."

18. 벗을 사귐에 선물하는 것은 벗을 사귀는 것이 아니다交友爲
饋非交友也

18.1

벗을 사귀면서 선물하는 것은 사랑이 넉넉해서가 아니라, 이익을
채우려는 것이다.

交友以饋者, 非愛洽, 乃利洽也.

18.2

성 이시도루스Isidorus, 依西多[89]가 말했다.
"선물을 통해 친구가 되는 것은 정이 없는 결합이니, 반드시 그 벗
에 대해 충직하지가 않다. 벗이 늘 선물을 주지 못할 경우, 바로 물러
나 헤어지고 말기 때문이다. 벗의 재물과 이익, 복과 길함을 사랑하는
사람은 그 벗을 벗으로 여기는 것이 아니라 그의 물건을 벗 삼는 것일
뿐이다. 다만 벗이 가진 것을 내어 자기를 이롭게 하려 할 경우 집안
의 재물을 다하여 그에게 주더라도 그는 오히려 만족하지 않을 것이
다. 진실로 혹 가진 것을 조금만 남겨두더라도 그는 또한 소원을 들어
준 것으로 여기지 않고, 다만 아직 얻지 못한 것을 원하면서 자기가
이미 받은 것에 대해서는 빠르게 잊어버릴 것이다. 얼마나 주었는지
는 살피지 않고, 다만 얼마나 받았는지만 따진다. 이미 혜택을 받고도
바로 그 혜택을 잊고, 막 선물을 받고는 바로 그 선물을 버린다. 이는

---

89 성 이시도루스St. Isidorus Hispalensis(560?~636): 히스파니아의 신학자요 저술가이며
세비야의 주교로, 중세 문화의 틀을 세운 서방의 마지막 교부로 일컬어진다.

마치 못난 자식이 아버지의 사업을 이으려고, 부친이 죽자 곡하고 울며 몹시 슬퍼하지만, 속으로 이득 얻을 일을 기뻐함을 감추는 것과 같다. 탐욕스러운 벗은 혜택을 입을 때는 거짓으로 영원히 기억할 것 같은 모습을 짓는다. 다만 손으로 선물을 얻음은 마음으로 얻은 것이 아니니, 손은 이를 받고 나면 문득 잊어버리고 만다. 손은 기억력이 없기에, 손에서 선물이 없어지면 마치 뺨에 눈물이 마른 것과 같아진다."[90]

依西多曰: "因饋而友, 無情之結也, 必不忠於其友. 使友不常饋之, 即退離焉. 愛友之財利福吉者, 非友其友, 乃友其物耳. 祇欲友出所有以利己, 即竭家貲以贈之, 彼猶不足也. 苟或稍餘所有, 彼亦不爲償願, 惟願其所未得, 而速忘其所已受. 不睹幾何饋之, 惟睹幾何受之. 已受惠, 輒忘惠, 纔受饋, 即遺饋. 如不肖子承父業, 於親死, 哭泣甚哀, 而内藏得利之喜焉. 貪友於被惠時, 僞爲永遠不失記之狀. 但以手獲饋, 非以心, 手接之, 則輒忘之. 手無記含爾, 手滅饋, 如頤乾淚焉."

18.3

알렉산드로스Alexandros, 亞歷山 대왕은 항상 그 나라의 어진 이에게 선물을 하곤 했는데, 어진 이가 선물을 가져온 사람에게 물었다.

"온 나라의 사람이 몹시 많은데, 어찌 홀로 나에게만 선물하는가?"

그가 말했다.

"당신이 어진 사람이기 때문입니다."

어진 이가 말했다.

"이미 나를 어질게 여겼다면, 선물을 가지고 나를 보살펴서는 안

---

90 선물을 통해 …… 같아진다: 이시도루스의 《명제집Sententiae》[3.30]에 나온다.

된다."[91]

總王亞歷山, 常饋其國之賢者, 賢者問致饋之人曰: "一國之人甚衆, 何爲獨
饋我?" 曰: "以汝爲賢者." 曰: "旣以我爲賢, 則無以饋視我矣."

18.4

알카메네스Alcamenes, 亞而加默[92]가 큰 고을의 우두머리가 되었더
니, 사람들이 선물을 해도 모두 받지 않았다. 어떤 이가 묻자, 이렇게
말했다.

"내가 선물을 받으면 나의 도리를 평소처럼 행할 수가 없기 때문이
오."[93]

亞而加默爲大郡之長, 人饋咸不受. 或問之, 曰: "吾受饋則不得平行吾理也."

18.5

에피알테스Ephialtes, 非而亞得[94]는 몹시 가난했지만, 외국에서 주는
것이 있으면 모두 물리쳤다. 어떤 사람이 말했다.

---

91 알렉산드로스 대왕은 …… 안 된다: 플루타르코스의《생애의 비교》[18.1] 중 포키
온 전기에 나온다.《교우론》[92]에도 소개되었는데, '제논'으로 잘못 나온다.

92 알카메네스: 기원전 8세기 스파르타 아기아드 왕조의 9대 왕(재위 BC 740~700)이
다. 부친인 텔레클루스를 이었고, 아들 폴리도루스Polydorus가 계승했다.

93 알카메네스가 …… 없기 때문이오: 플루타르코스의《라코니아 금언집》[216]에
나온다.

94 에피알테스: 고대 아테네의 정치가로 민주 정부의 초기 지도자였다. 말리스의 에
우리데모스의 아들이다. 고국을 배신해 페르시아군에게 연합군이던 그리스군이
지키고 있는 테르모필레를 우회하는 길을 알려주었다. 기원전 480년, 페르시아
군은 이 정보 덕에 테르모필레 전투에서 승리를 거뒀다.

"너는 가난한데 외국에서 준 것을 어찌하여 물리치는가?"

그가 말했다.

"저 나에게 음식을 대접하는 사람은 장차 내게 정을 구하려는 것이다. 내 정을 얻지 못한다면 나는 무정한 사람이 되고, 진실로 내 정을 얻는다면 틀림없이 법을 어기게 된다. 그래서 받지 않는다."**95**

非而亞得貧甚, 外國有贈遺者, 悉卻之. 或曰: "爾貧, 外國之遺, 奚卻?" 曰: "彼饋我者, 將求我以情也. 不致吾情, 是吾無情也. 苟致吾情, 殆且枉法也. 故不受也."

18.6

어떤 사람이 서양의 왕에게 그 나라의 법이 어떠한지 묻자, 이렇게 말했다.

"마치 거미줄과 같으니, 가볍고 빈약한 것은 문득 걸려들고, 부유하고 무거운 것은 거미줄을 뚫고 땅에 떨어진다."**96**

或問西王以其國之法若何, 曰: "若蛛蜘網, 輕貧者輒係, 富重者隨棄墮焉."

19. 선물의 마땅함을 잘 활용하라 善用其饋之宜

19.1

지금 세상에 살면서 선물을 받는 선비는 또한 마땅히 소홀히 여겨

---

95 에피알테스는 …… 받지 않는다: 아일리아누스의 《다양한 역사》[11.9]에 나온다.
96 어떤 사람이 …… 떨어진다: 디오게네스의 《철학자들의 생애》[58]에 나온다.

서는 안 된다. 비록 절대로 선물로 이익을 구해서는 안 되지만, 의리가 아닌 재앙이나 뜻밖의 재난이 있을 경우 또한 선물을 써서 그 해를 피하기를 바랄 수 있고, 이치에 합당한 도움을 구할 수가 있기 때문이다. 나의 사랑과 나의 은정이 남의 은총을 움직이기에 부족하더라도 너의 선물이 혹 그의 선량함을 감발시킬 수가 있다. 성대한 덕의 광휘와 이치에 합당한 일 중에 능히 얻을 수 없는 것도 선물을 주면 혹 얻을 수가 있다. 애석하다! 지금 세상은 덕의 아름다움에 기대지 않는 때이다. 비록 공과 덕이 있더라도 진실로 선물을 주지 않고는 그가 이끌어 도와줌을 바랄 수가 없다. 하지만 교제하는 첫 단계에서 마침내 후하게 선물을 하는 것은 마땅치 않고, 점차 조금씩 주어서 그가 기억하게끔만 해야 한다.

處今之世, 受饋之士, 亦不宜忽. 雖萬不可以饋求利, 然有非義之禍, 無妄之災, 亦可用饋以冀避其害, 而求其當理之扶掖也. 吾愛吾情, 不足動人寵, 爾饋遺或可感發其良. 盛德之輝, 當理之事, 所不能得者, 饋遺或可得之. 惜哉! 今世不爲依賴德美之時矣, 雖有功德, 苟無贈饋, 不可望彼提攜也. 然交際之初, 不宜遽厚饋之, 姑漸遺之, 而動其記焉.

19.2

아! 지금의 무너진 풍속은 재주가 있거나 덕이 있더라도 재물로 끌어들이지 않고는 뜻을 만족시킬 수가 없다. 진실로 뇌물을 바칠 길이 있다면 설령 재주와 덕이 없다 해도 무엇을 구한들 이루지 못하겠는가? 재주를 품고도 궁하고, 덕을 안고서 다시 군색함은 늘 곤액 속에 있기 때문이다. 이 때문에 출신이 한미한 인사가 권세 있는 집안에 오르지 못하니, 네 복장이 곱고, 네 역량이 아름다우며, 네 선물이 풍부하다 한들 어찌 네 뜻을 이루겠는가? 비루한 풍속이야 그렇다손 쳐도

착한 사람 또한 면함을 얻지 못한다. 만약 겉으로 문채도 없고 아름답지도 않을 경우는 재주와 덕이 반드시 들통이 나고 반드시 부족할 것이니, 이는 이치가 베푼 바가 아니라, 못된 풍속이 그렇게 만든 것이기 때문이다.

嗚呼! 今之頹俗, 有才有德, 匪財汲引, 不得滿志. 苟有貨略, 縱無才德, 何求不成? 負才以窮, 抱德復窘, 斯長困厄矣. 故單寒之士, 亻登巨室之堂, 鮮爾服, 美爾役, 豐爾遺, 何遂爾志? 陋俗固然, 善人亦不得免. 若外不文不麗, 才德必祖必饑, 此非理所設也, 惡俗然也.

19.3

대저 재주와 덕은 본래부터 아름다운 것인데, 바깥 물건이 더해지면 도리어 훌륭한 빛이 손상되고 만다. 하지만 지금 사람들은 덕과 재주의 빛을 귀하게 여기지 않고, 도리어 황금과 돈의 번쩍거림만 좋아한다. 가령 선물을 쓰지 않고 통하기를 구했더라도, 마땅치 않은 부류로 하여금 높은 지위를 사서 얻어 천하에 그 베풂을 펴게 하는 것은 오히려 차마 견디지 못할 것이다.

夫才德本自美麗, 若加外物, 反損懿光. 然今人不貴德才之光, 反嗜金幣之耀. 假不用饋求通, 而使匪流以貨得高位, 布其施於天下, 猶大不忍也.

19.4

옛날에 착하게 되려는 사람이 폐백을 들고서 영화를 도모한 것은 그 지위를 좋아해서가 아니라, 착하지 않은 사람이 요행으로 나아감을 막을 수 있기 때문이라고 하였다. 재물을 믿는 것과 같은 일에서 의롭지 않은 일을 꾀하려 도모하여, 이치에 어긋나는 것을 구하는 것은 절대로 해서는 안 된다.

古之欲善者, 執贄以圖榮, 非樂其位, 謂可以阻不善者之倖進也. 至若恃財, 營圖不義, 干求非理, 則萬不可耳.

20. 로마 황제 마르쿠스가 그의 벗 피라모에게 준 편지[97] 邏瑪總

王瑪耳谷與其友卑剌滿書

마르쿠스Marcus, 瑪耳谷는 옛날 대 서역의 큰 어진 이였는데, 나중에 황제의 지위에 올랐다. 한 사람의 지극히 충직하고 가까운 벗으로 피라모Piramo, 卑剌滿란 이가 있었다. 나라를 위해 서울을 떠났다가 어쩌다 일이 다급함을 만나 정신없고 상심한 가운데 마르쿠스 황제에게 편지를 보냈는데, 어려움을 불러온 까닭에 대해서는 분명하게 말하지 않았다. 마르쿠스는 답장으로 보낸 편지에서 한편으로는 바른말로 간하고 한편

---

97 마르쿠스는 로마 황제 마르쿠스 아우렐리우스Marcus Aurelius(121~180)를 가리킨다. 베르투치올리의 연구에 따르면, 이 편지는 아우렐리우스 황제가 쓴 것이 아니고, 스페인 사람 안토니오 게바라Antonio de Guevara(1480?~1545)가 지은 것이라 한다. 따라서 편지의 수신자인 피라모 또한 실체가 불분명한 허구의 인물이다. 이 글은 1529년 스페인에서 출판되어 호평을 받았다. 한문 문장이 대단히 난삽하고 조어가 껄끄러워 해석에 많은 어려움이 있다. 베르투치올리는 이 편지가 라틴어 원본을 많이 산삭하고 의역이 많으며, 그마저도 글을 옮기는 도중에 그만둔 것이라고 했다. 베르투치올리의 해당 글은 《Martino Martini: A Humanist and Scientist in Seventeenth Century China》(Trento: Università degli studi di Trento, 1996) 202면과, Giuliano Bertuccioli, 〈IL TRATTATO SULL'AMICIZIA 逑友篇 di Martino Martini(1614~1661)〉, 《Rivista degli studi orientali》, Vol.66, Fasc.1/2(1992) 82~84면에 나온다. 피라모를 중국 학자 서명덕徐明德은 〈論明末來華耶穌會士對'交友'原則的闡釋〉(《浙江學刊》, 2010年 第4期) 64면에서 달리 'Peilaman'으로 표기했는데, 따로 근거를 밝히지는 않았다.

으로는 그를 위로하였다.

> 瑪耳谷, 古大西域大賢也, 後位總王. 有一至忠密友, 曰卑刺滿. 爲國離京, 偶値事急,
> 憶恫中致書於瑪耳谷, 而不明言其致難之故. 瑪耳谷答書且諫且慰之.

짐朕 마르쿠스는 로마성의 후학으로 카일리우스Caelius, 賣略산 사람로마성 가운데 일곱 개의 산이 있는데 카일리우스산은 그중 하나다이니, 나의 몹시 두터운 벗인 피라모의 참된 복을 빌고, 내 벗이 용기로 능히 힘껏 싸워 여러 흉한 재앙을 만난 것을 이겨내기를 원한다.

> 朕瑪耳谷, 邏瑪城後學, 賣略山人邏瑪城中有七山, 賣略其一也, 祝我甚厚友卑刺
> 滿之眞福, 願我友勇能力戰, 勝諸凶禍之遭.

정월에 처음 보내온 글을 접하였고 모두 잘 받아보았다. 그대의 뜻이 비록 분명치는 않았지만 짐은 또한 분명하게 잘 알아들었다. 그대는 직언하는 것이 다만 벗의 책무임을 분명히 알고 있고, 또한 이미 사귐을 정하였으니, 마땅히 항상 벗의 좋은 충고를 받아들이도록 하라. 짐이 번거롭게 말을 되풀이하였으나, 근심 속에서 더 힘쓰게 하려 함에 그쳤을 뿐이니, 이 갑작스러운 상황에서도 그대는 태연하게 그대의 즐거움에 해로움이 없도록 하라. 짐은 그대가 이마를 찌푸리는 것은 걱정이 안 되고, 진실로 그대의 덕이 빛나는 것을 사랑한다.

> 吉月, 始接敎言, 俱領悉. 爾旨雖幽, 朕亦亮達. 爾灼知直言惟友之責, 亦旣定
> 交, 應恒受友善責. 朕言雖煩申, 止欲勵益於患, 俾造次時, 泰然無害爾樂. 朕不
> 畏爾額之蹙, 允愛爾德之光.

보내온 글을 읽고 그대의 마음에 기뻐하지 않음이 있음을 깨달았다. 짐의 많은 말을 보고도 어찌 내 마음을 환히 깨닫지 못하였는가?

불러도 듣지 못하고 때려도 아파하지 않는 듯하니, 만약 내가 권하는 것을 알지 못한다면 그대는 지혜롭지 않은 것이고, 알고도 받아들이지 않는다면 그대는 도리를 어기는 것이다.

讀來詞, 覺爾心有不懌. 觀朕多言, 豈不暢曉我心? 呼若勿聞, 激若勿痛, 若不知我勸, 爾則不智, 知之不受, 爾則違道.

피라모여! 나와 그대는 서로 너무도 친하고 평소에도 벗이었으며 견고하게 서로를 사랑하였다. 두 마음은 참되게 맺어져서 화복이 모두 같은 것임을 분명히 안다. 로데스성의 같은 글방에서 같이 배우고 같은 책상을 쓴 것을 어찌 기억하지 않겠는가? 당시에 그대는 짐이 이를 행하기를 원했고, 짐의 말을 그대는 어기지 않았다. 그대는 실로 짐의 마음속에 있고, 짐은 실로 그대의 마음속에 있어, 몸은 둘이나 마음은 하나였다. 짐이 또한 한 사람의 그대이고, 그대 또한 한 사람의 짐이어서, 언제 어디서 무슨 일을 하든지 하나가 아님이 없어 진실로 다른 말이 필요없고, 진실로 다른 뜻이 없었다.

卑刺滿! 昭知吾與汝相親之至, 相友之素, 相愛之堅. 兩心孚契, 禍福僉同, 曷憶羅得祀城之同塾同學同几者乎? 當時爾願朕行之, 朕言爾不違. 爾實在朕心中, 朕實在爾心中, 二身一心. 朕亦一爾, 爾亦一朕, 任處任時任事, 罔不一, 洵無異詞, 洵無異情.

나의 벗 피라모여! 어찌하여 내게 많고 많은 근심을 고하면서 그 까닭에 대해서는 분명하게 밝히지 않는 것인가? 누가 장차 그대의 목숨을 깎으려 한단 말인가? 바른 벗이 어찌 도움이 되지 않으리오? 이는 가난한 자의 재물이요, 약한 자의 힘이며, 아픈 자의 약제라, 근심에 임하여 그 근심을 크게 줄여줄 것이다. 이미 이와 같건만 어찌하여 내게 답답하게 원통해하는 이유를 분명하게 밝히지 않는단 말인가? 혹 그대의 벗이 근심할까 봐 염려해서인가? 이 같은 염려는 아무 쓸데가 없으니, 바른 벗은 이익을 나눌 수가 있고, 해로움은 반드시 서로 함께하는 법이다.

吾友卑剌滿! 何爲告我多多憂, 乃不明揚厥故? 誰將靳爾命? 正友曷其無益? 是貧之財, 是弱之力, 是疾之劑, 臨憂大減乃憂. 旣若玆, 何不炳示我以煩冤之由? 或恐惑爾友乎? 玆慮無煩, 正友利或可分, 害必相共.

짐은 그대를 오랜 벗으로 여기지만, 이제는 그대의 새 임금이 되었으니, 임금과 신하로 오히려 근심과 즐거움을 같이하자. 짐이 몸소 온갖 고통의 창고가 되어 그대의 많은 근심을 쌓아두고 보관해둘 수 있을 것이다. 그대는 복을 얻음에 행운이 없음을 호소하였으나, 짐은 이에 벗의 재앙을 쌓아 복으로 만들려 한다. 짐이 평소에 어찌 그대를 나와 똑같이 보지 않았겠는가? 그대가 사귐의 우의를 온전히 하기를 바란다면 오히려 짐의 말을 잘 들어야 할 것이다. 짐의 복은 그대가 온전하게 이를 누릴 것을 기약하고, 그대의 재앙은 짐이 온전히 도맡게 되기를 기약하자. 그대는 살아 짐의 즐거움을 즐거워하고, 짐은 살아 그대의 괴로움을 짊어질 것이다. 이는 짐이 꾸며서 하는 말이 아니니, 나의 벗 피라모여, 이를 분명히 알아 의심하지 않기를 바란다.

朕爲爾故友, 今爲爾新君, 君民猶同憂樂. 朕躬爲衆苦庫, 可積可儲爾多憂. 爾訴無幸於得福, 朕乃以積友禍爲福. 朕豈不常視爾如己乎? 爾冀全交誼, 尙聰聽朕言. 朕福, 期爾全享之. 爾禍, 朕期全任之. 爾生爲樂朕樂, 朕生爲負爾苦. 朕玆不餙言, 吾友卑剌滿, 諒灼知而不疑.

벗을 의심함은 사귐의 도리를 크게 거스르는 것이니, 마음을 모두 드러내지 않고서는 사정의 여러 가지 단서를 헤아리기가 어렵고, 벗이 이에 의심이 생기면 사정을 이루기가 어렵게 된다. 그 벗을 의심하다가 장차 해이해지고, 전부터 사랑했더라도 또 차가워지게 되니, 두 벗이 서로를 믿고 도와야만 일이 능히 이루어질 수가 있다.

疑友, 大逆交道, 不竭露乃心, 爲事情多緒鮮測, 友乃肇疑, 事情難遂. 疑厥友且懈, 夙愛且寒. 兩友信助, 事則克成.

바른 벗의 도리는 영화롭거나 욕되거나 할 것 없이 모두 서로 도와야 하는 것이다. 그대가 큰 근심을 자세히 풀어서 알려주면, 짐은 삼가 그대를 도와주겠다. 그대가 달려가는 길에는 양옆에서 화살이 끊이지 않으니, 그대가 나아가면 화살은 물러나지 않고, 그대가 물러나면 화살은 나아오지 않으며, 그대가 쉬면 화살은 내닫지 않을 것이니, 그대가 죽기를 원하면 짐은 살고 싶지가 않을 것이다. 선택은 그대에게 달려 있으나, 또한 함께 이루어보자. 짐은 힘들고 그대는 괴롭지만, 오직 상심함이 한 마음에 남아 있다. 짐은 오직 그대가 원하는 것을 원하고, 그대가 원하는 것 외에는 짐 또한 원하지 않는다.

正友之道, 在或榮或辱, 僉互胥助. 爾剖釋乃大憂, 朕顯冀翌爾. 爾走之路, 左右矢不離, 爾進, 矢不退. 爾退, 矢不進. 爾息, 矢不驅奔, 爾願死, 朕不欲生. 擇在爾, 共亦遂. 朕攸難, 爾攸苦, 惟傷在一心. 朕惟願爾攸願, 外爾願, 朕亦罔願.

보내온 글을 다시 읽어보니, 그대가 많은 어려움 가운데서 친한 이가 그대를 도와주지 않고, 벗이 그대를 위로하지 않았음을 알겠다. 아! 그대는 그곳에 있으면서 큰 근심이 있고, 짐은 이곳에 있으면서 다만 마음을 다함이 없었다. 또 그대의 친한 이와 그대의 벗이 홀로 자기의 이익만 알아서 다시 그대를 돌아보지 않았음을 알겠으니, 이는 친하다고 할 수도 없고 벗이라 부를 수도 없는 것이다. 벗이면서 선함과 유익함이 없다면 간신히 원수와 더불어 근심만 없고 해로움은 같다 하겠다. 또 그대의 친한 이와 그대의 벗은 그러마고 허락은 많이 해놓고, 실천해야 할 때가 되면 모두 그 믿음을 잃어버렸다. 그대가 이에 저들에 대해 하소연하는 것은 진실로 옳지만, 너무 괴이하게 여기기에는 부족하다. 지혜로운 사람은 마땅히 어리석은 혀를 놀리지 않으니, 혀는 스스로 매끄럽고 빨라도, 손은 스스로 무겁고 느리기 때문이다.

復讀來教, 知爾多難中, 親莫爾濟, 朋莫爾慰. 嗚呼! 爾處彼, 有大戚, 朕處此, 惟玆無盡心. 又知爾親爾友, 獨知利己, 罔復顧爾, 是不可號之親, 號之友. 友無善益, 僅與仇罔患害同. 又知爾親爾友之多諾, 迄踐時, 咸喪厥孚. 爾玆訴彼, 良然, 然不足厚怪. 智手, 不當行愚舌攸發, 舌自滑捷, 手自重遲.

지금 세상이 어떤 세상인데 기쁘게 빨리 허락하지 않음이 없고, 걱정 근심을 밝음이 없겠는가? 이런 생각 때문에 자기가 능히 할 수 있다면 굳이 벗을 대신하게 하려 하지 않는다. 어진 이는 "어찌 모두 허락만 하고 실천은 더딘가?"라고 하고, 법도가 있는 사람은 "차라리 구차하게 허락하지 않되, 실천은 신속하게 한다"라고 할 것이다. 짐은 이렇게 말하겠다. "원수에게도 신의는 장차 버릴 수가 없거늘, 하물며 벗임에랴!" 벗에 대해서는 능히 구하고 능히 주어야지, 구하지도 않고 주지도 않는다면 이는 명백한 원수이다. 만약 진실로 그 벗을 구해줄 수 있다면 이제 말이 필요치 않다. 말은 사람의 허상이요, 마음은 사람의 실지이다. 벗이 진실한 마음을 바쳐서 사귀는데, 내가 다만 빈말로 여기에 보답하니, 바른 벗은 이처럼 하지 않는다.

今世何世, 罔不忻然遍許, 罔不憂愁無蹈. 因是思, 己攸克爲, 不必友代爲. 有賢曰: "寧盡諾而踐徐." 有則曰: "寧無苟諾, 迪則速." 朕則曰: "信於仇且不可棄, 矧於友!" 於友能救能予, 乃勿救勿予, 是乃明仇. 若允克救厥友, 茲不需於言. 言者人之虛, 心者人之實. 友獻實心以交, 我惟報之虛言, 正友不若是.

옛 어진 이 플라톤은 이렇게 말했다.

"영화로울 때 의론을 잃지 말고, 근심스러울 때는 희망을 잃지 말라."[98]

영화로울 때 의론을 잃을 경우, 즐겁고 기쁜 일이 많아도 근심과 괴로움이 장차 꼬리에 붙는다. 근심스러울 때 희망을 잃지 않아야, 지금의 괴로움을 기꺼이 받아들여 성품의 덕을 굳세게 하며 그 능하지 못한 것을 더 잘하게 해준다. 이는 안으로 궁하고 어려워도 또한 큰 이로움을 받게 되어, 하는 바가 어지럽지 않고, 그 뒤에 반드시 영화가 성대하고 복이 끼어들게 된다.

古賢霸辣篤有言: "榮際毋失議, 患際毋失望." 榮際失議, 多於悅樂, 憂苦且尾. 患際不失望, 善受今艱, 堅乃性德, 增其不能. 是則窮難內, 亦被大利, 不亂所爲, 厥後必得盛榮介福.

그대는 지금 어려운 때를 만나 많은 벗이 맹세를 저버림을 거듭 호소하였다. 그대가 한 사람으로 많은 벗에 대해 의론하였으니, 많은 벗이 또한 혹 그대를 꾸짖을 것을 마땅히 생각해야 한다. 어찌 그대의 호소가 많은 벗의 호소보다 약할 것을 징험하지 않겠는가? 많은 벗의

---

98 영화로울 때 …… 말라:《구우편》의 이탈리아어 주석자인 베르투치올리는 이 말이 플라톤이 아닌 대 그레고리우스의 말을 인용한 것이라고 밝힌 바 있다.

호소는 오히려 그대 한 사람보다 강하니, 어찌 기준과 법도로만 이를 헤아리겠는가? 앞서 벗이 그대를 두터이 대하여 많은 은혜를 받은 것이 혹 지금의 상쾌한 승낙이 있지 않은 것보다 나았던가? 아! 우리의 정이 두텁지 않아, 그 은혜가 나날이 희미해져서 마침내 점차 잊히게 되었다. 정을 한 번도 허락하지 않고 말을 한 번도 실천하지 않았으면서 벗에게 호소하여 그 작은 실수조차 속이기 때문이다.

爾今値艱難, 重訴多友之負盟. 爾以一人議多友, 當思多友亦或譴爾. 豈不驗爾訴, 弱於多友之訴? 多友訴, 尚强於爾一人, 曷準度量之? 先攸受友厚待爾多恩, 或勝今之微有爽諾? 嗚呼! 吾儕情罔厚, 被厥恩日日微之, 逐漸譲之. 情一不許, 言不一踐, 卽訴乃朋, 譸張其微失.

나의 친구 피라모여! 살아온 나이가 50이니 그 사이에 여러 복을 다행스레 누리다가 어쩌다 이번에 8일 동안 이별의 고통 속에 재앙에 휘말려 문득 50년간의 즐거움을 잊었으니, 어찌 이다지도 심하냐고 해서는 안 된다. 다시 보내온 편지를 읽어보고, 그대의 벗이 그대를 끌어당겨 건져주지 않았을 뿐 아니라, 오히려 그대가 괴로운 가운데 작은 행복까지 시샘하여, 그대를 어겨 더욱 그대를 억누르려 했다는 것을 알았다. 짐이 비록 그대의 괴로움을 괴로워하나 오히려 그대를 나무라야겠다. 사람이 나무람을 당하는 것은 혹 어리석거나 혹 일에 익숙지 않아서이다. 그대가 만약 이 세상 사람을 잘 알지 못해 저마다 꺼리고 미워하는 마음을 품게 했다면 그대는 진실로 어리석다 하겠고, 만약 잘 알지 못해 꺼리고 미워함이 천하에 가득 찼다면 그대는 진실로 일에 익숙지 않은 것이다.

吾友卑剌滿! 行年五十, 其間幸享諸祿, 偶今八日離苦攖禍, 頓忘五十年樂, 勿達曷甚. 復念來教, 知爾友不惟不爾援拯, 尚媢爾苦中微福, 故違爾, 期重抑爾. 朕雖苦爾苦, 尙怪責爾. 人生攸怪責, 或愚, 或不習於事. 爾若不灼茲世人, 各懷忌嫉, 爾則誠愚. 若不灼忌嫉, 且盈八埏, 爾則誠不習於事.

외형의 해로움은 각기 상대적이게 마련이다. 사람들은 바야흐로 안일 속에 놀고 즐거움에 빠져서 법도를 핑계로 달아나면서 그 해를 면하기를 바라는 데 익숙하다. 음식으로 굶주림을 낫게 하고, 편안함으로 피곤을 이기며, 뜨거움을 가지고 찬 것과 대적하여, 근심은 즐거움을 매개로 삼고, 질병은 낫기를 도모하며, 생명의 해로움을 막아서 끊을 경우, 생명이 도리어 막아 끊음을 따라서 다하고 만다. 헤아려보니 시샘을 피하는 것은 다른 방법이 없고, 다만 선을 행하려는 뜻과 아름다운 덕을 향함을 버리지 말아야 한다. 짐은 이미 한차례 시샘을 피하는 법을 얻었는데, 시샘하는 자는 이미 그대의 즐거움을 괴로워하니, 그대는 마땅히 그들이 괴로워하는 바를 즐기도록 하라.[99]

形躬之害, 各有對待. 人方游於逸, 淫於樂, 習於規避, 以冀免厥害. 以食療餒, 以安勝疲, 以熱敵寒, 憂媒樂, 疾圖醫, 遏絶生命之害, 生命反隨遏絶而盡. 計避妬無他術, 惟毋棄行善之意, 美德之向. 朕已得一避妬法, 妬者旣苦爾樂, 爾當樂其所苦.

---

99 편지의 원본은 이보다 훨씬 긴데, 마르티니가 중간에서 끊어 뒷부분을 생략했다.

《구우편》 서문

逑友篇序

서호의 나그네 장안무 張安茂[100]가 절하고 짓다.

西湖旅客張安茂拜撰.

대저 오륜 중의 네 가지는 모두 하늘에 바탕을 두는데, 다만 붕우만은 사람에게 근본을 둔다. 하늘에 바탕을 둔 것은 학문으로 이를 마무리하고, 사람에게 근본을 둔 것은 학문으로 시작한다. 그렇다면 배우지 않고는 벗을 논할 수가 없으니, 벗을 살피는 것은 바로 배움을 밝히는 것이다.

夫五倫之四, 皆本乎天, 獨朋友則本乎人. 本乎天者, 以學問終之, 本乎人者, 以學問始之. 然則不學未可以論友, 而閱友正所以明學也.

《주역》에서는 "두 사람이 마음을 같이하면 그 예리함이 쇠를 끊고,

---

100 장안무: 자는 자미子美 또는 요비蓼匪이고, 송강松江 사람이다. 1647년 진사시에 급제해 절강제형안찰사제조학정첨사浙江提刑按察使提調學政僉事를 지냈다.

마음을 같이하는 말은 그 향기가 난초와 같다"[101]라고 했고, 또 "상하가 사귀어서 그 뜻이 같아진다"[102]라고 하였다. 《모시毛詩》에서 새가 화답하여 우는 비유에서도 또한 "저 새들을 보게나, 벗의 소리 찾는구나. 하물며 사람인데 벗을 찾지 않으리오"라고 하였다.[103] 그렇다면 임금과 신하, 아비와 자식, 지아비와 지어미, 형과 아우의 도리를 두루 온전하게 해주는 것은 오직 벗뿐이다.

易曰: "二人同心, 其利斷金, 同心之言, 其臭如蘭." 又曰: "上下交而其志同." 毛詩嚶鳴之喻亦云: "相彼鳥矣, 猶求友聲, 矧伊人兮, 不求友生." 則所以周全乎 君臣父子與夫婦昆弟之道者, 惟友也.

벗을 얻어서 네 가지 윤리가 바르게 되고, 벗을 잃으면 네 가지 윤리가 어그러진다. 그런 까닭에 오륜에 벗이 있음은 별자리에 경도와 위도가 있고, 흰 바탕에 채색을 더함이 있는 것과 같다. 이름이 이로 말미암아 이루어지고, 일이 이를 통해 세워지니, 관계된 것이 지극히 무겁지 않겠는가?

得友而四倫以正, 失友而四倫以乖. 故五倫之有友, 猶星辰之有經緯, 素質之 有綵繪. 名由之成, 事由之立, 所係不綦重哉?

괵국虢國이 항복하자 우의가 쇠해지고,[104] 소공蘇公과 포공暴公에

---

101 두 사람이 …… 난초와 같다: 《주역》 〈계사繫辭〉 상에 나온다.

102 상하가 …… 같아진다: 《주역》 '태괘泰卦'의 구절이다.

103 《모시》에서 새가 …… 하였다: 《시경》 〈벌목〉 편의 시를 말한다. 친구 간의 우정을 노래한 내용이다.

104 괵국이 …… 쇠해지고: 진晉나라가 괵국을 치기 위해 우국虞國의 길을 빌리고는,

게 틈새가 드러남을 혼자 개탄하니,[105] 편한 웃음 속에 창을 감추고 행실에 깊은 골이 있어 세력이 있으면 개미가 누린내 나는 것에 붙듯이 달려가고 이익이 몰리면 굶주린 모기처럼 몰려든다. 하지만 환난이 앞에 닥쳐 죽고 다치는 것이 눈에 보이기라도 하면, 곁말을 풀어주거나 비단옷을 벗어주는 자[106]를 구하여도 찾아볼 수가 없고, 아픈 벗을 지키거나 문상하러 달려가는 사람[107]을 찾더라도 찾을 수가 없다. 심

괵국을 멸망시키고 회군하는 도중에 다시 우국까지 멸망시킨 고사가 있다. 《춘추좌씨전春秋左氏傳》 희공僖公 5년조에 나온다. 여기서는 진나라가 길을 빌려준 우나라와의 신의를 저버린 것을 말한다.

105 소공과 …… 개탄하니: 《시경》 〈소아小雅·하인사何人斯〉는 일반적으로 절교시로 알려져 있다. 공영달孔穎達의 주소에 "〈하인사〉는 소공이 포공을 풍자하여 지은 것이다. 포공이 왕의 경사卿士가 되어 왕에게 소공을 참소하여 그를 쫓아내게 하였으므로, 소공이 이 시를 지어 그와 절교하였다"라고 했다. 권력에 눈이 멀어 포공이 소공을 참소한 것과, 소공이 시를 지어 풍자한 것을 개탄한다는 뜻이다.

106 곁말을 …… 벗어주는 자: '참驂'은 수레를 끌 때 양옆에 있는 곁말인데, 이를 풀어준다는 것은 장례를 치를 때 쓰라고 돕는다는 뜻으로, 어려움에 처한 사람을 재물로 도와준다는 의미로 쓴다. 《예기》 〈단궁檀弓 상〉에 "공자께서 위나라로 가셔서 예전 관인館人의 상을 만났는데, 들어가 애도하여 곡하고는 나와서 자공을 시켜 곁말을 풀어 부조하게 하였다"라고 한 데서 나왔다. '제綈'는 고급 천으로 만든 옷인데, 《사기》 〈범수채택열전范睢蔡澤列傳〉에 나온다. 전국시대 위나라 대부 수가須賈가 진나라에 사신으로 갔을 때, 위나라에서 도망쳐 진나라 재상이 된 범수范睢가 해진 옷을 입고 신분을 속여서 찾아간 일이 있었다. 수가가 예전 함께 있던 정리를 생각해 범수에게 비단옷을 선물로 주었는데, 뒤늦게 그가 진나라 재상인 줄 알아 죄를 청하자, 범수가 비단옷을 준 정리를 생각해 그를 용서해주었다는 고사. 옛 친구를 생각해서 도움을 건네는 손길을 찾아볼 수 없게 되었다는 의미로 썼다.

107 아픈 벗을 …… 달려가는 사람: 아픈 벗을 지킨다는 뜻의 '수질守疾'은 《세설신어》 〈덕행〉 편에 나온다. 순거백荀巨伯이 멀리서 아픈 벗을 문병 왔는데 오랑캐가 쳐들어오자 벗이 얼른 떠나라고 했다. 이에 순거백이 아픈 벗을 두고 떠나는 것은

지어 연못가에서 돌을 던지는 것이 팔뚝을 붙들고 옷소매를 나란히 하던 사람임에랴![108] 시장에 범이 나타났다고 해도 의심을 하니,[109] 이는 바로 돼지와 개, 닭 세 가지 희생을 가지고 자주 맹세하는 무리[110]라 하겠다! 아, 이것이 어찌 벗이 해롭게 한 것이겠는가? 이와 같은 것

의리를 버리고 목숨을 구하자는 것이니 할 수 없다며 떠나지 않았다. 오랑캐가 쳐들어와 두 사람을 보고, 어째서 달아나지 않았느냐고 하자, 순거백이 "벗이 병이 있어서 차마 버려둘 수가 없으니, 차라리 내가 벗 대신 죽겠다"라고 하였다. 이에 오랑캐가 "우리는 의리가 없는 사람인데, 의리가 있는 나라에 들어왔다" 하고는 군대를 돌려 돌아가, 온 고을이 온전함을 얻었다는 고사다. '부상赴喪', 즉 문상하러 달려간다는 것은 《후한서》 〈독행열전獨行列傳〉에 실린 범식范式과 장소張邵의 고사다. 태학에서 벗으로 사귀었던 두 사람이 고향으로 돌아갔는데, 장소가 병이 들어 먼저 죽으면서 죽음을 함께할 수 있는 사우死友인 범식을 보지 못함을 한탄했는데, 죽은 뒤 범식의 꿈에 장소가 나타나 영결을 고했다. 이에 범식이 장소의 장례식에 달려와 극적으로 영결하니, 모였던 1천 명이 모두 눈물을 흘렸다는 고사다. 참된 우정의 만남에 대한 예시로 썼다.

108 연못가에서 …… 사람임에랴: '임연하석臨淵下石'은 한유韓愈가 〈유자후묘지명柳子厚墓志銘〉에서 "우물에 빠졌는데 손을 뻗어 구해주지 않고 도리어 이를 밀치고 또 돌을 던지는 자가 대부분이다(落陷阱, 不一引手救, 反擠之, 又下石焉者, 皆是也)"라고 한 데서 나온 말로, 곤경에 처한 사람을 도와주기는커녕 그것을 기회로 해코지하는 행동을 뜻한다. '파비연몌把臂聯袂'는 평소 마음이 맞아 팔뚝을 잡고 소매를 나란히 하던 가까운 사람을 뜻한다. 가깝게 지내던 사람이 내가 위기에 처했을 때 등을 돌려 해코지하려 든다는 뜻으로 한 말이다.

109 시장에 범이 …… 의심을 하니: 《한비자》 〈내저설內儲說 상〉에, 저자에 나타날 리 없는 범이 저자에 나타났다고 세 사람이 이야기하면 다들 사실로 믿게 된다는 의미이니, 삼인성호三人成虎의 고사를 말한다.

110 이는 바로 …… 맹세하는 무리: 《시경》 〈소아·하인사〉에서 "이 세 가지 물건 내어 너를 저주하리라(出此三物, 以詛爾斯)"라고 했는데, '삼물三物'은 돼지, 개, 닭의 희생을 가리킨다. 또 《시경》 〈교언巧言〉에 "군자가 맹약을 자주 하여 난리가 이 때문에 자라난다(君子屢盟, 亂是用長)"고 했다. 툭하면 맹세와 다짐을 하지만, 유사시에는 언제든지 등을 돌릴 수 있는 속된 무리를 가리킨다.

은 실로 벗에 대해 잘못 아는 자가 스스로 해친 것이라 하겠다.

慨自號服誼衰, 釁彰蘇暴, 藏戈矛于晏笑, 深壑于行, 勢在則趨若附羶, 利聚
則耽如饑蚋. 及乎患難在前, 死喪觸目, 求所爲脫驂解絑者, 無有也, 求所爲守疾
赴喪者, 無有也. 甚而臨淵下石, 乃把臂聯袂之人! 市虎成疑, 正三物屢盟之輩!
嗟乎, 此豈友之爲害? 若是, 實乃誤於友者之自害也.

　　대저 선비는 죽음과 삶을 함께하고 이로움과 해로움을 같이 나누
는 친구가 있고 나서야 자신의 충효와 절의를 행할 수 있고, 충고를
다하고 서로 격려하는 벗이 있은 뒤라야 자신의 아름다운 덕과 꽃다
운 이름을 이룰 수가 있다. 만약 대충대충 서로 만나 겉으로는 벗인
체해도 마음은 그렇지 않다면, 어찌 옷을 찢어 발을 싸매주며,[111] 티끌
세상 밖에서 몸을 옆으로 돌려가면서 시집 못 간 여자와 팔리지 않는
옥을 위하겠는가?[112] 물러나서 문을 닫고 책을 읽어 내 마음을 씻고
연마하여 마치 밝은 거울에 티끌이 없어 곱고 추함이 바로 구별되는
것처럼 한다면, 한번 만나기를 바라는 것이 가할 것이다.

夫士有共死生同利害之交, 而後可以行我之忠孝節義, 有盡忠告相砥礪之交,
而後可以成我之美德令名. 如其泛泛相遇, 面友非心, 則寧有裂裳裹足, 側身塵
外, 爲未嫁之女, 爲不售之玉? 退而掩户讀書, 濯磨我心, 如明鏡無塵, 妍媸立辨,

111 어찌 옷을 …… 싸매주며: 남의 다급한 사정을 보고 정성껏 돌보는 모습을 말한
　　다. 유준이 〈광절교론〉에서 쓴 표현이다.
112 몸을 옆으로 …… 옥을 위하겠는가: '측신側身'은 정면으로 마주 대하지 않고 예
　　를 갖춰 빗겨 선다는 말이고, '시집 못 간 여자와 팔리지 않는 옥'은 세상이 그 가
　　치를 알아보지 못해 묻혀 있는 존재를 상징한다. 팔리지 않는 옥은 화씨벽和氏璧
　　을 가리키는 표현이다. 여기서는 겉보기에 별 볼 일 없어 보이는 사람을 위해 벗
　　의 예의를 갖추지는 않는다는 의미로 썼다.

以庶幾其一遇可乎.

　제태濟泰 위광국衛匡國 선생은 태서의 큰선비로 10만 리를 건너서 손님으로 오니, 이르는 곳마다 높은 관리가 기쁘게 맞이하였다. 세상에 대해 감개함이 있는 것은 아니지만, 그가 지은 《구우편》은 교유를 잘하는 방법을 상세하게 세워 물정物情의 변화를 능히 다하였다. 그 말은 가르침을 드리우고 풍속을 선하게 하여 세상의 모범이 되기에 충분하니, 왕공과 제후, 선비와 서민에게 마땅히 갖춰지지 않은 것이 없는 가르침이 된다. 내가 '학문으로 시작한다'고 말한 것은 또한 다만 이 책을 백규白圭로 만들어서 세 번 되풀이해 가죽끈이 끊어지도록 지치지 않고 받아 읽으라는 것이니,[113] 삼가 이를 위해 서문을 쓴다.

　濟泰衛先生爲泰西大儒, 越十萬里來賓, 所至車騎歡迎. 非有感慨於世, 而所著述友一編, 則曲立善交之方, 克盡物情之變. 其言足以垂訓善俗, 爲世楷模, 自王侯士庶, 當無不備之爲箴銘. 吾所謂以學問始之者, 亦惟此書作白圭, 三復絶韋不倦已, 受而讀之, 敬爲之序.

---

113 이 책을 백규로 …… 읽으라는 것이니 : '백규白圭'는 흰 옥으로, 이 책을 흰 옥에 새기듯이 소중하게 여겨서, 공자가 《주역》을 하도 많이 읽어 죽간을 묶은 가죽끈이 세 번이나 끊어진 것처럼 많이 읽히기를 바란다는 뜻이다.

《구우편》 서문

述友篇序

송강 서이각徐爾覺[114] 순지順之가 짓다.

松江徐爾覺順之甫撰.

　　지금 대저 천주의 이치는 사람들이 서로 권면하여 착하게 하려 하는 데 지나지 않는데, 그 권면함이 벗보다 가까운 것이 없다. 그런 까닭에 벗이 오륜의 하나를 차지하니, 후세에도 다른 논의 없이 남아 있었다. 〈광절교론廣絶交論〉이 나오고부터 마침내 벗을 원수처럼 보게 되니, 이것은 오륜에서 그 하나를 잃은 셈이다. 하지만 당고黨錮[115]가

---

114 서이각(1603~1680): 자가 순지, 호는 조재照齋, 세례명은 미카엘이다. 음직으로 중서과中書科에 올라 중서사인中書舍人이 되었다. 서광계徐光啓의 장손이자 서계徐繼의 장자다. 1661년《구우편》을 항주에서 처음 간행할 때 위 서문을 썼다. 1676년 조부 서광계의 〈변학장소辨學章疏〉를 돌에 새겼고, 이탈리아인 반국광潘國光 신부가 지은《성교사규聖敎四規》에도 서문을 썼다. 왕성의王成義 편《서광계가세徐光啓家世》(상해대학출판사, 2009)에 나온다.

115 당고: 후한後漢 환제桓帝와 영제靈帝 때 사대부인 이응李膺, 진번陳蕃 등이 태학생들과 연합해 권세를 쥔 환관들을 숙청하려다가 오히려 붕당을 결성하여 조정을

일어나 다투어 죽이고 문호門戶가 일어나 패망하였으니, 벗이 해가 됨이 실로 심하다. 무릇 이는 모두 벗을 구하는 도리를 잃었기 때문에 넘쳐난 근심과 남겨진 독이 여기에 이른 것이다.

今夫上主之理, 不過欲人相勗爲善, 其責莫近於朋友. 故友居五倫之一, 後世存置勿論. 自廣絶交出, 遂視友如寇讐, 是五倫失其一也. 然黨錮興而爭殺, 門戶起而敗亡, 則友之爲害也實甚. 凡此皆失其述友之道, 故流患遺毒至是.

제태 위광국 선생은 9만 리 길을 항해하여 이곳 중국 땅에 왔는데, 어진 이나 군자와 더불어 벗 삼기를 몹시 즐거워하였다. 그래서 반드시 뜻을 같이하는 사람과 서로 감응하고 서로 기운으로 구하여, 그 유익함을 넓히고 그 이치를 하나로 할 수 있기를 바랐다. 사귐의 도를 어찌 강론하지 않을 수 있겠는가? 비록 중국의 이름난 현인과 높은 선비로 박학하여 많이 알아 광채 나는 옥을 손에 쥐고 붉은 옥을 품은 자가 적지 않지만, 혹 교묘하게 아첨하는 자가 많고 정밀하고 진실한 자는 적어서, 그 도리가 사귐을 골라 선택하는 데 있고, 두루 사귀는 것에는 있지 않았다.

濟泰衛先生, 九萬航洋, 來玆中土, 甚樂與賢人君子爲友, 故必須同志者, 相爲感應, 相爲氣求, 庶幾可以廣其益, 一其理也. 交道曷可不講乎? 雖中國名賢上士, 博物洽聞, 握瑜懷瑾者, 不乏其人, 倘或巧媚者多, 精實者寡, 其道在於擇交, 不在於泛交.

비방한다는 죄목으로 수백 명이 죽고 유배당한 사건을 말한다.《후한서》권97〈당고열전黨錮列傳〉에 자세히 나온다.

이 때문에《구우편》을 지어, 중간에 항목을 나눠 자세히 분석하고, 되풀이해 변론하여 논난하였으니, 모두 중국에서 옛날 이래로 성현들이 일찍이 밝혀서 펴지 못한 것이었다. 천하의 배우는 사람들이 과연 능히 함께 도와 이를 따르고 몸으로 체득하여 힘써 행한다면, 임금과 아비가 이에 힘입어 천하가 다스려지고, 신하와 자식이 이에 기대어 몸과 집안이 평안해질 것이니, 유익함이 있을 뿐 손해가 없거늘 어찌 굳이 절교함을 넓히겠는가?

爲作述友篇, 中間條分縷析, 反覆辯難, 皆中國古來聖賢未嘗闡發者. 天下學人, 果能共勵遵率, 身體而力行之, 君父賴而天下治, 臣子賴而身家寧, 有益無損, 何必廣絶交哉?

공자께서 안자晏子를 칭찬하면서 "남과 사귀기를 잘하여서 오래되어도 공경하였다"[116]라고 하였으니, 공경함과 구함은 서로 협조하여 보좌함이 된다. 그 가운데 은미한 정과 오묘한 뜻은 결코 작고 보잘것없는 것이 아니다. '경敬'이란 무엇인가? 구한 뒤의 일을 위함이니, 공력이 모두 앞쪽에 있다. 아직 벗을 얻지 못했다면 마땅히 구해야 하고, 이미 벗을 얻었거든 마땅히 공경해야 한다. 공경이라는 것은 참된 벗을 공경하고 착한 벗을 공경하며 유익한 벗을 공경하는 것이지, 거짓된 벗을 공경하고 악한 벗을 공경하며 못난 벗을 공경한다는 말이 아니다. 구분하여 나누기가 몹시 어려우나 개괄하여 '경'이라 할 수가 있다.

宣尼贊晏子曰: "善與人交, 久而敬之." 敬與述相爲協輔. 其中微情奧義, 非淺鮮也. 何者敬? 爲述後之事, 功力皆在於先. 未得友, 則宜述, 旣得友, 則宜敬. 敬

116 남과 사귀기를 …… 공경하였다:《논어》〈공야장公冶長〉에 나온다.

者, 敬眞友, 敬善友, 敬益友, 非敬僞友, 敬惡友, 敬損友之謂也. 辨別甚難, 可槪
爲敬哉.

지금 사람들은 형세와 이익을 숭상하고 증오와 경쟁으로 각축하며
음식과 음료로 대접하고 뜬 명예를 꾸미니, 이것이 아니고는 사귐의
우의는 나날이 얕아지고, 그러마고 허락함은 날마다 상대를 속이게
된다. 그럴진대 벗을 구하는 도리는 허투루 말할 수가 없다. 선생은 그
렇지가 않아 선생의 큰 덕과 큰 지혜로 드러난 것에 따라 미미한 데까
지 분석하니, 마음은 고요하기가 거울과 같고 정은 공평하기가 저울
과 같았다. 고요하면 곱고 추한 것이 모두 드러나고 공평하면 취하고
택함에 사사로움이 없어 남을 자기처럼 사랑하는 마음으로 벗을 구하
니, 난초가 있는 방은 언제나 향기롭고 어물전은 날로 썩은 냄새가 나
는 법이다.

今人尙勢利, 角憎競, 酬饋飮, 餙虛譽, 非此則交誼日淺, 然諾日欺. 則述之之
道, 不可泄泄言也. 先生則不然. 先生大德大智, 從顯析微, 心靜如鏡, 情平如衡.
靜則姸蚩悉見, 平則取擇靡私. 以愛人如己之念述友, 則蘭室長馨, 鮑肆日化.

이 책을 읽는 사람은 모두 그 평소의 뜻을 옮겨가 영원히 하나가
되어 거스르지 않게 될 것이다. 충직한 사람은 충직함을 구하고 신의
있는 사람은 신의를 구하여, 서로 사랑하여 두려워하지 않고 이치에
따라 의로움을 구한다. 비방하지 않고 시샘하지 않으며 성내지도 않
고 의심하지도 않음이 집집마다 모두 그러하고 사람마다 다 이러할진
대, 풍속은 아름다운 습속을 이루고 마을은 어진 동네가 될 것이다. 이
것이 바로 앞서 말한 '임금과 아비가 이에 힘입어 천하가 다스려지고,
신하와 자식이 이에 기대어 몸과 집안이 평안해진다'는 것이다. 선생

이 세상에 복을 지음이 작지 않으니, 어찌 당고와 문호의 근심이 있겠는가? 세상에 의로운 벗이 많고 천자가 훌륭한 신하를 얻을진대, 어찌 천하를 태평하게 하는 도리에 보탬이 없겠는가? 또 어찌 천주께서 선을 돕는 이치에 보탬이 없겠는가? 이제 선생은 세상을 떴지만, 이 책은 만고에 썩지 않을 것이다! 홍도정洪度貞 신부님[117]께서 보여주시므로 내가 이를 위해 서문을 짓는다.

讀是編者, 皆移其夙志, 永合不忤. 忠者逑忠, 信者逑信, 相愛不懼, 順理逑義. 毋謗毋妒, 不怒不疑, 比屋皆然, 盡人皆是, 俗成美俗, 里成仁里. 前所云 '君父賴之而天下治, 臣子賴之而身家寧' 者. 先生造福於世不小矣, 何有黨錮門户之患哉? 世上多義友, 天子得良臣, 豈無裨於平天下之道乎? 又豈無裨於上主勗善之理乎? 今先生逝矣, 是編其萬古不朽與! 洪師見示, 余爲作序.

순치 18년(1661) 신축년 6월 10일, 손을 씻고 쓰다.

順治十八年辛丑季夏十日盥手書.

---

117 홍도정 신부님: 원문은 '홍사洪師'인데, 책 첫 장에 교정인으로 나오는 프랑스 출신 예수회 신부 홍도정을 가리킨다. 책의 출간에 앞서 서이각에게 서문을 부탁했던 것으로 보인다.

서

紋

난계蘭谿 축석祝石[118] 자견子堅 씨가 적다.

蘭谿祝石子堅氏識.

정해년(1647) 5월 제태 위광국 선생이 영롱암玲瓏巖[119]에 들렀다. 이때 산 누각에 비 때문에 앉아 있다가 말이 《교우론》에 미치자 선생이 말했다.

"이 정도에 그치지 않습니다."

인하여 날마다 수백 언 혹은 수십 언을 전해주면서, 간간이 손을 어루만지며 탄식하여 말했다.

"오묘한 이치를 언어와 문자가 없어 그려내지 못하는 것이 애석합니다."

---

118 축석: 절강 난계 사람으로 자가 자견이다. 당임삼唐壬森이 엮은 《난계현지蘭谿縣志》에서는 그에 대해 '성품이 강개하였고, 또 의술이 뛰어났다'라고 썼다. 그 밖의 인적 사항은 특별히 알려진 것이 없다.

119 영롱암: 난계현의 자암향紫巖鄉 안에 있던, 축석이 살던 곳의 지명이다.

다시금 오랫동안 생각에 잠겨 있더니, 나를 돌아보며 말했다.

"어쩔 수가 없군요."[120]

인하여 다시 전해주었다. 작업을 마치고 날짜를 헤아려보니, 5일간
이었다.

丁亥五月, 衛濟泰先生過玲巖. 時山樓坐雨也, 言及交友論, 先生曰: "不此
止." 因日授數百言, 或數十言, 間撫手呀曰: "妙理惜無言字莫形." 復沉思久久,
顧石曰: "且爾." 因復授. 訖, 日計五矣.

선생의 말을 통해서 벗을 가볍게 볼 수 없음을 더욱 알게 되었으니
가볍게 여길 수 없는 까닭은 자신의 몸과 마음에 보탬이 되기 때문이
다. 대저 폭넓게 모아서 빠진 부분이 보태진 것을 알겠으니, 다시금 빠
진 것이 드러남을 어찌 기다리겠는가, 어찌 기다리겠는가! 덜고 더함
이 분명하여서 벗을 구하는 방법을 사람들이 즐겨 따를 것이다. 또 인
간 세상, 일의 형세의 지극한 바가 정을 통하여 반드시 있게 됨을 알
아, 이치의 그렇지 않을 수 없는 것과 그럴 수밖에 없는 것을 분석해
야 한다. 그렇지 않을 수 없는 것은 마땅함이다. 마땅함이란 하늘의 주
님이 정한바 공정한 성품이다. 그럴 수밖에 없는 것은 사랑이다. 사랑
이란 하늘의 주님께서 부여해주신 어진 성품이다. 마땅하고 사랑하기
때문에 사람들이 기꺼이 따른다.

自先生言出, 而益知友之不可少也, 不可少之故, 爲益己之身神. 夫泛泛以
述, 損者覺益, 復著損者等何, 等何! 損益昭, 而述之之道, 人樂遵. 且知人世事勢

---

120 어쩔 수가 없군요: 원문은 '차이且爾'다. 차且는 잠차暫且 또는 장요將要의 뜻으로,
여기서는 '답답하지만 우선은 잠시 이렇게 할 수밖에 없다'는 의미로 썼다.

所極, 情因以必有, 析以理所不可不然, 不得不然. 不可不然者, 宜也. 宜者, 上主所定之公性也. 不得不然者, 愛也. 愛者, 上主所賦之仁性也. 宜也, 愛也, 故人樂遵也.

　선생은 훌륭한 거동으로 몸을 닦아 정신이 밝고 자애가 빛나, 바라보면 하늘의 신과 같으니 이른바 지극한 사람이다. 이 책을 읽는 사람은 다만 이치의 그르고 옳음만을 구해야지, 거만한 시선과 삐딱한 마음으로 보지 않기를 바란다. 이치가 옳다면 몸과 정신에 유익할 것이다. 유익하다는 것은 무엇인가? 덕을 닦는 것이다. 밝게 덕을 닦아야 절로 하느님을 섬길 수가 있다.

　先生偉儀修體, 而神明慈燁, 望之猶天神, 所謂至人也. 願讀是篇者, 惟求理之非是, 勿以傲睨橫衷. 理是, 則益身神. 益者何? 修德. 明修德, 自能事上帝.

《구우편》 서문[121]

述友篇序

심광유 沈光裕 [122]

벗이란 천주께서 베풀어주신 바인 까닭에 오륜 중 하나를 차지한

---

[121] 심광유의 이 서문은 《구우편》에는 없고, 《천학집해天學集解》 권6에만 수록되어 있다. 《천학집해》는 뒤에 실린 〈교구합록서交遘合錄序〉를 쓴 유응劉凝이 편집한 9권으로 구성된 책으로, 서방 선교사와 중국 문인이 한문 서학서에 쓴 각종 서발문을 망라해 모두 284편을 묶어 정리한 책이다. 이 책은 현재 러시아 상트페테르부르크 국립도서관에 유일본이 수장되어 있는데, 1665년 이전의 글을 수록한 진귀한 문헌이다. 이에 대한 연구는 이청李青의 《천학집해》 희견문헌정리연구稀見文獻整理研究〉(북경외국어대학 석사논문, 2014년 5월)가 있고, 《천학집해》의 전체 원문은 사휘謝輝의 《명청지제서학한적서발목록집明淸之際西學漢籍序跋目錄集》(2021)에 모두 실려 있다. 사휘의 교감기에 따르면, 이 글의 본문에는 심광유의 이름이 '심선각沈先烙'으로 나오는데, 목차에는 심광유로 바르게 되어 있다.

[122] 심광유(1607~1684): 순천부順天府 대흥大興 사람으로, 1640년 진사시에 급제했다. 두 편의 시를 지어 탕약망湯若望, Adam Schall von Bell(1591~1666)에게 준 일이 있다. 그 시는 탕약망의 《주제군징主制群懲》에 실려 있다.

다. 오륜이라는 것은 돌아가며 서로를 포함하고 서로 관통하는데, 벗이 포함하는 바가 홀로 두루 미치고 그것이 꿰어 소통하는 바가 더욱 분명하다. 서로 필요로 하는 성대함과 서로 깨우치는 독실함에 있어서는 입으로는 말할 수가 없고, 글로는 읽을 수가 없으며, 귀신도 도모하지 못한다. 임금과 신하, 아비와 아들, 지아비와 지어미, 형과 아우가 묵묵히 물러나 순종할 때, 벗의 의미는 더욱 드러난다. 사귐의 도리는 아득히 크고, 환하게 홀로 밝으면서 또 빠르다.

友者, 上主之所爲界也, 故五倫居一焉. 五倫者, 環相包, 互相貫. 而友之所包獨周, 其所貫疏更徹. 當其相需之殷, 相喻之篤, 口不得語, 書不及讀, 鬼不及謀. 君臣父子夫婦兄弟, 默然退聽之時, 而友義逾著. 交道洋洋焉大, 耿耿焉獨明且亟矣.

선비는 의리에 정밀하지 않으면서 세상일을 날마다 겪는 것을 근심하니, 비유하자면 종일 바다를 건너면서도 한갓 물결만 보고 종일 바둑판을 마주하면서도 전체 국면을 보지 못해 아득하고 막막한 것과 같다. 만약 물결이 모인 것이 전체 바다이고, 바둑 전체의 국면이 바둑돌을 내려놓는 한 수에 달린 것임을 알아, 마음으로 기뻐하며 연구하고 살핀다면 누가 감히 그 일을 가볍고 우습게 여기겠는가? 그러므로 이와 같이 벗을 구한다면 벗의 도리에 몹시 다행스러울 것이다.

士患義理不精, 世故日涉. 譬終日涉海, 而徒見一瀾. 終日對棋, 而不見全局, 芒芒悅悅而已. 若知一瀾之具有全海, 全局即繫乎下子之一著, 說心研慮, 即誰敢輕漫其事? 故如是以求友, 而友道幸甚.

서양의 위광국 선생이 배를 타고 바다를 건너와서 근심스레 이 같은 평소의 생각을 품고, 말하려 하였으나 말하지 못하였다. 백월百粵

과 오초吳楚, 민절閩浙 지역을 거쳐 돌아온 뒤에 개연히 탄식하며 여가에 《구우편》을 지어, 우리 땅에 이 뜻을 밝히고자 하였으니, 우리 땅에서 우정의 도리를 버린 지가 오래되었음을 알겠다. 대저 우리 땅에 벗이 없어서 벗의 도리가 밝아지지 않은 것이 아닐진대, 이를 밝히는 자가 있다 해도 또 능히 반드시 행할 수가 없을 것이다. 이에 있어 사랑은 참되지가 않고 신의는 굳세지가 않고 보니, 아득한 천하가 모두 이러한 것이다.

西洋衛先生航海而来, 忡然抱此素懷, 欲說不說. 既歷百粵吳楚閩浙以還, 慨然而嘆, 聞爲述友篇, 欲明此意于吾土, 抑知吾土之棄此道久矣. 夫非吾土無友, 而友道不明, 其有明者, 又不能必行. 于是愛不眞, 信不固, 悠悠者天下皆是也.

공자 문하의 말에 이르기를, "벗과 더불어 사귀면서 말을 하면 신의가 있다"[123]고 하였고, 또 말하기를 "벗에게서 바라는 것을 먼저 베푸는 것을 능히 하지 못한다"[124]고 하였다. 대저 말하는 것과 베푸는 것은 벗의 도리 가운데 한 부분일 뿐이다. 그러나 공자의 문하에서 이

---

123 벗과 더불어 …… 신의가 있다: 《논어》 〈학이學而〉에 자하의 말로 나오는 "벗과 사귀면서 말하는 것이 신의가 있으면, 그가 비록 학문을 하지 않았다 하더라도, 나는 반드시 그가 학문을 했다고 말하겠다(與朋友交, 言而有信, 雖曰未學, 吾必謂之學矣)"에서 따왔다.

124 벗에게서 …… 하지 못한다: 《중용장구》 제13장에서 공자가 "군자의 도가 네 가지인데 나는 그중에 한 가지도 능하지 못하니, 자식에게 바라는 것으로써 부모를 섬김을 능히 하지 못하며, 신하에게 바라는 것으로써 군주를 섬김을 능히 하지 못하며, 아우에게 바라는 것으로써 형을 섬김을 능히 하지 못하며, 벗에게 바라는 것을 내가 먼저 베풂을 능히 하지 못한다(君子之道四, 丘未能一焉, 所求乎子以事父, 未能也, 所求乎臣以事君, 未能也, 所求乎弟以事兄, 未能也, 所求乎朋友先施之, 未能也)"라고 했다.

를 어렵다고 말한 것은, 말하고 베푸는 것이 어렵다는 것이 아니라, 물결 하나로 바다 전체를 보거나 전체 국면으로 바둑돌 하나 놓는 것이 어렵다는 것이었다.

孔門之言曰 : "與朋友交, 言而有信." 又曰 : "求于友者, 先施之, 未能." 夫言與施, 友中之一節耳. 而孔門難言之, 非言與施之難, 而以一瀾見全海, 以全局下一子之難也.

이제 선생께서 불혹의 나이[125]로 아득한 것을 깨닫고 미묘한 것을 꿰뚫어 학문을 하여 안팎을 다 궁구하고 이치를 분석하여 하늘과 사람의 뜻을 얻었다. 더욱이 그 몸을 차마 사사로이 하지 않고서 남과 더불어 벗이 되고자 했는데, 어찌 남이 그 몸을 사사로이 하여 벗이 되지 않음을 허락하겠는가?

今先生以不惑之年, 攬遠洞徹微, 爲學窮內外之際, 析理得天人之惛. 尤不忍私其身, 而欲與人爲友, 其肯聽人私其身, 而不爲友乎?

내가 다행히도 환난 속에 떠돌며 지낼 때 여러 차례 선생을 좇아 노닐며 쉼을 얻었다. 한동안 따라 배울 당시 처음으로 이 책을 보여주었는데, 혹 또한 내가 감히 그 일을 우습게 보지 않으리라는 것을 알았기 때문이었다. 일찍이 선생의 모습을 보니 특출나게 훌륭하여 보통 사람을 뛰어넘었고, 정신은 또 그 신체보다 컸다. 또 보니 그 부지런하고 공경하는 모습으로 뜻을 한결같이 하여 도에 힘써서, 가르침

---

125 불혹의 나이: 마르티니가 40세 때인 1654년경에 《구우편》이 완성되었음을 알 수 있다.

을 행함을 자기의 소임으로 여겼다.

不孝幸以患難流寓, 得數從先生游息. 講課有間, 首示此篇, 或亦知不孝之不
敢輕漫其事也. 嘗見先生形法, 表表修瑋, 度越恒人, 而精神又大于其身. 又見其
勤敬, 壹志辦道, 以行敎爲己任.

한가할 때는 수염을 치켜들고 길게 휘파람을 불기도 하고, 간혹 술
잔을 끌어 돌아보기도 하여, 옛스러운 빛이 우리를 덮어 비추곤 하였
는데, 사람이 물어보는 대로 대답함은 마치 크고 높은 바람이 텅 빈
골짜기에서 나오는 것만 같았다. 또 사람을 알아보는 눈이 밝고 마음
은 큰 진리에 뜨거워서, 그 책 가운데에 나아가 손길에 따라 집어서
설명하고 되풀이해 끝없이 이어졌다. 사람에 맡겨 깊게 보기도 하고
얕게 보기도 하여, 정해진 규칙 없이 모두 용의 모양을 지으매 한 마
디 말도 용의 비늘과 갈기가 아님이 없었으니, 어디에서 이러한 한 조
각 깨달음의 열매[126]를 얻겠는가?

燕閒時, 掀髥長嘯, 或引觴顧盼, 古色蔭映我輩, 隨人叩答, 若飇颷之出空谷.
而又眼明于鑒, 心熱于大, 即其篇中, 隨手拈說, 翻覆流連. 任人見深見淺, 不律
總作龍形, 單辭莫非鱗鬣, 何處得此一片頻婆?

사람들이 날마다 세상의 재미 속에 얽혀 지냄을 슬퍼하고 불쌍히
여겨, 어버이를 봉양하고 임금을 섬김은 이미 방향이 어그러짐이 많
고, 형제와 처자는 화합하여 하나가 되는 데 한계가 있어, 오직 벗이라

---

126 깨달음의 열매: 원문의 '빈파頻婆'는 범어梵語 'bimbara' 또는 'bimba'의 역어로,
'사과 열매'를 뜻한다. 여기서는 '깨달음의 열매'라는 의미로 옮겼다.

는 하나의 길만 남았는데도 또 그 외로이 감을 듣고도 이치를 깨닫지 못하니, 마땅히 또한 임금 된 자가 근심하고 애통해하는 바이다. 다만 이 책을 쓴 것은 명예를 다투고 이익을 취함이 있어 큰 화로에 석탄이 한창 불붙듯 할 때에 이를 읽으면 차갑게 실소할 수가 있을 것이다. 혹 닭 우는 새벽과 어둡고 환한 비바람 가운데서 한차례 생각해본다면 또한 식은땀이 몸을 적시고 근심스레 피눈물을 흘릴 수 있을 것이다. 세간의 한차례 크게 뜨겁고 차게 하는 묘한 약제가 아니라 하겠는가? 그제야 나아감이 있을 것이다.

悲閔來吾人, 日纏世味中, 養親事君, 既多乖方, 兄弟妻子, 翕合有限, 只賸朋友一路, 而又聽其孤行, 莫之理會, 宜亦帝者之所惱恫也. 但手是篇, 于爭名罔利, 洪爐熾炭時, 讀之可以冷然失笑. 或于雞鳴夜旦, 晦明風雨中, 思量一過, 亦可以泚然浹汗, 殷然涕血也. 謂非世間一大溫涼妙劑乎? 抑有進焉.

이利 선생은 "벗이란 나의 절반이다"라고 했으니 분명하기도 하다! 비록 '제2의 나'라고는 해도 반드시 나를 가지고 바름을 삼아야 한다. 만약 내가 거짓으로 마음을 다하지 않으면서 벗의 진실함을 바란다면 벗은 이를 허락하려 들지 않을 것이다. 벗이 허락하지 않을 뿐 아니라, 천주께서도 허락하지 않을 것이다. 책 가운데서 세 번씩이나 뜻을 다한 것을 살펴보니, 오직 믿음과 사랑이라는 두 마디 말이다. 믿음이 사랑과 더불어 녹아들어 하나가 되어야 그 가운데 있기를 바랄 수가 있다. 대저 믿음과 소망과 사랑은 사람이 천주를 섬기는 까닭인데, 겨우 잗달게 벗에 대해서 또한 이를 말하는 것은 어째서인가? 이렇게 말하겠다.

"벗이란 진실로 천주께서 내려주신 바이기 때문이다."

利先生之言曰: "友者, 我之半." 明乎! 雖第二我, 必以我爲正矣. 如我僞不盡,而望友之眞, 友斯不許. 非友不許, 主不許也. 觀篇中三致意者, 唯信愛二言. 信之與愛, 融結爲一, 望在其中矣. 夫信望愛, 人之所以事主, 而斤斤屑屑于友, 亦言之何? 曰: "友者, 固上主之所爲畀也."

《교구합록》 서문[127]

交述合錄序

정사년(1677) 하지에 남풍 유응 劉凝[128]이

장안長安의 저사邸舍에서 적다.

丁巳長至, 南豊劉凝, 識于長安邸舍.

《교구합록》이라는 것은 서태 이마두 선생이 지은 《교우론》과 제태 위광국 선생이 지은 《구우편》을 합하여 기록하였으니, 자리의 오른편

---

127 이 서문은 유응 자신이 편집한 《천학집해》 권6에만 실려 있고, 《교구합록》 또한 실물이 남아 있지 않다. 본문에서 "합하여 기록하였으니, 자리의 오른편에 놓아 두고(合而錄之, 置諸坐右)"라고 한 것으로 보아, 간행본이기보다는 자신의 필요에 따라 두 책을 한 권으로 정리해둔 필사본이었을 것으로 보인다.

128 유응(1620~1715): 강서성江西省 건창부建昌府 남풍南豊 사람이다. 자가 이지二至, 호가 급재及齋이고, 세례명은 바오로다. 1677년에 세공생歲貢生이 되고, 1687년 강서성 숭의현崇義縣 훈도가 되었다. 청초의 유명한 천주교 신자로, 1658년 전후로 영세를 받았다고 알려져 있다. 프랑스 출신 예수회 선교사 마약슬馬若瑟과 사제의 인연을 맺어 그가 《한어찰기漢語札記》를 저술하는 데 큰 도움을 주었다.《급이재유회及爾齋類滙》,《예기집요禮記輯要》,《육서六書》 외에 여러 저술을 남겼고, 호교護敎의 내용을 담은 《각사록覺斯錄》과 서학서 서발문을 모은 《천학집해》 등을 따로 남겼다. 아흔 살에 병 없이 세상을 떴다.

에 놓아두고 아침저녁으로 읊조려 외우려고 갖춰둔 것이다.

交述合錄者, 利西泰先生所著交友論, 衛濟泰先生所著述友篇, 合而錄之, 置諸坐右, 以備朝夕諷誦者也.

두 분 선생은 집안과 나라를 버리고 친척과 이별한 뒤 9만 리 밖에서 벗을 구하였으니 정성스럽고 또 간절하다고 말할 수 있다. 책을 저술하여 주장을 세운 것이 모두 마음속의 이야기에서 나와, 능히 독자로 하여금 두려워 놀라게 할 만하였다. 가만히 생각해보니 대개 벗은 교유의 일이 아니라 성명性命 즉 본성과 천명의 일이다. 성명의 사람으로 성명의 말을 하여 사람에게 깊이 들어가니, 사람들이 싫증 냄이 없을 것이다.

二先生棄家國, 離親戚, 求友九萬里外, 可謂摯且切矣. 著書立說, 皆由中之談, 能令讀者慛然而驚. 罜然而思, 蓋友匪交游之事, 乃性命之事. 以性命之人, 道性命之語, 所以入人深, 而人勿有斁也.

사귐〔交〕의 명목은 《중용》의 편목에 보이고, 구함〔述〕의 주장은 《시경》〈벌목伐木〉에 보인다. 사귐이라는 것은 하늘로부터 정해진 것이고, 구한다는 것은 사람으로부터 정해진 것이다. 하늘에서 정한 것은 사람이 얻어서 떼어놓을 수 있는 것이 아니다. 설령 떼어놓을 수 있다 하더라도 오륜에서 그 하나가 빠지게 된다. 사람에게서 정해진 것은 벗을 선택하는 식견이 아니니, 사람을 가지고 하늘을 손상시키지 않음이 드물다. 사륜四倫을 완성시키지 못할 뿐만 아니라 장차 사륜이 모두 있을 곳을 얻지 못하게 될 터이니, 이것이 우의가 중요한 까닭이다.

交之名, 見中庸之篇. 述之說, 見伐木之什. 交者, 自天而定者也. 求者, 自人而定者也. 定于天者, 非人所得而離. 使可離焉, 五倫缺其一矣. 定于人者, 非其擇友之識, 鮮不以人而戕天. 非惟無以勸四倫之成, 將四倫俱不得其所, 此友誼所以重也.

다만 우리는 힘이 약하고 지혜가 부족하니, 어떻게 해야 좋은 벗을 얻어 금란金蘭의 사귐을 맺을 수 있겠는가? 또한 벗이 스스로 찾아오는 것을 천주께서 주셔서 나를 열어주고 나를 도와준다고 생각해서는 안 된다. 사람이 능히 혼자 힘을 얻거나 혼자 공을 이룰 수 없어서 힘이 많고 공이 많은 사람을 주는 것임을 알아야 한다. 천주의 뜻에 부합하려 하면서도 벗을 구하는 까닭을 알지 못하여, 또한 도리어 천주께 이를 구할 뿐이다. 어째서 그런가? 사람이 하늘을 알지 않을 수 없음을 알고, 하늘이 사람의 원본이 됨을 알아야, 벗을 구하는 정성이 바로 신통한 들음과 통할 수 있기 때문이다. 그렇다면 사람이 벗을 구함은 천명을 받들어 행하는 것이니, 하늘이 그 총명을 열어주고, 하늘이 그 합당함을 지어주지 않음이 없고, 사람은 다만 사귀지 않고 구하지 않음을 근심할 뿐이다. 진실로 사귀면서 또 이를 구하고, 하늘의 뜻을 또 어기지 않아야 하니, 하물며 사람에 있어서이겠는가?

但吾人力弱而智劣, 何以得良朋而契金蘭乎? 毋亦思友所自而來, 乃上帝所賜, 以啓我輔我. 知人不能獨爲力, 獨爲功, 予之以多力多功者也. 欲副上帝之意, 而不知所以求友, 亦反而求之上帝而已矣. 何者? 知人不可以不知天, 知天爲知人之原本, 而求友之誠, 即可通于神聽. 然則人之求友, 奉天命以行, 未有不天啓其聰, 天作其合者, 人特患不交不求耳. 苟交且求之, 天且不違, 而況于人乎?

내가 두 분 선생의 말을 공경하여 따르는 까닭에 어쩔 수 없이 합하여 이를 기록하였다. 궁자현宮紫玄 선생이 능히 《교우론》을 점검하고 살펴서 이를 확장한 것은[129] 《장자莊子》에 대해 향수向秀와 곽상郭象이 주석을 내고,[130] 유의경劉義慶에 대해 유효표劉孝標가 풀이를 단 것에 밑돌지 않아,[131] 이마두 선생에 대해 펴서 밝힌 것이 대단히 훌륭한지라 이 때문에 함께 기록해둔다. 일찍이 들으니 위양渭陽 사는 탕척암湯惕菴[132] 선생이 광릉廣陵에서 사리司理, 즉 법을 집행하는 관리로 있을 때, 수레에서 내려 먼저 궁 선생에게 답례차 인사하였다고 한다. 궁 선생은 임오년(1642)과 계미년(1643)에 잇달아 등과하였지만, 당시에는 명경과明經科 급제의 신분으로 집에서 지내고 있던 때였다. 예전의 관례에 사리가 명경에게는 답배하지 않았는데도 바로 답배했

129 궁자현 선생이 …… 확장한 것은: 궁자현은 궁위류宮偉鏐(1611~1680)를 가리킨다. 자가 자현 호는 도도만사桃都漫土로, 태주泰州 사람이다. 1643년에 진사가 되었고, 벼슬이 한림翰林에 이르렀다. 문집에 《청우초당별집青雨草堂別集》과 《정문주세설庭聞州世說》 6권이 있다. 본문의 내용은 궁위류가 마테오 리치의 《교우론》를 보고 이를 더 확장하는 작업을 했다는 의미인데, 중국 문헌에서 교우 관련 기록을 찾아 내용을 확대했다는 뜻으로 보이나, 구체적인 내용은 알려진 것이 없고, 그의 저술에도 나오지 않는다.

130 《장자》에 대해 …… 주석을 내고: 향수(227~272?)는 위진魏晉의 문인으로 《장자》를 풀이한 초기 주석으로 《해의解義》를 저술했는데, 〈추수秋水〉와 〈지락至樂〉 2편을 마치지 못한 채 세상을 떠서 전하지 않았다. 곽상(252~312)이 《해의》가 세상에 전하지 않음을 보고 몰래 자기의 주석으로 펴낸 일이 있다.

131 유의경에 대해 …… 밑돌지 않아: 유효표(462~521)가 유의경(403~444)이 지은 《세설신어世說新語》에 주석을 단 일이 있다.

132 탕척암: 탕래하湯來賀(1607~1688)로, 자가 좌평佐平이고, 척암은 그의 호다. 세상에서는 그를 남두선생南斗先生으로 일컬었다. 강서 남풍 사람으로 1640년 진사에 뽑혔다. 벼슬은 광동안찰사첨사廣東按察使僉事를 지냈다. 명나라가 망한 뒤 백록동서원白鹿洞書院의 강석講席에 앉았다. 저서에 《광릉경신록廣陵敬愼錄》 12권과 《광릉흠휼록廣陵欽恤錄》 12권 등이 전한다.

는데, 또한 양방兩榜이 앞서지도 않았던 상황이었다.[133] 구씨舅氏[134]가 말했다. "궁 선생이 관례에 구애될 수 있겠습니까?" 지금껏 미담으로 여겨진다. 다만 궁 선생은 능히 《교우론》을 읽었고, 다만 구씨는 능히 궁 선생을 벗으로 삼았기에 아울러 끝에 적어서 지금의 벗 사귀는 사람에게 고한다.

吾所以佩服二先生之言, 不得不合而錄之也. 宮紫玄先生點閱交友論而廣之, 不減向郭之于漆園, 孝標之于義慶, 所以發明利先生者甚善, 因幷錄焉. 嘗聞家渭陽湯惕菴先生, 司理廣陵, 下車, 先答拜宮先生. 宮先生以午未蜚聯, 時以明經家居. 舊例司理不答拜明經, 即答拜, 亦不先兩榜. 舅氏曰: "宮先生可以例拘乎?" 至今以爲美談. 惟宮先生能讀交友論, 惟舅氏能友宮先生, 並識于末, 以告今之交友者.

133 예전의 관례에 …… 상황이었다: 명경과는 추천을 받은 사람이어서 당시 양방에 급제한 사람만큼 지위가 높지는 않았다. 그러니까 신임 관리가 답배를 하려면 그 해 양방에 합격한 사람을 먼저 답배하고 그다음에 명경과 사람을 답배하는 것이 관례였는데, 당시 명경과에 추천만 받은 상태로 양방은 하지 않은 궁위류에게 특별한 예우를 해주었다는 뜻이다. 탕래하가 1640년에 급제했고, 궁위류는 그보다 세 해 뒤인 1643년 진사에 올랐다. 탕래하가 신분도 높고 급제도 빨리 했음에도 궁위류에게 답배한 것이 파격적이었음을 말한 것이다.

134 구씨: 장인을 가리키니, 탕척암이 서문을 쓴 유응의 장인이었던 것으로 보인다.

내 영혼의 반쪽,
'제2의 나'를 찾아서

내 영혼의 반쪽,
'제2의 나'를 찾아서

이 글은 다음과 같은 문제들을 다룬다. 마테오 리치의《교우론交友論》과 마르티노 마르티니의《구우편逑友篇》은 어떤 책이고 무슨 내용을 담고 있나? 저술의 동기와 편집 구성은 어떠했고, 왜 이들은 '우정' 코드를 내세워 중국 지식인들과의 접촉면을 확장하려 했을까? 이후 두 책은 중국 지식인들에게 어떤 영향을 미쳤나? 조선에서의 수용과 확산 과정은 어떠했던가?

1. 어떤 책인가?

먼저《교우론》과《구우편》의 성격에 대해 간단히 살펴보겠다. 두 책은 각각 16세기 말과 17세기 중반 중국에 파견된 예수회 소속 선교사가 우정을 주제로 한 서양 격언을 엮어 한문으로 출판한 책자다.

마테오 리치의 《교우론》은 1595년 황족皇族인 건안왕建安王 주다절朱多㸤의 요청으로 마테오 리치가 중국에 지녀간 라틴어 서적에서 우정에 관한 서양의 격언과 철학자의 잠언을 찾아내, 중국 사람이 이해할 수 있도록 원문을 가감해서 정리한 책이다. 모두 100개의 짧은 문장을 특별한 순서 없이 나열했는데, 원 출전을 따로 밝히지 않았고, 본문이래야 모두 합쳐 2,655자, 21쪽에 불과한 소책자였다.

하지만 이 책은 "나의 벗은 남이 아니라 나의 절반이니, 바로 제2의 나이다"라고 한 첫 문장 이후 차례로 이어지는 폐부를 찌르는 단문들이 대단히 강렬한 인상을 심어주어, 처음 출간된 이후 중국 지식인들의 열렬한 지지와 환호를 받았다. 출간 직후부터 여러 곳에서 잇달아 출판되었고, 《천학초함天學初函》뿐 아니라 《보안당비급 寶顔堂祕笈》, 《소창별기小窗別記》, 《광백천학해廣百川學海》 등 중국의 여러 총서류에도 폭넓게 재수록되면서 광범위한 영향을 미친 중요한 저작으로 높은 평가를 받았다.

이후 조선과 일본으로까지 독자층을 확대하면서 동아시아 지식인들에게 서양의 우정 담론을 전파하는 기폭제가 되었다. 이 책으로 마테오 리치는 중국에 서양 현인의 잠언풍 소품문을 최초로 소개한 사람이 되었고, 이는 서구에 대한 거부감과 의구심을 덜어내 이후 중국에 천주교 신앙을 전파하는 데 중요한 토대가 되었다.

《교우론》의 대성공은 서양에 대한 중국인의 의심을 걷어내게 했고, 이후 이들은 서학이 유학과 서로 배치되는 가르침이 결코 아님을 증명하는 여러 보유론적 저작을 잇달아 선보이며 중국 상층 지식인과의 접촉면을 넓혀갔다. 현지적응주의에 입각한 예수회의 선교 전략은 이후 지속적으로 대단한 성공을 거뒀다.

이 같은 성공에 고무되어, 1613년 용화민龍華民, Niccolò Longobardi

(1559~1654)의 파견으로 유럽 로마 교황청과 예수회 총본부로 돌아가게 된 금니각金尼閣, Nicolas Trigault(1577~1636)은 중국 전교의 중요성을 알리고 지원을 요청하며 유럽 각지에서 7천여 권의 교리서 외에 각종 인문서와 과학서 및 여러 의기儀器를 구해 돌아오기도 했다. 《교우론》에 대한 중국 지식인의 예상 밖의 호응이, 종교로 접근하기 전 단계로 서양서 번역을 통한 이른바 '서적 선교'의 중요성을 깨닫게 해준 큰 계기로 작용한 것이다.[1]

예를 들어 '천학초함天學初函'이라는 책 제목은 천주학을 익히기 위한 첫 번째 서함書函, 즉 '책상자'라는 뜻인데, 막상 그 내용을 보면 이편理篇과 기편器篇으로 나눠, 앞쪽에 교리서와 인문서를 수록하고 뒤쪽은 과학서로 묶었다. 책 전체에서 교리서의 비중이 3분의 1에 그친 데서도 이 같은 접근 태도를 볼 수 있다.

마르티노 마르티니는 마테오 리치보다 62년 늦게 태어났다. 중국에 입국한 것도 1643년이니 1582년에 마카오로 들어온 마테오 리치보다 61년 늦었다. 그의 《구우편》은 《교우론》보다 52년 늦은 1647년에 원고가 완성되어, 그 14년 뒤인 1661년에 간행되었다. 마르티니는 이해에 47세의 비교적 젊은 나이로 세상을 떴다.

그는 마테오 리치의 《교우론》이 거둔 놀라운 반응에 고무되어, 이 책을 훨씬 능가하는 폭넓은 자료를 수집해 주제별 갈래를 두어 체계를 갖춰 전달하려고 했다. 원출전을 밝히지 않은 마테오 리치와 달리, 마르티니는 《구우편》에서 상하 2권에 모두 19개의 주제를 담고, 1통의 편지를 부록으로 실었으며, 실명을 정확히 밝혀 인용했다. 서문 등

---

1 伍玉西, 《明淸之際天主教 "書籍傳教" 硏究》(中國: 人民出版社, 2017), 1면 참조.

을 뺀 본문만 10,128자, 64쪽에 달해, 마테오 리치의《교우론》보다 분량이 거의 4배에 가깝다.

하지만 편폭도 확장되고 전달 방식도 세련되었으며, 담긴 내용 또한 훨씬 다채로웠음에도 불구하고 이 책은《교우론》만큼의 인기를 끌지는 못했다. 그뿐만 아니라 1661년 한 차례 간행된 이후 다시 인쇄에 부친 흔적도 찾아볼 수 없다. 무엇보다《교우론》과 달리《구우편》의 경우, 인용 문장이 다소 길어지면서 한문 문장의 전달력에 일부 문제가 생겼다. 여기에 더해 마테오 리치가 보유론적 시각에서 의도적으로 《성경》이나 가톨릭 성인과 교부의 말을 거의 인용하지 않고, 그리스·로마 시대 철학자의 말을 중심으로 끌어온 데 비해, 마르티니는 종교적 색채를 좀 더 분명하게 드러내 우정의 논리를 자주 '상주上主'의 뜻과 일치시키고,《성경》과 성인 어록의 직접 인용 빈도를 높임으로써, 아직 서학을 신앙으로 받아들일 준비가 되어 있지 않았던 중국 지식인들에게 얼마간의 거부감을 준 탓도 없지 않았던 것으로 보인다.

서양 선교사에 의한 우정 담론의 계보를 잇는 이 두 편의 저작은, 현재 실물은 전하지 않지만 유응劉凝이 남긴 서문을 통해 '교구합록交逑合錄'이라는 이름으로 나란히 편집되어 엮이기도 했음을 알 수 있다. 당시에도 이 두 책의 연작성에 대한 인식이 있었음을 보여준다.

한편 책 제목에 대해 잠깐 살펴보자면, 마테오 리치의《교우론》에 대응하여 마르티노 마르티니는 '구우편'이라는 제목을 달았다. '교우交友'는 벗과 사귄다 또는 교유한다는 의미이고, '구우逑友'는 단순히 벗을 구한다는 '구우求友'의 의미를 넘어서는 적극적인 뜻이 담긴 표현이다.《시경》〈관저關雎〉편에 "아름다운 아가씨는 군자의 좋은 짝[窈窕淑女, 君子好逑]"이라고 한 구절에서 '호구好逑'는 좋은 짝, 훌륭한 동반자의 의미다. 즉 '구逑'에는 걸맞은 짝이라는 뜻이 있어, '구우'

는 나와 뜻이 맞고 그 만남을 통해 나의 삶을 들어올려줄 진정한 벗이라는 의미가 된다.《구우편》은 '진정한 친구란 무엇인가?', 즉 참된 벗을 사귀는 방법을 묻는 적극적인 내용을 담은 책이다. 마테오 리치의《교우론》이 벗과 교유하는 문제에 대해 논한다는 정도의 평면적 의미인 것에 비하면 어감이 사뭇 다르다. 처음으로《구우편》을 번역한 베르투치올리는 책 제목을 이탈리아어로 'IL TRATTATO SULL'AMICIZIA'라고 옮겼다. 우리말로는 '우정에 관한 책' 정도의 의미다.

일반적으로 '구우편求友篇'이라 하면《시경》〈소아小雅 벌목伐木〉을 가리키기도 한다. 그 시에 "울음소리 재잘대니 벗 구하는 소리일세. 저 새를 살필진대 벗 구하는 소리 내니, 하물며 사람으로 벗 구하지 않을쏘냐[嚶其鳴矣, 求其友聲. 相彼鳥矣, 猶求友聲. 矧伊人矣, 不求友生]"라고 했다. 하지만 마르티니가 자신의 책 제목에 굳이 '구求' 자를 쓴 것은 원래 의미인 취합聚合 즉 '벗을 모은다'는 뜻을 넘어, 진정한 우정을 갈구하는 곡진한 마음을 담으려 한 뜻으로 볼 수 있다.

2. 저자에 대하여

마테오 리치와 마르티노 마르티니, 두 사람 모두 이탈리아 출신 예수회 선교사로, 초기 서학을 중국에 알리고, 한학漢學을 서양에 소개하는 데 큰 업적을 남긴 상징적인 인물이다. 마테오 리치가 서학동전西學東傳의 선구였다면, 마르티노 마르티니는 동학서전東學西傳의 기수였다. 마테오 리치가《교우론》외에《기하원본》과《천주실의》,〈곤여만국전도〉등을 펴내, 서학을 중국에 본격적으로 전했다면, 마르티노 마르티니는《중국신지도집》과 최초의 중국 통사《중국역사초편십권》등을 라틴어로 펴내, 최초로 중국의 지리와 역사를 서양에 깊이 있게 소개했다. 이 때문에 서구 학계에서의 그의 위상은 마테오 리치에 못지않다. 이하 간략하게 두 사람의 생애와 저술에 대해 살펴보겠다.

마테오 리치는 중국명이 이마두利瑪竇로, 자가 서태西泰, 호는 시헌時憲을 썼다. 그는 1552년 이탈리아의 마체라타에서 태어났다. '리치Ricci'는 바다성게를 가리키는데, 그의 집안 휘장에도 성게 문양이 있다. 부친 조반니 리치는 의사였고, 바티칸에서 행정장관을 지냈다. 8남 1녀의 장남이었던 마테오 리치는 1571년 예수회에 입회해 이듬해 9월부터 로마신학교Collegio Romano에서 클라비우스Christopher Clavius(1537~1612)와 성 로베르토 벨라르미노St. Roberto Francesco Romalo Bellarmino(1542~1621) 등에게 수학과 천문학을 배웠다.

이 과정에서 동방 전교의 문을 연 성 프란치스코 하비에르의 활동에 감화받아 동방 전교의 꿈을 품었다. 그는 1578년 3월 24일 루지에리Michael Ruggieri, 羅明堅 신부 등 14인과 함께 배를 타고 인도 고아Goa에 왔고, 3년 뒤인 1582년 8월 7일 마카오에 도착했다. 이후 중국으로의 입국을 결심하고 중국어를 익혔다. 1583년 조경肇慶에서 정주定住를 허락받아 정식으로 전교를 시작했으나, 조선에서 발생한 임진왜란의 여파로 외국인에 대한 경계심이 강화되면서 여러 제약을 받게 되었다. 1595년 이후 남경에서 활동하다가 1601년에 북경으로 들어갔다. 명나라 만력제萬曆帝에게 자명종自鳴鍾, 대서양금大西洋琴 등을 선물하고 서양의 과학 기술을 앞세워 북경에서의 정주를 허락받았다.

그는 중국 지식인들에게 서양의 학문 수준을 보여주기 위해 유클리드 기하학을 번역해 《기하원본幾何原本》을 펴냈고, 세계지도 위에 천문학·지리학적 해설을 덧붙여 〈곤여만국전도坤輿萬國全圖〉를 제작했다. 마테오 리치가 소개한 서양의 학문은 중국 지식인층의 관심을 크게 끌어 서광계徐光啓, 이지조李之藻 등 고위 관료들이 그와 교유했다. 1610년 북경에서 세상을 떴다.《천주실의天主實義》,《교우론》,《이십오언二十五言》,《기인십편畸人十篇》 외에 많은 저술을 남겼다.

마르티노 마르티니는 중국명이 위광국衛匡國으로, 자를 제태濟泰로 썼다. 그는 1614년 3월 20일 이탈리아의 트렌토성에서 태어났다. 부친 안드레아 마르티니는 항해사였고, 모친은 시칠리아의 경건한 천주교도 집안에서 자랐다. 마르티노 마르티니는 1631년 고향을 떠나 로마로 와서 자연과학을 학습했고, 그해 예수회에 입회했다. 1641년 3월 포르투갈의 리스본 항구를 떠나 11월 16일 인도 고아에 도착했다. 29세 때인 1643년 마카오에 도착해, 이후 절강성 난계蘭谿에서 전교 활동을 시작했다.[2]

그가 중국에 머물던 시기는 명나라가 멸망을 앞둔 상태에서 청나라 군대가 대거 남하하던 시점이었다. 전란을 피해 그 또한 이리저리 피난을 다녀야 했다. 청군이 항주성에 들이닥쳤을 때, 그는 자신이 살던 집 대문에 "서양의 천주교 수사가 이곳에 살고 있다〔大西天學修士寓此〕"라는 글씨를 크게 써붙였다. 쳐들어온 청군은 그를 해치지 않고, 오히려 융숭하게 환대한 뒤 집으로 돌려보내주었다. 이후 그는 항주와 소흥紹興 등지에서 생활하다가 1647년 복건과 광동을 순방하는 등

---

2   마르티노 마르티니에 대한 저작은 이탈리아 트렌토대학교에서 1996년에 펴낸 《Martino Martini》가 대표적이다. 1994년 4월 북경에서 개최된 '衛匡國與中西文化交流國際硏討會'의 발표 논문 29편을 묶어 펴낸 이 책은 이탈리아어, 영어, 중국어 세 종류 책자로 각각 출판되었다. 이 밖에《把中國介紹給世界 衛匡國硏究》(화동사범대학출판사, 2012) 등의 전문 연구서와 沈頌金의〈中西文化交流的使者—衛匡國〉(《文史知識》, 1994年(11)) 외 여러 편의 논문이 제출되어 있다.

전교 활동을 계속하면서 중국 문화에 대한 이해를 높여나갔다.

하지만 마테오 리치 이후 중국으로 간 예수회 선교사들의 현지적 응주의적 접근이 천주교 교리를 위배했다는 오해를 받아 교황청의 분노를 샀다. 이에 소환 명령을 받고 1653년 로마로 돌아왔다. 교황의 노여움에도 굴하지 않고 1654년《중국야소회기략中國耶穌會紀略, Brevis relatio de numero et qualitate Christianorum apud Sinas》을 써서 중국 현지의 상황을 설명하며 타협하지 않아, 결국 교황의 마음을 돌리는 데 성공했다.[3]

1657년 그는 남회인南懷仁 등 17명의 선교사를 이끌고 다시 리스본 항구를 출발했지만, 도중에 해적의 습격을 받아 17명 중 12명이 사망하는 등 고초를 겪었다. 오랜 항해 끝에 이듬해인 1658년 마카오에 도착했다. 1659년에는 14명의 선교사와 함께 북경으로 가서 청나라 순치제順治帝를 알현한 뒤 항주로 돌아왔다. 이후 그는 항주에 장대한 성당을 건립했고, 성당이 완공된 이듬해인 1661년 6월 2일에 47세의 아까운 나이에 병으로 세상을 떴다. 그곳 항주 성내 방정方井이라는 곳에 묻혔다.

그는 큰 키와 영성이 넘치는 이국적인 풍모로 생전에 대중의 존경을 한 몸에 받았다. 이듬해인 1662년 초장初葬 이후 뼈만 추슬러 안장하는 당지의 습속에 따라 관을 열었을 때, 그의 시신은 조금도 썩지 않은 채 매장 당시의 상태와 똑같은 모습으로 있어서 사람들을 놀라

---

3 관련 논의에 대해서는 A. Lazzarotto, 〈Christianity in China according to the 《Brevis relatio》〉, 陳村富 主編,《宗教與文化論叢》(東方出版社, 1994), 11~28면을 참조할 것.

게 했다. 부패하지 않았을 뿐 아니라 미라화되지도 않고, 의복마저 완전한 상태였다. 심지어 매장된 지 17년 후 물에 젖은 관을 열었을 때조차 그의 시신과 예복은 완벽하게 보존되어 있었다. 이 같은 이적으로 그는 지역에서 신격화되어, 사람들이 그의 시신 앞에 모여 기도를 하는 등 기이한 일이 많았다.

마르티니는 총 4부의 중국 관련 라틴어 저작을 남겼다.《중국문법中國文法》외에 그는 1654년《달단전기韃靼戰記, De Bello Tartarico Historia》를 저술했고, 1655년에도 라틴어로 쓴《중국신지도집中國新地圖集, Novus Atlas Sinensis》을 네덜란드에서 펴냈다. 마르티니가 포교한 지역은 북으로 북경과 만리장성 일대로부터 남으로 광동성 일대에 이르렀다. 그는 가는 곳마다 자신이 개발한 특별한 방식에 따라 각 성의 경위를 측량해 지도로 작성했는데, 그 지도들이 바로 이 책의 바탕이 되었다.

또 1657년에는 역시 라틴어로《중국역사초편십권中國歷史初編十卷, Sinica Historia Decas Prima》을 펴냈다. 특히 이 책은 주희의《통감강목》을 바탕으로 중국의 통사를 처음으로 서방에 소개한 방대한 저작으로, 서양인이 중국의 역사와 문화를 이해하는 길잡이 역할을 했다. 이렇듯 마테오 리치가 서학서의 한역에 힘을 쏟은 반면, 마르티노 마르티니는 중국을 서양에 소개하는 데 더 힘을 기울였다. 이 밖에 3종의 한문 저작을 따로 남겼는데,《천주리증天主理證》과《영혼리증靈魂理證》, 그리고 여기에 번역 소개하는《구우편》등이다.

3. 두 책의 저술 계기와 작업 진행 과정

《교우론》과《구우편》은 각각 저자가 여행지에서 급하게 쓴 책이라는 공통점이 있다. 마테오 리치와 마르티노 마르티니 모두 우연한 계기로 필요에 따라 긴 준비 기간 없이 책을 지었다는 의미다. 두 사람은 미숙한 중국어 문장력 때문에 중국인 조력자의 도움이 필요했고, 이는 서양 선교사의 한문 저작에서 일반적으로 확인되는 현상이기도 하다.

1595년 43세의 마테오 리치는 소주韶州에서 당시 남하한 황도皇都였던 남경으로 거처를 옮겼다. 1592년 조경에 갔다가 승려 복장으로 인해 봉변을 당해 머리를 크게 다친 일을 계기로, 벗 구여기瞿汝夔의 충고를 받아들여 1595년부터는 자신을 '승僧'이라 일컫던 불교 코드를 버리고, 유복儒服으로 복장을 바꿔 '도인道人'이라 호칭하며 유학의 접근법으로 전교의 방향을 전환했다. 6월 28일 마테오 리치는 남창南昌에 도착했고, 8월 15일과 20일에 두 차례 건안왕의 잔치에 초대받았다. 8월 말에는 저 유명한 기억술을 선보여 중국의 유자들을 경복시켰다. 이 일을 계기로 마테오 리치는 남창 지역의 명사들과 활발히 교유하게 되었다.

마테오 리치는 황제 일가의 서족庶族인 건안왕 주다절과 낙안왕樂安王 주다경朱多㷿 등 두 황족에게 융숭한 대접을 받았다. 특히 건안왕이 마테오 리치에 대해 특별한 친밀감을 표시해, 그의 궁에서 왕포王袍를 입고 왕관王冠을 쓴 채 맞이하는 정중한 잔치 자리에 초대되었다. 이때 마테오 리치는 예물로 자명종과 검은색 대리석에 새긴 황도대黃道帶, 그리고 지구의와 유리그릇 등 유럽에서 가져온 귀한 물품들을 건안왕에게 선물했다.

마테오 리치는 건안왕과의 두 번째 만남 후 작별에 앞서, 서구식 장정으로 제본된 두 권의 책자를 함께 선물했는데, 첫 번째는 얇고 질긴 일본 종이에 인쇄한 몇 폭의 지도와 9폭으로 된 천체궤도를 그린 그림이 들어 있는 책자였고, 두 번째는 한문으로 쓴 우정에 대한 짧은 문장을 모은 책자, 즉《교우론》이었다.

구여기는《교우론》의 서문에서, 당시 마테오 리치가 남창 순무巡撫 육만해陸萬垓의 호의로 남창에 머물 당시, 건안군왕建安郡王의 초대연에 갔다가 화제가 우도友道에 미쳐서 한 권의 책을 이루었다고 썼고, 마테오 리치 자신도 본문 앞에 얹은 소인小引에서 건안왕의 환대를 받을 때 왕이 자신에게 서방이 도의의 나라라고 들었다면서 우도에 대해 논한 것을 들려달라고 청하므로, 젊었을 때 들은 것을 엮어 서술해 이 책을 지었다고 밝힌 바 있다.[4]

마테오 리치가《교우론》을 저술한 구체적인 과정은 그가 이탈리아에 보낸 편지를 통해 그 단서를 유추할 수 있다. 1596년 10월 13일 로마 예수회 총장 클라우디오 아콰비바Claudio Acquaviva 신부에게 보낸 편지에서 그는 이렇게 썼다.

지난해(1595) 저는 중국 글을 연습하려고 우정과 관련된 약간의 격언

---

4   瞿汝夔,〈大西域利公友論序〉: "公益北學中國, 抵豫章, 撫臺仲鶴陸公留之, 駐南昌. 暇與建安郡王殿下, 論及友道, 著成一編. 公擧以示不佞, 俾爲一言弁之." / 利瑪竇,〈交友論小引〉: "返棹至豫章, 停舟南浦, 縱目西山, 玩奇挹秀, 計此地爲至人淵藪也. 低回留之不能去, 遂捨舟就舍. 因而赴見建安王, 荷不鄙許之以長揖賓序, 設醴驩甚. 王乃移席, 握手而言曰: '凡有德行之君子, 辱臨吾地, 未嘗不請而友且敬之. 西邦爲道義之邦, 願聞其論友道, 何如?' 竇退, 而從述曩少所聞緝, 成友道一帙, 敬陳於左."

을 뽑아 기록하여 중국어로 번역하였고, 이들 격언은 모두 우리 쪽의 가장 좋은 책 속에서 옮겨 적은 것입니다. 책이 모두 대단한 인물들의 말이었기 때문에 중국 문인들이 크게 놀랐지요. 이 책에 권위를 갖추게 하기 위해 저는 다시 그를 위해 서문을 썼고, 아울러 한 권의 책으로 만들어 예품으로 그 친왕親王의 작위를 지닌 황제의 친족에게 선물하였습니다. 수많은 독서인이 제게 와서 이 책을 보고는 서로 다투어 전하여 베꼈습니다. 이 때문에 저는 모두 여러 본을 준비해서 그들이 볼 수 있도록 제공해야만 했습니다. 우리에게는 한 사람의 가까운 벗이 있는데, 그는 이곳에서 그다지 멀지 않은 집에서 이 책을 찍어냈습니다. 저에게 미리 알리지도 않은 상태에서 책에다 제 이름을 찍어놓았기에 제가 이에 대해 반대의 뜻을 표시했지만, 그래도 그의 열심만큼은 칭찬할 만합니다. 이 밖에 다른 사람이 우리의 서적을 출판하기도 했는데, 우리의 책에 대해 입을 모아 칭찬하였습니다.[5]

이 편지는 마테오 리치의 《교우론》 번역이 건안왕과 만나기 전부터 중국어 작문 연습을 위해 진행되었고, 중국 문인들이 처음 접한 서양 철인들의 격언에 감동했다는 사연을 담고 있다. 사전에 이런 준비 과정이 있었으므로 건안왕과의 대화가 자연스레 우정에 관한 논의로 옮겨갔을 터이고, 이에 건안왕이 마테오 리치에게 그가 평소 번역해 둔 글을 보기를 청했던 사정이 드러난다. 이 같은 요청에 부응해 마테오 리치는 얇고 질긴 일본 종이에 서양식 장정으로 책을 꾸며 우정에 관한 76단락의 서양 격언을 옮겨 적었다. 또 책의 모양새를 갖추려고

---

5 文錚 譯, 《利瑪竇書信集》(中國: 商務印書館, 2018), 193면 참조.

자신이 이 책을 짓게 된 경위를 서문 대신 써서 건안왕에게 봉정하는 형식을 갖추어 선물했던 것이다.[6]

그러니까 마테오 리치는 건안왕의 요청이 있기 전부터 이미 우정에 관한 짤막한 서양 격언을 중국어 연습용으로 번역하고 있었고, 이것을 급히 책자로 만들어 선물했던 것이다. 이렇게 나온 책을 보고 중국 문인들이 열광적으로 반응하면서 잇달아 요청하자, 다시 몇 부의 사본을 만들었고, 옆에서 가깝게 지내던 중국 친구가 마테오 리치의 허락도 구하지 않고 그의 이름까지 새겨서 이 책을 인쇄하기에 이르렀다. 실물이 남아 있지 않은 이 76항목본 초각 인쇄를 한 사람은 당시 장주贛州의 지현知縣 소대용蘇大用이었던 것으로 알려져 있다.[7]

이 책은 4년 뒤인 1599년에 구여기의 서문을 얹고, 본문도 처음 76개에서 100개의 단락으로 확장해 정식으로 출판되었다. 이 판본이 중국 지식인 사회에서 큰 인기를 끌어, 이후 속속 다른 책의 일부로 편입되거나 독립 저술의 형태로 계속 출판됨으로써 마테오 리치의 명성을 높이는 데 일조했다.

마테오 리치는 1599년 8월 14일 남경에서 로마 예수회의 지롤라모 코스타Girolamo Costa 신부에게 보낸 편지에서 또 이렇게 썼다.

신부님께서 제게 이곳의 물건을 얼마간 보내라고 하셨으니, 저는 편지와 함께 우정에 관한 약간의 격언을 부쳐 보냅니다. 이것은 제가 4년 전에

---

6   《교우론》의 판본과 여러 이본에 관한 논의는 孫琪, 〈《友論》與利瑪竇在南昌的 '中國化'〉, 《國際漢學》總第29期(2021年 第4期), 63-70면을 참조할 것.

7   관련 논의는 張西平, 《傳敎師漢學硏究》(鄭州: 大象出版社, 2005), 38면을 참조할 것.

강서성江西省에 있을 때 어느 황실 친척의 요청에 따라 번역한 것입니다. 그 황족은 그곳에 살고 있고, 작위와 지위는 모두 국왕과 똑같지만 국가에 대한 통치권은 없습니다. 동시에 저는 다시 신부님께 이탈리아어 번역문을 첨부해서 올립니다. 다만 제가 쓰는 중문은 원문의 우아함을 표현할 길이 없고, 저는 중국인의 습관에 완전히 적응했기 때문에 필요한 부분에는 제가 우리 철학자가 했던 원래의 말과 뜻을 고치기도 했고, 이 밖에도 일부의 내용은 우리의 거처 안에 있던 자료에서 취해온 것도 있습니다.

1599년 8월 마테오 리치는 자신의《교우론》을 지롤라모 코스타 신부에게 보내면서, 이탈리아어 번역을 첨부했다. 이때 그가 첨부한 중문과 이탈리아어가 나란히 실린 사본과 재사본이 런던 브리티시도서관과 교황청 그레고리오대학교 자료실에 소장되어 있다.[8] 위 편지에서 마테오 리치는 자신의 중국어 표현력의 한계 때문에 라틴어 원문이 지닌 우아함을 반영하지 못했고, 중국인의 관습에 맞게 원래 글의 표현과 의미를 중국인들이 알아듣기 쉽게 손대기도 했음을 밝혔다.

당시 마테오 리치는 앞서 말했듯 중국어 작문 연습을 위해 평소 서양 철학자와 현인들의 좋은 문장을 중국어로 번역하고 있었다. 하지만 책으로 묶는 과정에서 자신의 표현력으로는 라틴어 원문의 뉘앙스를 살리기가 어려워, 중간중간 임의로 중국식 표현으로 고쳤고, 이후 평소 교분이 있던 중국 지식인의 윤문을 거쳤다. 그 근거는 왕긍당王肯堂(1549~1613)이 자신의《울강재필주鬱岡齋筆麈》권3, 〈교우交友〉에

---

8 관련 논의는 鄒振環, 〈利瑪竇《交友論》的譯刊與傳播〉《復旦學報(社會科學版)》, 2001年 第3期), 49-55면을 참조할 것.

서 한 언급 속에 보인다.

　　이군利君이 내게 《교우론》 한 편을 주었는데, 그 말한 것이 맛이 있어
서 병들었던 마음이 이 때문에 상쾌해졌으니, 매생枚生의 《칠발七發》보
다 훨씬 나았다. 그로 하여금 평소에 중국의 언어와 문자에 익숙하게 하
였더라면 마땅히 여기에 그치지 않았을 것이다. 이에 글을 조금 덜어내
고 윤색하여 덧붙였다.[9]

　　왕긍당은 이어지는 글에서 《교우론》 100단락 중 39개의 본문을 제
시했다. 이 문장들을 자신이 고쳐주었다는 의미인지, 아니면 이 책의
대표적인 내용을 간추린 것인지는 알 수가 없다. 어쨌거나 당시 마테
오 리치가 중국어에 능통하지 못해, 특히 글을 쓸 때 왕긍당 같은 이
가 곁에서 표현을 다듬어주고, 중국 사람이 이해할 수 있도록 첨삭하
는 과정이 있었음을 알 수가 있다.

　　예를 들어 《교우론》[14]의 본문 끝에 "진맥은 왼손을 가지고 살필
뿐이니, 왼손은 불행한 때에 해당한다"는 주석이 작은 글씨로 첨가되
어 있는데, 한의학적 비유로 본문 내용을 보충했다. 또 [56]에서
"'우友'란 글자는 옛 전서로 '우𦐇'라고 쓰니, 바로 두 손을 나타낸다.
있어야 하고 없어서는 안 된다. '붕朋'이란 글자는 옛 전서로 '우𦐇'로
쓰는데, 두 날개를 뜻한다. 새는 이를 갖추어야 능히 날 수가 있다. 옛

9　王肯堂, 《鬱岡齋筆塵》 권3, 〈交友〉(《續修四庫全書》 1130책, 상해고적출판사, 1997),
　　86면: "利君遺余交友論一編, 有味哉其言之也, 病懷爲之爽然, 勝枚生七發遠矣.
　　使其素熟於中土語言文字, 當不止是, 乃稍刪潤著於篇."

어진 이가 붕우를 살피는 것이 어찌 이와 같지 않았겠는가?"라고 했다.[10] 이처럼 중국 독자의 이해를 돕기 위해 한의학이나 한자 어원으로 설명을 보탠 부분이 왕긍당이 보충한 내용일 것이다.

이제 마르티노 마르티니의《구우편》저술 과정을 살펴보자.《구우편》에 실린 난계蘭谿 사람 축석祝石이 쓴〈서敍〉에 비교적 자세한 경과가 적혀 있다.

> 정해년(1647) 5월, 제태濟泰 위광국衛匡國 선생이 영롱암玲瓏巖에 들렀다. 이때 산 누각에 비 때문에 앉아 있다가 말이《교우론》에 미치자 선생이 말했다.
>
> "이 정도에 그치지 않습니다."
>
> 인하여 날마다 수백 언 혹은 수십 언을 전해주면서, 간간이 손을 어루만지며 탄식하여 말했다.
>
> "오묘한 이치를 언어와 문자가 없어 그려내지 못하는 것이 애석합니다."
>
> 다시금 오랫동안 생각에 잠겨 있더니, 나를 돌아보며 말했다.
>
> "어쩔 수가 없군요."
>
> 인하여 다시 전해주었다. 작업을 마치고 날짜를 헤아려보니, 5일간이었다.[11]

---

10 《交友論》[14]: "脉以左手驗耳, 左手不幸際也." [56]: "友者古篆作𠬻, 卽兩手也. 可有而不可無. 朋字古篆作羽, 卽兩𠬞也. 鳥備之, 方能飛. 古賢者視朋友, 豈不如是耶?"

11 祝石,〈敍〉: "丁亥五月, 衛濟泰先生過玲巖, 時山樓坐雨也, 言及交友論, 先生曰: '不此止.' 因日授數百言, 或數十言, 間撫手吁曰: '妙理惜無言字莫形.' 復沉思久久, 顧石曰: '且爾.' 因復授. 訖, 日計五矣."

이 글에 따르면,《구우편》의 초고는 1647년 5월에 1차 정리되었다. 위광국, 즉 마르티노 마르티니가 절강성 난계현의 영롱암으로 축석을 찾아왔고, 비로 인해 발이 묶여 대화를 이어가던 중, 화제가 마테오 리치의《교우론》에 미치게 되었다. 그러자 마르티니는 서양의 우정에 관한 담론은 그 책에 담긴 것보다 훨씬 풍부하다며 책의 내용이 미흡함을 지적했다. 이에 두 사람은 의기투합해서 서양의 우정에 관한 이야기를 더 확장해 새로운 책으로 엮어보기로 작정을 했던 듯하다.

당시 마르티니는 1643년 마카오에 도착해서 중국으로 넘어온 지 3년 남짓밖에 안 된 시점이어서 중국어 표현이 서툴렀고, 작문 능력은 턱없이 부족한 상태였다. 이후 닷새 동안 마르티니가 어눌한 중국말로 서양 현인의 어록을 구술하면 이것을 축석이 받아서 한문으로 옮기는 더딘 작업을 진행했다. 글을 보면 중간중간 마르티니는 손을 어루만지며 자신의 부족한 언어 능력 때문에 훌륭한 내용을 제대로 설명하지 못하는 것에 대해 답답함을 드러냈다. 하지만 이내 부족한 대로 지금은 이렇게라도 할 수밖에 없다며, 다시 구술을 이어가곤 했다.

축석은 이 작업을 5일 만에 마쳤다고 했는데, 내용이나 분량으로 볼 때 마르티니가 어눌한 중국어로 하는 설명을 듣고 닷새 만에 그가 한문으로 옮겨낼 수 있는 것이 아니었다. 이 책이 20개의 소제목을 따로 세워두고 그에 걸맞은 어록을 배치해 편집한 정제된 형태여서 더욱 그러하다. 결론적으로 이 작업은 여행지에서의 우연한 만남과 대화의 결과로 보기는 어렵겠다. 천주교 신자였던 축석이 마르티니 신부와 의기가 투합해, 신부가 당시 준비 중이던《구우편》의 취지에 공감해서, 신부의 구술을 받아 상당 기간에 걸쳐 한문으로 정리한 것으로 보는 것이 상식에 가깝다. 마테오 리치가《교우론》을 즉석에서 며칠 만에 번역한 것이 아니었던 것처럼, 마르티니 또한《교우론》의 업

그레이드 버전을 염두에 두고 미리 작업해둔 원전 파일이 있었을 것으로 보인다.

작업 과정에 대해서는 마르티니 자신도 〈구우편소인述友篇小引〉에 비교적 상세하게 적은 바 있다. 이 글에서 마르티니는 당시 자신의 중국어 표현력에 대해 이렇게 썼다.

> 다만 중국 말을 익힌 지가 얼마 되지 않아 말이 뜻을 전달하기가 어려우니, 다만 독자께서 그 뜻만 취하고 표현은 건너뛰었으면 한다. 설령 표현이 매끄럽지 않더라도 담겨 있는 뜻은 틀림없이 훌륭하지 않음이 없을 것이기에, 이름난 어진 이들이 그 뜻을 가져가서 엎어지려 할 때 도움을 받고 잘못된 것을 바로잡게 되기를 간절히 바란다. 빈말을 일삼지 않고 권하였으니, 다만 벗 되기를 꾀하는 충실함을 함께 배워 아름다운 풍속을 이루기를 바랄 뿐이다.[12]

뜻을 전달하기가 어렵고(難達意), 글은 문장을 이루지 못했다(詞不文)고, 자신의 표현력의 한계를 인정했다. 그러니 다만 담긴 의미로만 살펴줄 것을 당부했다.

또 같은 글에서 마르티니는 마테오 리치의《교우론》에 대해, "다만 건안왕建安王과 더불어 젊은 시절 들었던 바를 말한 것이어서, 벗의 의리를 깊고 넓게 모두 다루지는 못하였다"고 언급한 뒤, 자신이 이

---

12 衛匡國, 〈述友篇小引〉: "但乍習華言, 語難達意, 惟願讀者取其意, 略其詞. 縱詞不文, 而所命之意必爲不善, 故切懇名賢取其義, 爲將仆之援, 舛錯之正, 不事虛言爲勸, 惟期共學謀友之忠寔, 以成美俗."

책을 쓰게 된 목적에 대해서는, "달리 바라는 바가 없다. 오직 아침저
녁으로 경건하게 빌어 벗의 명부에 들어온 사람이 모두 한 분이신 지
극히 존귀한 참주인임을 알아 우리의 큰 부모로 삼고, 삼가 잘 섬겨서
훗날 마침내 편안히 머물게 될 땅으로 삼기를 바랄 뿐이다. 이것이 동
쪽으로 9만 리나 온 본래의 뜻이다"라고 썼다.[13] 저술의 목적이 마테
오 리치의 《교우론》과 날리 우정 자체가 아니라 천주의 가르침을 진
파하는 데 있음을 분명히 밝힌 것이다.

　정리한다. 마르티니는 1647년 난계 지역에 머물 때 중국인 천주교
신자 축석의 집에 머물렀다. 그들의 대화 또한 교우의 문제로 집중되
었고, 평소 마테오 리치의 《교우론》이 불충분하다고 여겼던 마르티니
는 우정에 관한 진일보한 논의를 펼쳐 《구우편》을 짓기에 이르렀다.
이런 면에서 《구우편》은 마테오 리치의 《교우론》을 계승한 '속교우
론續交友論' 또는 '광교우론廣交友論'쯤에 해당하는 저작이다.

4. 체제와 구성

　여기서는 《교우론》과 《구우편》의 체제와 구성에 대해 살펴보겠다.
두 저작이 똑같이 우정의 문제를 정면에서 다뤘지만, 체제와 구성에
는 큰 차이가 있다. 마테오 리치의 《교우론》이 짤막한 100개의 금언

---

13 앞의 글: "昔西泰利先生緝交友論, 第與建安王, 言少時所聞, 未盡友義之深之博
也. 是篇之述, 予雖盡力竭知, 敢自謂於友義足盡哉? 緣旅人自西海觀光上國, 他
無所望, 惟朝夕虔祝, 願入友籍者, 咸認一至尊眞主, 爲我輩大父母, 翼翼昭事, 爲
他日究竟安止之地. 此九萬里東來本意也."

을 체계 없이 소개한 데 반해, 마르티니의 《구우편》은 상·하권으로 나누고, 상권에 11단락, 하권에 8단락을 구분했으며, 분량도 한층 방대하다. 하지만 이후에도 지속적으로 출판되어 널리 알려져 읽힌 《교우론》과 달리, 《구우편》은 한 차례 간행된 이후 다시 간행되지 않아 . 일반에 널리 알려지지 않았다. 왜 그랬을까?

먼저 《교우론》은 절반 이상이 1~2행을 넘지 않는 아주 짧은 단문으로 된 100개의 단락으로 구성되어 있다. 우정에 관한 서양 현인들의 격언 또는 일화를 전체의 얼개나 순서 없이 짤막한 문장으로 나열한 것이 마치 《논어》를 읽는 느낌이 든다. 특히 《논어》의 첫 단락이 "벗이 있어 먼 곳으로부터 오니 또한 기쁘지 아니한가?"로 시작되는, 교유의 기쁨을 언급한 점과도 대비된다.

이미 몇 해 전부터 《논어》를 포함한 사서四書의 라틴어 번역 작업에 힘을 쏟고 있던 마테오 리치에게 당시 건안왕이 첫 만남에서 《논어》의 이 구절을 언급하며 환영의 뜻을 표시하고, 여기에 마테오 리치가 서양의 우정 담론으로 화답하면서 대화가 이 주제로 집중되었을 가능성이 있다. 《교우론》의 문체 또한 《논어》처럼 짤막한 대구 형식이 많고, 라틴어 원문을 그대로 직역하는 대신 중국어의 리듬에 맞춰서 가감하거나 윤문한 공통점이 있어, 《논어》의 형식을 다분히 의식한 측면이 있어 보이기 때문이다.

공자는 《논어》의 첫 단락뿐만 아니라 여러 곳에서 되풀이해 우도友道의 중요성을 강조했다. 〈안연顏淵〉 편에서는 '이문회우以文會友, 이우보인以友輔仁'을 말했고, 〈계씨季氏〉에서도 '익자삼우益者三友, 손자삼우損者三友'로 벗의 종류를 갈라 설명한 바 있으며, 〈공야장公冶長〉에서는 '구이경지久而敬之'의 태도를 강조했다. 또 심광유沈光裕가 〈구우편서述友篇序〉에서 언급했듯이, 〈학이學而〉 편에는 "벗과 더불어 사귀면서 말을 하면 신의가 있다[與朋友交, 言而有信]"고 한 대목도 있다. 이 밖에 군자와 소인의 차이를 비교한 여러 대목은 《교우론》에서 좋은 벗과 나쁜 벗의 차이를 설명하는 대목과 놀랄 만큼 유사하다.

중국 지식인들에게 《교우론》의 형식은 대단히 익숙했고, 종교색을 의도적으로 드러내지 않은 구성으로 마치 서양 사람이 쓴 《논어》를 읽는 듯한 친근함을 느끼게 해주었다. 마테오 리치 자신도 이탈리아로 보낸 편지에서, 서양에 키케로가 있다면 중국에는 공자가 있다면서 둘을 대비해 말한 바 있고, 《교우론》에는 키케로의 어록이 다수 포함되어 있다.

《교우론》을 지을 당시 마테오 리치는 여행 도중이었다. 그는 어떻게 여행자의 처지로 그 많은 서양 고전 속에서 우정에 관한 문장을 그토록 짧은 시간에 추출해낼 수 있었을까? 그가 서문에서 말한 대로 젊은 시절 들은 내용을 기억하고 있다가 꺼낸 것일까? 그가 아무리 기억술의 천재였다 해도, 이것은 또 다른 문제를 환기시킨다.

사실 마테오 리치가 《교우론》을 저술할 때 주된 근거로 삼은 책이 따로 있었다. 1557년 초판이 간행된, 포르투갈인 안드레 헤젠드André de Resende(1500~1573)가 엮은 라틴어 저술 《명제와 예문Sententiae et Exempla》이라는 책이다. 라틴어로 적힌 원본의 표지에 따르면 '위대한 저술가들의 모음집과 금언집에서 간추린'이라는 부제가 붙은 이 책은 1557년 루그두눔, 지금의 프랑스 리옹에서 초판이 간행되었다. 저자 표시에는 라틴어로 '루시타니아 에보라 안드레아 엮음'으로 적혀 있다.[14] '루시타니아 에보라'는 그가 수사가 된 후 활동한 장소였던 것으

---

14 책 표지와 본문의 라틴어 원문 해석은 대구가톨릭대학교 최원오 교수의 도움을

로 여겨진다. 현대 학계에서는 라틴어 이름 대신 포르투갈 이름인 '안드레 헤젠드'를 내세운다.

안드레 헤젠드는 포르투갈에서 고고학의 아버지로 여겨지는 도미니코회 수사였다. 스페인, 프랑스, 벨기에를 여러 해 여행하면서 에라스뮈스 등의 학자들과 교유했다. 포르투갈어로 여러 저작을 남겼고, 라틴어로 쓴 책도 여러 권 있다.

《명제와 예문》은 전체 582쪽에 달하는 방대한 분량이다. 6×15센티미터 크기의 수진본으로, 여행자가 간편하게 휴대할 수 있도록 제작되었다. 수백 개의 표제어를 중심으로 그리스 고전과 라틴 고전, 그리고 거룩한 책, 즉《성경》및 교부 문헌으로 구분해 해당 주제의 원문을 발췌한 구성이다. 1557년 초판의 경우 책의 89~96쪽에 아미키티아Amicitia, 즉 우정을 주제로 한 짤막한 문장들이 제시되어 있다. 그리스 고전에서 51개, 라틴 고전에서 46개, 그리고 교부 문헌에서 42개의 문장을 뽑아 모두 139개의 단락으로 소개했다.

이탈리아 마체라타대학교 미니니Filippo Mignini 교수의 정리에 따르면, 마테오 리치는《교우론》의 100개 단락 중 무려 69개를 이 책에서 가려뽑아 중국식 문장으로 다듬어 소개했다.[15] 여기에 더해 아리스토텔레스의《니코마코스 윤리학》과 키케로의《우정론》, 성 암브로시우스와 성 아우구스티누스의 여러 저술 등에서 발췌한 글을 추가해 정리한 것이 바로《교우론》이다.

안드레 헤젠드의《명제와 예문》중 '그리스 고전'에서 추출한 예문

받았다. 깊이 감사드린다.

15 Filippo Mignini,《Dell'amicizia》(Italy: Quodlibet, 2005), 181쪽 참조.

은, 플루타르코스가 말한 "웃기는 친구가 과묵한 원수보다 훌륭하다", "둘 다 사랑하지 않으면 친구도 아니다"와 같은 문장이 첫머리에 놓였고, "우정은 재산보다 낫다. 그 무엇도 재산을 영예롭게 하지는 못한다"고 한 아리스토텔레스의《변증론》[8.1]에서 인용한 문장이 잇달아 나온다. 마테오 리치는 아리스토텔레스의 이 문장을《교우론》[37]에서 "벗이 세상에 유익한 점이 재물보다 크다. 재물을 아껴서 새물을 위하는 사람은 없지만, 벗을 사랑하기 때문에 특별히 벗을 위하는 경우는 있기 때문이다"로 설명을 보태 부연했다.

또 '라틴 고전'에서 인용한 세네카의《도덕서간》중에 "모든 것을 친구와 상의하되, 자신에 관하여 먼저 하여라. 우정을 맺은 뒤에는 믿어야 하고, 우정을 맺기 전에는 판단해야 한다"는 부분은《교우론》[7]에서 "벗과 사귀기에 앞서서는 마땅히 잘 살펴야 하고, 벗으로 사귄 뒤에는 마땅히 믿어야 한다"로 축약했다.

'거룩한 책'에서 인용한 부분에는 아우구스티누스의 인용이 많다. "악인에게는 우정이 있을 수 없다"부터, "생명이며 약인 친구"와 "반쪽 영혼anima dimidium인 친구" 같은《고백록》에 보이는 언급이 나온다. 특히 친구를 반쪽 영혼으로 말한 것은《교우론》[1]에서 "나의 벗은 남이 아니라 나의 절반"으로 용해되었다.

이렇게 마테오 리치는 안드레 헤젠드의《명제와 예문》중 우정 항목을 바탕으로 해서《교우론》의 뼈대를 세우고, 여기에 다른 독서를 통해 얻은 글을 추가해 책을 완성했다. 건안왕에게 선물할 당시《교우론》은 76개의 단락이었으나, 4년 뒤인 1599년에 간행할 때는 100개로 늘어났다. 이는 그동안 마테오 리치가 다른 서양 고전을 더 섭렵해 우정 관련 언급을 더 수집했다는 의미이기도 하다.

《교우론》은 나열의 형식을 빌려와, 일견해서는 체계가 없어 보이지만, 꼭 그런 것만은 아니다. 친구에 대한 정의로부터 시작해 교우의 목적, 우정의 중요성, 진짜 친구와 가짜 친구를 구별하는 방법, 교우에 임하는 바른 자세, 벗에 대한 책임과 의무 등 다양한 내용을 포괄하고 있다. 이를 간추려 크게 네 가지 범주로 구분해서 해당 항목을 보이면 다음과 같다.

	내용	항목
1	벗의 정의	1, 2, 36, 42, 47, 50, 51, 57, 64, 77, 79, 80
2	교우의 목적	3, 16, 30, 37, 43, 46, 56, 65, 69, 70, 76
3	교우의 태도와 자세	4, 6, 7, 8, 9, 11, 13, 14, 17, 18, 19, 20, 22, 29, 31, 32, 33, 34, 35, 39, 40, 44, 45, 48, 49, 52, 53, 55, 58, 59, 60, 67, 68, 72, 73, 75, 81, 84, 86, 87, 88, 89, 90, 91, 92, 93, 94, 95, 96, 97, 98, 99, 100
4	진짜 벗과 가짜 벗의 구분	5, 10, 12, 15, 21, 23, 24, 25, 26, 27, 28, 38, 41, 54, 61, 62, 63, 66, 71, 74, 78, 82, 83, 85

분류는 다소 주관적일 수 있지만, 전반적으로 마테오 리치의 이 책이 교우에 임하는 바른 태도와 자세를 제시하는 데 가장 역점을 두었고, 진짜 벗과 가짜 벗의 차이를 설명하는 데도 상당한 비중을 할애했음을 볼 수 있다. 특히 91~100에는 앞쪽의 일반적인 기술 태도를 바꿔, 서양 현인의 구체적인 예화를 실명으로 제시했다.

이제 《구우편》의 체제와 구성에 대해 살펴볼 차례다. 마르티니는 〈구우편소인〉에서 중국의 군자들과 거짓 벗이 아닌 참된 벗을 맺자고 당부하면서, 책에서 기술한 내용이 "처음에는 진실한 벗이 진실한 까닭과 참된 교유의 근본에 대해 진술하였고, 뒤에는 벗과 만난 아름다운 일에 대해 말하였다"[16]고 적었다. 모두 20개로 구분한 소주제에서 앞에서는 해당 주제에 대한 원론적인 설명을 한 뒤, 뒤이어 그 주제와 관련된 서양 현인들의 일화와 자신의 언급을 나란히 제시했다는 뜻이다. 그 결과 논의가 산만하게 흩어지지 않고 집중되는 효과를 가져왔다. 각 단락의 제목을 제시하고, 그것을 묶어주는 상위 개념으로 정리해서 보이면 아래와 같다.

참된 벗은 어떤 벗인가
1. 참된 벗을 얻는 일의 어려움〔得眞友之難〕
2. 참된 벗과 가짜 벗의 구별〔眞僞友之別〕
3. 참된 벗은 서로를 두려워하지 않는다〔眞友不相懼〕

좋은 벗과 나쁜 벗의 구분법
4. 마땅히 어떤 벗을 택해야 할까〔當擇何友〕
5. 좋지 않은 벗의 해로움〔不善友之害〕
6. 좋은 벗의 유익함〔善友之益〕

참된 사귐의 조건과 세 가지 단서
7. 참된 사랑의 능력〔眞愛之能力〕
8. 참된 사귐의 바탕참된 사귐의 첫 번째 단서〔眞交之本眞交之第一端〕
9. 참된 벗은 벗의 이치를 따르고, 의리가 아닌 것은 추구하지 않는다참

---

16 衛匡國, 〈述友篇小引〉: "今旣得上國諸君子締交旅人, 所願勿爲假友, 共作眞朋. 故始終述述友之道. 雖遠離故土之友, 此情自不能忘. 因始陳實友之所以然, 眞交之本, 後指與朋友晤聚之美事."

된 사귐의 두 번째 단서〔眞友順友之理, 不求非義者眞交之第二端〕

10. 스스로 착하지 않은 것 외에는 참된 벗은 마땅히 행하지 못할 것이 없다참된 사귐의 세 번째 단서〔自不善外眞友無不當行眞交之第三端〕

벗 사이에 해야 할 일과 해서는 안 되는 일

11. 벗에 대한 근거 없는 의심 풀기〔解友不可憑之疑〕

12. 벗의 선악은 물들기가 쉽다〔友之善惡易染〕

13. 벗과 사귀는 사람은 성을 내면 안 되고, 다만 온화하고 부드러워야 한다〔交者不可有怒, 惟宜和柔〕

14. 사귐은 증오를 품어서는 안 되고 질투하여 다투어서도 안 된다〔交不可生憎, 不可妬競〕

15. 사귀는 벗을 비방하지 말라〔交友毋謗〕

16. 벗을 사귐에 자신을 뽐내지 말라〔交友毋自譽〕

17. 혀가 둘인 사람은 벗으로 삼아서는 안 된다〔兩舌者不可爲友〕

18. 벗을 사귐에 선물하는 것은 벗을 사귀는 것이 아니다〔交友爲饋非交友也〕

19. 선물의 마땅함을 잘 활용하라〔善用其饋之宜〕

부록

20. 로마 황제 마르쿠스가 그의 벗 피라모에게 준 편지〔邏瑪總王瑪耳谷與其友卑剌滿書〕

이렇게 구분해보면, 크게 ① 참된 벗은 어떤 벗인가, ② 좋은 벗과 나쁜 벗의 구분법, ③ 참된 사귐의 조건과 세 가지 단서, ④ 벗 사이에 해야 할 일과 해서는 안 되는 일 등 네 가지 범주로 구분할 수 있다.

진실한 벗의 의미와 참된 교유의 뿌리를 진술하는 것으로 시작해서, 벗과 더불어 교유하는 아름다운 일을 적어 우정의 각종 방면을 설명했다. 항목마다 서양 현인들의 격언이나 속담, 우화,《성경》등에서 인용하거나 본인의 말로 보이는 3개에서 많게는 13개의 단락을 추가해 앞쪽의 진술을 뒷받침하는 방식을 취했다. 마테오 리치가 격언체를 채용하되 원문의 출처를 생략한 데 반해, 마르티니는 서방의 고사를 인용할 경우 대부분 작가나 고사 인물의 이름을 명확하게 제시했다.

하지만 막상 본문을 읽어보면 이어지는 예시가 주제문과 매끄럽게 연결되지 않고, 긴 문장의 경우 내용이 선명하게 눈에 들어오지 않는 등 전달력과 집중력 측면에서 다소 문제를 드러낸다. 여기에 더해, 서문에서 마르티니가 밝혔듯이, 참 천주의 가르침을 전달하려는 신앙적 의도를 전면에 내세움으로써 논의가 순수한 우정 자체에 그치지 않고, 전교를 위한 방편이 되는 느낌이 든다. 서문을 포함한《구우편》전체 본문 중에 '상주上主'라는 표현만 열한 차례 등장하는 것이 이를 뒷받침한다.

실제로 심광유가 쓴 〈구우편서〉에서는 "만약 내가 거짓으로 마음을 다하지 않으면서 벗의 진실함을 바란다면 벗은 이를 허락하려 들지 않을 것이다. 벗이 허락하지 않을 뿐 아니라, 천주께서도 허락하지 않을 것이다. 책 가운데서 세 번씩이나 뜻을 다한 것을 살펴보니, 오직 믿음과 사랑이라는 두 마디 말이다. 믿음이 사랑과 더불어 녹아들어 하나가 되어야 그 가운데 있기를 바랄 수가 있다. 대저 믿음과 소망과 사랑은 사람이 천주를 섬기는 까닭인데, 겨우 잗달게 벗에 대해서 또한 이를 말하는 것은 어째서인가? 이렇게 말하겠다. '벗이란 진실로 천주께서 내려주신 바이기 때문이다.'"[17] 같은 대목에서《구우편》이 중점을 둔 가치 지향을 명확하게 밝히고 있다.

《구우편》[13.9]에서는 "군자가 원수에 대해 너그럽게 하는 영예로움을 아는 것이 원수를 이기는 영광보다 더 낫다. 비록 악하여 착하지 않더라도 또한 그 죄에 대해 화를 내되 그 사람은 사랑해야 한다"고 하고는 바로 《성경》을 인용해 "너는 마땅히 너를 원수로 대하는 자를 사랑하고 아끼고, 너에게 악하게 하는 자에게 은혜를 더해야만 천주의 아들이 된다"[18]고 한 대목도 이 같은 의도를 잘 보여준다.

그 결과 《교우론》이 순서 없는 병렬적 나열임에도 텍스트의 행간을 확장해 독자들이 음미할 여백을 만들 수 있었던 데 반해, 《구우편》은 주제에 따른 짜임새 있는 배열이었음에도 불구하고, 문장 표현의 전달력 문제에다 신앙적 색채를 강화하고자 한 저자의 논조로 인해 독자들에게 《교우론》만큼의 전면적인 호응을 이끌어내는 데는 실패하고 말았다.

5. 원전 찾기 작업과 두 저술의 관점 차이

마테오 리치가 인용한 원전의 출처를 탐색하는 작업은 중국과 서구 학자들에 의해 지속적으로 이루어져왔다. 실제로 마테오 리치는 당시 여행 도중 여러 책을 들고 다니며 참고할 형편이 못 되었다. 그

---

17 沈光裕, 〈述友篇序〉, 《天學集解》 권6: "如我僞不盡, 而望友之眞, 友斯不許. 非友不許, 主不許也. 觀篇中三致意者, 唯信愛二言. 信之與愛, 融結爲一, 望在其中矣. 夫信望愛, 人之所以事主, 而斤斤屑屑于友, 亦言之何? 曰: '友者, 固上主之所爲界也.'"

18 《述友篇》 [13.9]: "君子知寬仇之榮, 甚於勝仇之榮. 雖惡不善, 亦怒其罪而愛其人. 聖經曰: '愛愛汝者最易, 雖惡人亦能之. 止能是, 何報於上主乎? 汝當仁愛仇汝者, 加惠惡汝者, 乃爲上主之子也.'" 인용 부분은 《성경》 〈마태오의 복음서〉 [5.44-46]이다.

렇다고 본인의 말대로 그 많은 문장을 젊은 시절 서구에서 배울 때 외웠던 기억에서 꺼내왔다고 보기도 힘들다.

이 문제의 해명을 최초로 시도한 사람은 이탈리아의 학자 델리아Pasquale M. D'Elia, S. J.(1890~1963, 중국명 덕례현德禮賢)였다. 그는 마테오 리치가《교우론》의 초고를 작성할 당시 앞서 말한 안드레 헤젠드가 1557년에 펴낸《명제와 예문》중에서 라틴어 원문으로 제시한 것을 참고해 추출한 것임을 최초로 밝혀냈다. 델리아는 1952년 안드레의 책을 이탈리아어로 번역했다. 이때《교우론》에 수록된 해당 원문의 출전을 처음으로 상세하게 밝혀, 해당 연구의 신기원을 열었다.[19] 대만의 방호方豪(1910~1980) 신부는 두 해 뒤인 1954년에 발표한 논문 〈이마두교우론신연利瑪竇交友論新研〉에서 '원문급기출처原文及其出處'의 항목을 두어, 앞선 델리아의 정리를 보완하는 한편, 델리아가 제시한 해당 라틴어 원문을 한문으로 옮겨놓았다.[20]

이후 프랑스 학자 조제프 데헤르뉴Joseph Dehergne(중국명 영진화榮振華)가 논문[21]을 발표했고, 이탈리아 마체라타대학교의 미니니 교수와

---

[19] Pasquale M. D'Elia, S. J.,《Il Trattato sull'Amicizia: Primo Libro scritto in cinese da Matteo Ricci S. I.(1595)》(Romae 1952: Studia Missionalia, Vol.VII, pp.425-515).

[20] 이 논문은 1954년 12월, 국립대만대학교의《文史哲學報》第6期에 처음 발표되었고,《方豪六十自定稿》(대만 학생서국, 1969)와 방호,《利瑪竇硏究論集》(崇文書店, 1971)에 재수록되어 있다.

[21] 鄒振環의 〈利瑪竇《交友論》的譯刊與傳播〉(《復旦學報(社會科學版)》, 2001年 第3期), 51면에 榮振華의 〈利瑪竇的交友論的史料來源〉(《宗敎學硏究》, 1984)에서 관련 논의를 펼쳤다고 했지만, 실제 해당 논문집을 찾아보니 이 논문이 수록되어 있지 않았다. 데헤르뉴 등의 공저《16~20世紀入華天主敎傳敎士列傳》(桂林: 廣西師範大學出版社, 2010)의 526-528면에 그의 주요 연구업적 목록이 실려 있으나, 이 목

미국 미들베리대학교의 티머시 빌링스Timothy Billings 교수가 《교우론》의 주석서를 잇달아 펴내면서,[22] 델리아와 방호가 미처 확인하지 못했던 원전 출전 근거를 더 확장했다. 이후 대만의 이석학李奭學과 임희강林熙强 교수가 엮은 《만명천주교번역문학전주晚明天主教飜譯文學箋注》의 제1책에 《교우론》의 상세한 주석을 수록했고, 항목마다 근거가 된 원전을 앞선 연구들을 참조해 종합적으로 정리해놓았다.[23] 다만 해당 원문은 마테오 리치 자신이 이탈리아로 보낸 편지에서 이미 언급했듯이, 라틴어 원문을 직역하지 않고 중국인들이 쉽게 알아들을 수 있도록 빼거나 손질한 내용이어서, 막상 원문과 인용 원전을 비교해보면 표현에서 차이가 상당하다.

현재 역자의 번역문 매 항목 바로 아래에 이들의 연구를 종합해 출전을 밝혀놓았고, 라틴어 번역문은 방호 신부의 한문 번역에 기초해 옮겨두었다. 이에 의거해 인용된 원전 필자의 인명을 가나다순으로 해당 항목을 표시해 빈도수로 정리하면 다음 표와 같다.[24]

록 중에도 이 논문은 빠져 있고, 이후의 연구자들도 그의 연구 논문을 참고하지 못한 것으로 보인다.

22 Filippo Mignini, 《Matteo Ricci Dell'amicizia》(Quodlibet, 2005)와 Timothy Billings, 《On Friendship: One Hundred Maxims for a Chinese Prince》(New York: Columbia University Press, 2009).

23 李奭學 林熙强 主編, 《晚明天主教飜譯文學箋注》(전5책, 臺灣: 中央研究院 中國文哲研究所, 2015).

24 정리한 표의 인용 빈도는 관점에 따라 차이가 있을 수 있다. 예를 들어 디오게네스의 《철학자들의 생애》에 나오는 아리스토텔레스의 말을 인용했을 경우, 이 표에서는 두 사람의 이름을 중복해서 집계했다.

	이름(빈도)	단락 번호		이름(빈도)	단락 번호
1	겔리우스(2)	31, 34	23	요한 크리소스토무스(1)	85
2	그레고리우스(1)	63	24	잠언(1)	59
3	데모스테네스(2)	53, 64	25	제논(1)	1
4	디오게네스 라에르티오스(6)	1, 2, 22, 40, 44, 64	26	집회서(2)	14, 48
5	디오게네스(2)	6, 46	27	카시아누스(1)	42
6	루틸리우스(1)	96	28	카시오도루스(2)	23, 56
7	마르티알리스(1)	47	29	쿠르티우스(1)	91
8	메난데르(1)	12	30	퀸틸리아누스(2)	41, 51
9	발레리우스(2)	13, 96	31	키케로(23)	3, 5, 16, 25, 26, 27, 28, 30, 42, 43, 48, 50, 55, 59, 60, 61, 66, 75, 76, 79, 87, 89, 90
10	세네카(7)	7, 15, 49, 69, 70, 86, 88			
11	소크라테스(1)	99			
12	스토바이우스(2)	69, 99			
13	아르타바누스(1)	100			
14	아리스토텔레스(8)	1, 2, 29, 37, 39, 40, 57, 62	32	키프리아누스(1)	65
			33	탈레스(1)	22
15	아우구스티누스(9)	1, 10, 17, 20, 21, 32, 36, 45, 72	34	테오프라스투스(1)	95
			35	포키온(1)	92
16	아일리아누스(1)	81	36	푸블릴리우스(1)	33
17	알렉산드로스(3)	91, 93, 94	37	플루타르코스(23)	4, 6, 11, 12, 18, 19, 38, 46, 52, 54, 56, 58, 67, 68, 71, 73, 74, 82, 84, 85, 92, 93, 94
18	암브로시우스(3)	9, 45, 78			
19	에라스뮈스(1)	24			
20	에픽테토스(1)	69			
21	엔니우스(1)	34			
22	오비디우스(1)	35	38	플리니우스(1)	8

	이름(빈도)	단락 번호		이름(빈도)	단락 번호
39	피타고라스(2)	13, 44	41	호라티우스(1)	1
40	헤로도토스(1)	100	42	히에로니무스(2)	80, 83

목록상 등장하는 이름은 모두 40명이고 《성경》의 〈잠언〉과 〈집회서〉 인용이 더 있다. 일부 항목의 경우 여러 사람의 언급이 겹치기도 하고, 한 단락에 두 사람의 언급을 조합한 경우도 있다. 전체의 흐름 파악을 위해 모두 따로 집계했다. 대부분 그리스의 철학자와 현인들의 인용이고, 로마 시대 현인들의 기록도 적지 않다. 빈도로 보면 키케로와 플루타르코스의 인용이 23회로 가장 많고, 이를 이어 아우구스티누스가 9회, 아리스토텔레스가 8회, 세네카가 7회의 빈도를 보인다. 키케로는 《우정론》을 남겼으므로, 《교우론》에 그의 인용이 빈번한 것은 자연스럽고, 플루타르코스도 널리 알려진 《벗과 아첨꾼의 구별》 등에서 교우 관련 내용을 빈번하게 인용했다. 이 또한 원전의 직접 인용이기보다는 안드레 헤젠드의 《명제와 예문》을 통한 간접 인용인 경우가 더 많다. 《성경》(3)과 '교회 4대 박사'로 꼽히는 아우구스티누스(9) · 암브로시우스(3) · 히에로니무스(2) · 그레고리우스(1), 동방의 4대 교부 가운데 하나인 요한 크리소스토무스(1) 또한 모두 이름을 올렸는데, 아우구스티누스 외에는 인용 빈도가 상대적으로 낮은 편이고, 내용 또한 종교적인 색채를 띠지 않은 언급들이다.

이에 반해 마르티노 마르티니의 《구우편》은 인용의 경우 본문에서 명시적으로 말한 사람의 실명을 밝혔다. 하지만 전체 분량에 비해 인용의 빈도는 현저히 줄면서 마르티니 자신의 생각인지 다른 사람의 글을 인용한 것인지 경계가 모호한 단락이 훨씬 많아졌다. 이는 마르티니가 축석의 도움을 받아 이 책을 저술하기 전에 이미 많은 사전 준

비가 있었음을 의미한다.

한편《구우편》전체 원문의 이탈리아어 번역과 인용 전거에 대한 논의는 1992년 이탈리아 사피엔차대학교의 줄리아노 베르투치올리Giuliano Bertuccioli(1923~2001) 교수에 의해 처음으로 이루어졌다.[25] 이를 이어 이석학·임희강 교수 또한《만명천주교번역문학전주》 제4책에서 베르투치올리 교수의 정리를 반영한 주석본을 수록했다. 이들의 정리를 참조해 앞서와 같이 인용 목록을 도표로 정리하면 아래와 같다.

	이름(빈도)	단락 번호		이름(빈도)	단락 번호
1	디오게네스 라에르티오스(7)	8.2, 8.4, 8.6, 12.4, 13.3, 13.8, 18.6	9	삼메니토스(1)	7.2
			10	서양 속담(5)	2.1, 2.2, 3.4, 5.5, 16.2
2	디온(1)	6.3			
3	라일리우스(5)	1.2, 3.3, 6.4, 6.5, 9.7	11	성경(11)	5.2, 5.4, 6.1, 9.3, 12.5, 13.2, 13.8, 13.9, 15.1, 15.2, 17.6
4	바오로(3)	5.2, 15.1, 15.2			
5	발레리우스(2)	7.3, 10.2	12	세네카(4)	2.3, 5.3, 8.7, 11.4
6	베르나르도(1)	8.1			
7	베카델리(1)	2.6	13	소크라테스(1)	8.6
8	살루스티우스(1)	4.3	14	솔리누스(1)	17.2

25 Giuliano Bertuccioli, 〈IL TRATTATO SULL'AMICIZIA述友篇 di Martino Martini(1614-1661)〉,《Rivista degli studi orientali》, Vol.66, Fasc.1/2(1992), pp.79-120와 Vol.66, Fasc.3/4(1992), pp.331-380 등 두 번에 걸쳐 나누어 발표했다.

	이름(빈도)	단락 번호		이름(빈도)	단락 번호
15	스키피오(1)	11.3	29	카토(1)	1.3
16	아니투스(1)	8.5	30	퀸틸리아누스(1)	2.2
17	아리스토텔레스(2)	2.4, 8.2	31	키케로(14)	1.2, 1.3, 2.5, 3.2, 3.3, 3.4, 4.1, 4.4, 4.5, 6.4, 6.5, 8.2, 9.7, 11.3
18	아일리아누스(1)	18.5			
19	안토니우스(1)	7.4			
20	알카메네스(1)	18.4			
21	알폰수스(1)	2.6	32	텔레클루스(1)	13.11
22	에라스뮈스(1)	13.10	33	트라야누스(1)	13.10
23	에우리피데스(1)	7.2	34	포키온(1)	18.3
24	에피알테스(1)	18.5	35	플라톤(2)	4.2, 13.3
25	오비디우스(2)	2.1, 14.5	36	플루타르코스(6)	7.4, 8.5, 9.5, 13.11, 18.3, 18.4
26	유베날리스(1)	5.5			
27	이솝우화(2)	16.3, 17.3	37	필리포스(1)	9.5
28	이시도루스(1)	18.2	38	호라티우스(1)	14.6

《교우론》의 인용과 비교해서 눈에 띄는 차이는, 그리스 철학자들의 인용이 상대적으로 줄어든 점이다. 키케로(14)는 《교우론》과 마찬가지로 압도적으로 많다. 하지만 플루타르코스와 아우구스티누스, 세네카, 아리스토텔레스의 인용 횟수는 상대적으로 감소했다. 대신 《성경》(11)과 바오로(3), 베르나르도(1) 등이 새로 들어가고, 서양 속담(5)의 인용이 늘었으며, 《이솝우화》(2)에서도 글감을 끌어오는 등 인용 서목이 다변화되었다. 《성경》과 가톨릭 성인 어록의 추가는 《구우편》의 달라진 관점을 볼 수 있게 해준다. 하지만 인용 없이 자신의 생각을 경구로 담아 적은 구절도 상당한 비중으로 배치되어서, 《구우편》의 편찬을 위해 그가 상당한 시간을 들여 전체의 얼개를 구상해왔음

을 알 수 있다.

여기서 잠깐 《교우론》과 《구우편》 두 저술의 공통점과 차이점에 대해 짚어보아야겠다. 당시 마테오 리치와 마르티노 마르티니 같은 예수회 선교사들이 하필 왜 교리 전파보다 벗 사이 우정의 윤리에 관한 문제에 관심을 갖게 되었을까?

앞서 보았듯 마테오 리치는 사서를 라틴어로 번역하면서 중국 고전 속에서 우정의 문제가 상당한 비중을 차지하고 있고, 그들의 시문이나 산문 속에서도 벗에 대한 신의와 만남과 작별에 관한 주제가 빈번히 등장함을 알게 되었다. 우정에 관한 한 서구에서는 키케로의 《우정론》을 비롯해 그 이전 그리스 철학자들의 담론도 풍성한 터여서, 마테오 리치는 이것을 매개로 중국과 서양의 문화가 본질적으로 다르지 않음을 알려 저들의 경계심과 거부감을 줄이는 촉매로 삼고자 했던 듯하다.

마테오 리치는 《교우론》에서 의도적으로 우정의 주제에만 집중했다. 앞선 표에서도 보았듯, 서양 선현의 어록도 그리스·로마 시대 철학자의 언급으로 채우고, 천주교 성인이나 교부의 말은 의도적으로 인용하지 않았다. 그리고 그 내용 또한 앞서 살폈듯이 종교적 색채를 배제한 채 《논어》나 《맹자》 같은 유교 경전의 언급과 맥락이 이어지는 인용을 끌어와서 친밀도를 높이려고 애썼다.

이 점은 기본적으로 마르티노 마르티니의 경우도 크게 다르지 않다. 마르티니는 《구우편》의 하권에서 우정의 금기로 노여움과 증오, 질투와 비방, 자기 자랑, 말 바꾸기 등을 나열했다. 이 대목은 겉으로 볼 때 유가의 극기복례克己復禮와 수신양성修身養性의 교훈과 크게 다르지 않다. 하지만 그는 그 근거를 《성경》을 통해 제시함으로써 신앙 쪽의 비중을 한층 강화시켰다.

마르티니의 경우《논어》의 논점을 의도적으로 비판한 대목도 보인다. 〈이인里仁〉에서 자유子游가 임금을 섬기는 도리와 벗을 사귀는 도리에 대해 말하면서, "임금을 섬길 때 자주 간언을 하면 욕을 당하고, 벗에게 자주 충고를 하면 멀어진다[事君數斯辱矣, 朋友數斯疏矣]"고 했다. 마르티니는 〈구우편소인〉에서 "어떤 이는 '벗에게 너무 자주 말하면 혹 소원해질까 염려된다'고 하지만, 이것을 두려워해서는 안 됨을 알지 못해서다. 대개 벗을 선으로 은근하게 이끌었는데 받아들이지 않을 경우, 처음에는 벗이 참되지 않다고 생각한다. 이미 나의 참된 벗이 되었는데도 혹 그의 행동이 단정치 못하면 내가 그치지 않고 바로잡을 것이니, 어찌 자주 말하는 것을 꺼리겠는가? 만약 '대략 나무라더라도 마침내 우정을 채울 수 있다'고 한다면 이것은 교우의 참된 뜻을 잃은 것이다"[26]라고 해, 명확하게《논어》의 구절을 겨냥해 비판한 내용을 포함했다.[27]

이 밖에《구우편》에서 이웃을 내 몸처럼 사랑하라거나, 원수를 은혜로 갚는 천주교적 사랑을 강조한 대목은 은원恩怨에 대해 명확한 구분을 세우는 것을 명분으로 삼는 유가의 전통적 사유와는 사뭇 다른 느낌의 언어였다. 확실히 이는《구우편》이《교우론》과 명확하게 구분되는 지점인데, 마르티노 마르티니가《구우편》을 지을 당시는 마테오 리치와는 이미 50여 년의 거리가 있어서, 천주교가 중국 사회에 깊이

---

26 衛匡國, 〈述友篇小引〉: "或曰: '與朋友數, 恐或斯疏.' 不知此不可懼也. 蓋婉導友以善而不納, 則其初認友不眞. 旣爲吾眞友, 倘彼行不端, 則吾規不止, 何憚於數哉? 若曰: '略責之, 遂足竟友情.' 此失交友之眞義矣."

27 관련된 논의와 더 많은 예시는 石衡潭, 〈從合儒, 補儒到超儒—利瑪竇《交友論》與衛匡國《述友篇》試論〉《世界宗敎硏究》, 2016年 第5期), 121-127면을 참조할 것.

뿌리를 내린 상태였다. 13개 성에 걸쳐 6만~7만 명의 신도가 있었고, 해마다 6천 명가량의 새로운 신자가 생겨나던 상황이었다.[28] 마테오 리치가 《교우론》을 통해 중국 지식인과의 접촉면을 확보해야 했던 상황과는 판이했던 것이다. 마르티노 마르티니는 오히려 우정의 주제를 천주교 신앙 전파의 한 방편으로 활용했으니, 두 책의 논조 사이에는 이 같은 선교 환경의 변화와 차이가 있었음을 고려하지 않으면 안 된다.

6. 조선에 들어온 두 책의 흔적

이제 《교우론》과 《구우편》 두 책이 조선에 유입되어 읽힌 자취에 대해 살펴볼 차례다. 조선에서 마테오 리치의 《교우론》을 최초로 언급한 사람은 이수광李睟光(1563~1628)이다. 1589년과 1597년, 그리고 1611년 등 세 차례나 중국에 사신으로 다녀온 바 있는 그는 1614년에 짓고 1634년에 펴낸 《지봉유설》 권2 〈제국부諸國部 외국外國〉에서 '구라파국歐羅巴國'을 소개하면서 처음으로 《교우론》을 언급했다. 해당 부분만 보이면 다음과 같다.

구라파국은 또한 대서국大西國이라고도 한다. 이마두라는 사람이 있는데, 8년간 배를 타고 8만 리의 바람과 파도를 건너, 동월東粤에서 10여

---

28 梁作祿(A. Lazzarotto), 《〈中國耶穌會敎士紀略〉一書所論述的中國基督敎〉(陳村富 主編, 《宗敎與文化論叢》, 北京: 東方出版社, 1995), 31면.

년을 살았다. 그가 지은 《천주실의》2권은 맨 먼저 천주가 천지를 처음 만들어 안양安養의 도리를 주재함을 논하였고, 그다음으로는 인간의 영혼이 사라지지 않는 것이 금수와 크게 다름을 논하였다. 그다음으로는 윤회육도輪回六道의 잘못과, 천당과 지옥이 선악의 응보임을 변론하였다. 끝에는 사람의 성품이 본래 선하므로 공경하여 천주의 뜻을 받들어야 함을 논하였다. 그 풍속에 임금을 일러 '교화황敎化皇'이라 하는데, 혼인하여 아내를 얻지도 않기 때문에 후사로 이음이 없이 어진 이를 택하여 세운다고 한다. 또 그 풍속은 우의友誼를 중시하고, 사사로이 비축하지 않는다. 《중우론重友論》을 지었는데, 초횡焦竑(1540~1620)이 말하기를, "서역의 이군利君이 벗을 제2의 나라고 여겼는데, 이 말이 몹시 기이하다"고 하였다. 일이 《속이담續耳譚》에 자세하게 보인다.[29]

이 기록은 우리나라에서 최초로 《교우론》에 대해 언급했다는 점에 의미가 있다. 다만 내용으로 보아 이수광은 《교우론》을 직접 보지는 못했다. 우선 책 제목을 '중우론'으로 잘못 말했고, 그마저도 초횡의 언급을 간접 인용했다. 찾아보니 《속이담》 중 〈서양이인西洋異人〉 조를 간추려 정리한 내용이었다.[30] 그런데 막상 초횡이 했다는 말은 이

29 李睟光, 《芝峯類說》 권2, '歐羅巴國': "歐羅巴國, 亦名大西國. 有利瑪竇者, 泛海八年, 越八萬里風濤, 居東粤十餘年. 所著天主實義, 首論天主始制天地, 主宰安養之道. 次論人魂不滅, 大異禽獸. 次辯輪回六道之謬, 天堂地獄善惡之報. 末論人性本善, 而敬奉天主之意. 其俗謂君曰敎化皇, 不婚娶, 故無世襲嗣, 擇賢而立之. 又其俗重友誼, 不爲私畜. 著重友論, 焦竑曰: '西域利君, 以爲友者第二我, 此言奇甚' 云. 事詳見續耳譚."

30 明 劉忭 外 同撰, 〈西洋異人〉, 《속이담》 권2: "大西洋國有異人二, 一姓利, 名瑪竇, 一姓郭, 名天祐, 俱突額深目, 朱顔紫髥, 從渠國中泛海八年, 始抵東粤. 居粤十

글에는 나오지 않는다. 해당 내용은 초횡의 문집인《담원집澹園集》 권48에 실린〈고성문답古城問答〉에 나온다.[31]

〈서양이인〉의 내용 또한 명나라 지윤견支允堅의《매화도이림梅花渡異林》 권4의〈시사만기時事漫記〉중 '이마두'조의 내용을 거의 그대로 가져온 것으로, 여기에 책 제목이《중우론重友論》으로 되어 있다.[32] 이수광이《지봉유설》에서《교우론》을 언급한 것이 조선에서 최초의 언

年, 置産築居, 約數千金, 復棄之, 擔簦至金陵. 金陵水部一官署, 多屬鬼, 入者輒斃. 二人稅居之, 無恙也. 自稱西洋無常主, 惟生而好善, 不茹葷, 不近女色者, 即名天主, 擧國奉之爲王. 其俗重友誼, 不爲私蓄. 一入中國, 日夜觀經史, 因著重友論, 多格言. 所挾異寶, 不可屢數. 其最奇者, 有一天主圖, 四面觀之, 其目無不直射者. 又有自鳴鐘, 按時即有聲, 漏刻毫不爽. 有玻璃石, 一照目前, 即枯木頹垣, 皆現五色光. 一鐵弦琴, 其狀方, 不扣自鳴, 聲踰絲竹, 即考之博古圖, 幷無此製. 又方今一塊, 長尺許, 起之, 則層層可披閱, 乃天主經也. 其囊若無長物, 偶需數百金, 頃刻可辦. 居數年, 人莫能窺其淺深. 瑪寶攜前數寶, 走京師, 獻之今上, 而天佑猶留金陵. 若二生者, 非可以以風塵中人目之也."

31 焦竑,〈古城問答〉《澹園集》권48): "古人云: '以友輔仁, 如輔車相依, 離之即寸步難行.' 西域利君言: '友者乃第二我也.' 其言甚奇, 亦甚當." 1602년 마테오 리치가 남경에 체류하고 있을 당시 일찍이 초횡의 집에 가서 인사를 나눈 적이 있는데, 초횡이 이때《교우론》을 보았을 가능성이 있다.

32 明 支允堅,《梅花渡異林》권4〈時事漫紀〉중 '利瑪竇': "大西洋國有異人二, 一姓利, 名瑪竇, 一姓郭, 名天祐, 俱突額深目, 朱顔紫髥, 從渠國中泛海八年, 始抵東粤. 居粤十年, 置産築居, 約數千金, 復棄之, 擔簦至金陵. 金陵水部一官署, 多屬鬼, 入者輒斃. 二人稅居之, 無恙也. 自稱西洋無常主, 惟生而好善, 不茹葷, 不近女色者, 即名天主, 擧國奉之爲王. 其俗重友誼, 不爲私蓄. 一入中國, 日夜觀經史, 因著重友論, 多格言. 所挾異寶, 不可屢數. 其最奇者, 有一天主圖, 四面觀之, 其日無不直射者. 又有自鳴鐘, 按時即有聲, 漏刻毫不爽. 有玻璃石, 一照目前, 即枯木頹垣, 皆現五色光. 一鐵弦琴, 其狀方, 不扣自鳴, 聲踰絲竹, 即考之博古圖, 幷無此製. 又方今一塊, 長尺許, 起之, 則層層可披閱, 乃天主經也. 其囊若無長物, 偶需數百金, 頃刻可辦. 居數年, 人莫能窺其淺深. 瑪寶攜前數寶, 走京師, 獻之今上, 而天佑猶留金陵. 若二生者, 非可以以風塵中人目之也."《四庫全書存目叢書》子部 제105책, 683면 수록.

급인 점에 의미가 있지만, 그가 이 책을 직접 읽은 것은 아니었다.

유몽인柳夢寅(1559~1623)도 1622년에 완성한《어우야담於于野談》의 〈종교편〉에서 '서교西敎'의 항목을 따로 두어 구라파와 이른바 기리단伎利檀 즉 천주교에 대해 언급한 뒤,《천주실의》의 8편 편목을 비교적 자세하게 열거했다. 이어 "서양 선비는 붕우의 사귐을 중시한다〔其士重朋友之交〕"고 해《속이담》의 언급을 바탕으로 이마두에 대해 나열한 뒤,《소창기小窗記》와《속이담》에 이마두의 일과 이마두가 지은《우론》및 동혼의銅渾儀와 곤의여도坤儀輿圖 8폭 등이 매우 자세하게 실려 있다고 했다.[33] 내용으로만 보면 유몽인의 서교에 대한 기술이 이수광보다 앞서고, 이수광이 이를 간추리고 초횡의 구체적인 언급을 추가한 것으로 볼 수도 있을 것 같다. 다만 유몽인은《교우론》에 대해서는 별도의 비중을 두어 언급하지 않았다. 그 또한《교우론》은 읽지 않고,《속이담》만 보았다.

기록상《교우론》을 읽은 것이 분명하게 확인되는 것은 이익李瀷(1681~1763)이다. 73세 때인 1754년 정항령鄭恒齡에게 보낸 〈답정현로答鄭玄老〉에 다음 대목이 있다.

아버님이 붕우를 버리신 뒤로부터 더욱 혼자 외로움을 느끼게 되네. 때로 마음에 생각이 있어도 질문할 곳이 없다 보니, 마치 다른 나라에 갔다가 중도에 동반자를 잃은 것만 같다네. 집에 외국 책인《교우론》이란 것이 한 권 있는데, "벗은 제2의 나이다" "몸은 둘인데 마음은 하나이

---

33 유몽인,《어우야담》: "中國小窗記及續耳譚, 載利瑪竇事及瑪竇所著友論及銅渾儀坤儀輿圖八幅等甚悉, 蓋瑪竇異人也."

다"·"교제하는 맛은 잃은 뒤에 더욱 깨닫게 된다"·"있을 때는 잃을 것 같다가, 잃고 나면 오히려 있는 것 같다"고 하였더군. 이를 읽으면 모두 뼈를 찌르는 이야기일세. 어느새 2주기가 되었는데도 문을 닫아걸고 병들어 바깥출입을 못 하다 보니 한차례 영전에 곡을 할 수도 없게 되었네. 이렇게 구구하게 세속의 정을 펴네만 어찌하겠는가? 그 책에 또 이르기를, "효자가 아버지의 벗을 잇기를 마치 산업을 계승하듯 해야 한다"고 하였으니, 그 말 또한 실로 생각해볼 만하다네.[34]

이익이 자신과 가까운 벗이었던 정상기鄭尙驥(1678~1752)의 2주기를 맞아 그의 아들 정항령에게 보낸 편지다. 특별히 마테오 리치의 《교우론》 중에서도 벗을 잃은 슬픔을 담고 있는 1, 2, 66, 15, 4조를 가려뽑았다. 인용 구절만 보더라도 이익이 《교우론》을 매우 세심하게 읽고, 전체 흐름을 파악하고 있었음을 알 수 있다.

이익의 형인 옥동玉洞 이서李漵(1662~?)가 벗 윤두서尹斗緖(1668~1715)가 세상을 떴을 때 쓴 제문에서, "오호라! 하늘이 나를 돕지 않는구나. 어찌 내 제2의 나를 빼앗고, 내 절반의 몸을 갈라놓는가?"[35]라고 쓴 것에서도 성호 이익의 집안에 이전부터 《교우론》이 전해졌고, 형

---

34 이익, 〈답정현로〉《성호전집》 권29): "自先丈棄朋友之後, 尤覺單子. 時有心思, 無處質問, 若適他國而中道失伴也. 家有一卷外邦書交友論者, 有云: '友者第二我也. 身二而心一. 交際之味, 失之後愈覺. 其在時如將失, 旣亡如猶在.' 讀之儘是刺骨之談也. 居然再期而杜門癃廢, 無緣一哭靈席, 展此區區俗情, 柰柰何何. 其書又云: '孝子繼父之交, 如承受產業.' 其言亦實實可思."

35 이서,《해남윤씨문헌海南尹氏文獻》,〈제문祭文〉: "嗚呼! 天不佑我. 何奪吾第二我, 何割吾一半身也." 이홍식, 〈조선 후기 우정론과 마테오 리치의 《교우론》〉,《한국실학연구》 제20집(한국실학학회, 2010), 276면 참조.

제가 모두 이를 읽었던 사실은 충분히 증명된다.

한편 마르티노 마르티니의《구우편》의 경우는 과문의 탓이겠지만 조선시대의 문헌 기록에 명시적으로 남은 독서의 흔적이 없다. 이 책이 조선에서《교우론》처럼 읽히지는 않았다는 뜻이다. 하지만 독서의 희미한 단서가 없지는 않다. 애초에 역자가 이 책에 처음 주목하게 된 것은《구우편》2절〈참된 벗과 가짜 벗의 구별(眞僞友之別)〉의 두 번째 단락인 [2.2]에 수록된 예화 때문이었다. 그 이야기는 자신이 친구 복이 있다고 자랑하는 어린 아들의 이야기를 듣고, 늙은 아버지가 아들에게 거짓으로 친구에게 찾아가 실수로 사람을 죽였으니 도와달라고 요청하게 하여 그의 모든 친구가 외면하자, 이번에는 자신의 친구를 찾아가게 하였더니 두말 않고 도와주겠다고 하므로, 이를 통해 아들에게 교우의 진정성에 대한 가르침을 주었다는 내용이다. 역자는 수십 년 전 스승이신 이기석 선생님께 이 이야기를 들어 또렷이 기억하던 터여서《구우편》에서 이 설화를 처음 접하고는 깜짝 놀랐다. 이 책을 번역해야겠다고 마음먹은 것도 이 삽화가 계기가 되었다.

그런데 이인상李麟祥(1710~1760)의《뇌상관고雷象觀藁》제5책에〈시우전市友傳〉이라는 글이 실려 있다. 바로《구우편》[2.2]의 예화를 설화적으로 윤색해 부연한 내용이다.[36] 돼지를 잡아 시체처럼 꾸며서 친구를 시험하는 내용이 덧붙었을 뿐 나머지 내용은 거의 같다. 김수

---

[36] 〈시우전〉을 학계에 처음 소개한 것은 김수진,《능호관 이인상 문학 연구》(서울대 박사논문, 2012), 200-207면과,〈18세기 노론계 지식인의 우정론〉,《한국한문학연구》제52집(한국한문학회, 2013. 12), 175-179면에서다. 김수진은 이 이야기가 '부자간의 친구 시험' 혹은 '진정한 우정'의 이름으로 익히 알려진 옛이야기를 바탕으로 한 것이라고 보아, 구비전승의 채록으로 파악했다.

진에 따르면, 같은 시기 홍낙순洪樂純(1723~?)과 김상정金相定(1722~1788)도 각각 〈우설友說〉과 〈우난友難〉이라는 글에 동일한 설화를 수록하고 있다.[37] 홍낙순은 자신이 〈우설〉을 짓게 된 것은 이 이야기를 들은 벗의 종용에 따른 것이었다고 썼고, 김상정 또한 홍낙순이 이 이야기를 자주 말하고 다니자 벗 이천여李天汝가 적어놓기를 권해 기록

37 홍낙순, 〈우설〉,《대릉유고大陵遺稿》 권8(국립중앙도서관 소장본): "昔有人日出門, 暮輒歸, 醉飽者, 其父曰: '何之?' 曰: '與友游.' 曰: '友如何?' 曰: '死生之友四五也.' 曰: '言毋易.' 遂夜殺猪席裏, 使其子擔曰: '而宼信者誰?' 偕迬叩其門急, 其宼信者, 謂其友酒食來也. 倒屐迎. 父曰: '兒殺人, 卒不知所爲, 將與子謀, 尸在此, 奈何?' 友逡巡, 請入圖之, 入不出, 呼亦不應. 父曰: '咄.' 之其它, 之其它, 告如前, 其它曰: '此何爲也, 速去, 恐累我, 却而走.' 父曰: '咄.' 又之他, 又之他, 或有閉門若不知者. 子意無聊, 其擔益重. 父曰: '咄, 而奴子也, 何而友若是? 我有友在而試觀之!' 携其子, 叩其友曰: '某, 我殺人來.' 友人曰: '毋高言, 事急, 尸何在?' 曰: '席裏者.' 友曰: '天欲曙, 恐人知者, 速瘞之, 且毁其臥堗.' 父笑曰: '毋! 席裹者猪也.' 仍語其子事, 市酒食肉而歸. 其子慚不復與友遊也. 嗟乎! 彼子以酒食言語爲友也, 當其日醉飽, 謂其父無友己獨有也. 嗟乎! 友豈酒食言語也哉! 李天汝嘗言交友之難, 余爲誦斯言, 天汝聞之喜, 使余識以觀之."
김상정, 〈우난〉,《석당유고石堂遺稿》 권2(국립중앙도서관 소장본): "里有父子同宮而居者, 其子喜結友, 日出門, 與友遊, 出必醉飽而反, 或時不出, 友至蹝履款門者 甚衆. 父曰: '是皆何如人?' 曰: '友也.' 曰: '友難, 而友多至此乎?' 一日父殺猪席裏而謂其子曰: '觀於而所友者.' 曰: '擔, 且前而所最信友誰也?' 前至其所最信友之家, 告其友曰: '吾殺人急, 今負以來在此.' 友曰: '諾, 且入圖之' 立食頃不出, 呼又不應, 曰: '咄! 獨爾乎哉?' 去而至他, 告其友曰: '吾今晩殺人, 急輒來, 與若謀.' 友咤曰: '此何如事, 速去, 遲將累我.' 曰: '咄! 獨爾乎哉?' 又去而至他, 凡擔而走三四家, 率皆不見接, 意無聊, 其擔益重, 曙鼓動, 父曰: '而友盡乎? 吾有相識人在.' 遂往叩其人之門, 而告其人如其子之告其友者之爲, 其人驚曰: '止東方且白矣. 入取鍤, 且毁其臥室之堗.' 顧曰: '助我.' 曰: '毋! 堗不必毁也.' 指席裹者曰: '猪也.' 因告其人其子事, 其人投鍤而笑, 遂相與市酒啖肉而去. 其子大慙悔, 歸而不復敢談友. 豊山洪伯孝與人言, 亟稱其事, 輒曰友難, 凡從伯孝遊者, 莫不聞其事者, 輒皆曰, 友難友難, 余謂伯孝與其所游者於是乎知所處矣. 李天汝聞而喜之, 請余識之, 識之命之曰友難."

으로 남겼다고 했다.

홍낙순이 이 이야기를 듣고 기이하게 여겨 여기저기 전하고 다닌 것은 이전에 듣지 못한 새로운 이야기였기 때문이다. 또 이 이야기를 들은 친구들이 다투어 기록으로 남길 것을 권하여 홍낙순과 김상정이 기록화한 것을 보면, 당시 민간에 널리 돌아다니던 이야기는 아니다. 유만주兪晩柱(1755~1788)의 《흠영欽英》 1779년 2월 12일자 일기에도 이 이야기를 간략하게 소개했다. 이인상의 〈시우전〉 이후 홍낙순, 김상정, 유만주 등에 의해 잇달아 기록으로 남았을 정도로 신선하게 받아들여진 이야기였다는 말인데, 역자는 그 출발점이 마르티노 마르티니의 《구우편》이었을 것으로 본다.

이 설화는 《구비문학대계》 중에도 우리나라 여러 지역에서 같은 구조의 설화가 여럿 채록되었을 정도로 광범위하게 퍼져 있다.[38] 그뿐만 아니라 전 세계적으로 널리 퍼져 있는 '우정의 시험Test of Friendship' 설화의 한 하위 변형이어서, 이 설화가 수록된 것만으로 《구우편》이 조선에서도 읽혔다는 근거로 단정하기는 다소 조심스럽다.[39] 하지만

---

38 한국에서의 이 설화의 전승 양상은 한국학중앙연구원 '한국구비문학대계' 아카이브(http://yoksa.aks.ac.kr/jsp/ur/Directory.jsp?gb=3)에서 '부자간의 친구 시험' 또는 '진정한 친구'를 키워드로 검색할 수 있다. 한국에서 전국적으로 발견되는 이 구비설화의 연원이 《구우편》에서 나온 것인지, 아니면 다른 근원에서 나온 것인지에 대해서는 별도의 탐구가 필요하다. 역자는 이 설화가 《구우편》에서 변이된 것으로 판단해, 《구우편》이 조선에서도 읽힌 증거로 본다. 부자간의 친구 시험 화소에 대해서는 신동흔 교수의 귀한 도움을 받았다. 고마운 뜻을 표한다.

39 관련 논의에 대해서는 Stith Thompson, 《Motif-Index of Folk Literature: A Classification of Narrative Elements in Folktales, Ballads, Myths, Fables, Medieval Romances, Exempla, Fabliaux, Jest-Books, and Local Legends》 (Bloomington: Indiana University Press, 1956), Volume.Ⅲ, "Test of Friendship",

갑작스레 이 시기에 이 설화가 돌출한 것은 아무래도《구우편》의 영향으로 보는 것이, 다른 문헌 용례가 발견되지 않는 한 합리적인 추정이라고 본다.

이 밖에 임경주任敬周(1718~1745)도 우정의 문제를 정면에서 다룬 〈석우釋友〉라는 글을 남겼다.[40] 이 시기에는 그 어느 때보다 우정 담론이 본격적으로 확산되고 있었고, 그 배경에《교우론》과《구우편》의 영향력이 감지된다.

7. 18세기 후반 연암 그룹의 우정론 열풍

이후 조선에서 우정론의 본격적인 소환은 18세기 후반 박지원과 박제가, 이덕무 등 이른바 연암 그룹에 의해 이루어졌다. 조선에서 《교우론》을 가장 꼼꼼히 읽고 실천에 옮긴 것은 단연 박지원과 그의 동인들이다. 1773년 홍대용의 벗 등사민鄧士閔(1731~?)을 통해 중국인 곽집환郭執桓을 소개받은 박지원과 이덕무, 박제가 등은 한 번도 만난 적 없는 외국 벗과의 우정의 길이 열린 것에 환호했다. 이들은 다소 과하다 싶을 정도의 반응으로 일제히 시문을 써서 그에게 보냈다. 박지원朴趾源(1737~1805)은 곽집환이 보내온 시집을 위해 써준 〈회성원집발繪聲園集跋〉의 서두에서 이렇게 썼다.

511-512면을 참조할 것.

40 임경주,《청천자고靑川子稿》권3에 수록되어 있다. 자세한 내용은 김수진, 〈18세기 노론계 지식인의 우정론〉, 앞의 책, 179-184면 참조.

옛날에 벗을 말하는 자가 혹 '제2의 나'라고 일컫고, '주선인周旋人'이라 일컬었다. 이런 까닭에 글자를 만든 사람이 날개 우羽 자를 빌려 '붕朋' 자를 만들고, 수手 자를 포개어 '우友' 자를 만들었다. 새에게 두 날개가 있고 사람에게 두 손이 있는 것과 같음을 말한 것이다. **41**

글 서두의 짧은 내용은 명백하게 마테오 리치의 《교우론》에서 끌어와 새롭게 조립한 문장이다. '제2의 나'는 《교우론》[1]에서 가져왔으나, '주선인周旋人' 대목은 연암이 추가했다. 주선인은 보통 시중드는 사람이나 문객門客이라는 뜻으로 쓰지만 당나라 이전에는 붕우의 뜻으로 쓰인 용례가 《진서晉書》〈도잠전陶潛傳〉 등에 보인다. 붕우의 글자 풀이는 [18]과 [56]의 주석을 간추렸다. 원문에서 '수우위우手又爲友'는 구문이 괴상한데, [18]에서 '우야쌍우叐也双又'라 한 것과, [56]에서 '우자고전작우友者古篆作叐, 즉양수야卽兩手也'로 설명한 것을 연암 특유의 4자 구로 농축시킨 것이다.

박지원은 얼굴도 모르는 곽집환을 위해 발문을 써주면서 하필 마테오 리치의 《교우론》을 끌어와서 썼다. 곽집환은 박지원의 벗 홍대용의 친구인 등사민의 벗이었다. 무려 세 단계를 거쳐야 만나게 되는 관계다. 이들은 등사민조차 만나본 적이 없었으니, 하물며 그의 친구이겠는가? 그럼에도 친구의 친구의 부탁으로 그 친구인 곽집환에게 글을 써보낸 홍대용, 박지원, 이덕무, 유득공, 이서구, 박제가 등의 들뜬 분위기는 곽집환 자체에 대한 관심보다, 이 같은 국경을 넘어선 우정의

---

41 박지원, 〈회성원집발〉《연암집》 권3): "古之言朋友者, 或稱第二吾, 或稱周旋人. 是故造字者, 羽借爲朋, 手又爲友. 言若鳥之兩羽, 而人之有兩手也."

교류가 가능해진 것에 고무된 데서 온 환호에 더 가까웠다.[42]

　박지원은 그보다 앞서 홍대용이 1764년 북경에 가서 항주의 세 선비와 천애지기의 우정을 맺고 돌아와 교유의 기록을 정리한《회우록會友錄》에 써준 서문의 말미에서는 또 이렇게 말했다.

　　통달했구나, 홍군이 벗을 삼음은! 내가 이제 벗의 도리를 얻었다. 그가 벗으로 여기는 바를 보았고, 그가 벗으로 삼는 바를 보았으며, 또한 그가 벗으로 삼지 않는 바를 보았으니, 내가 벗으로 여기는 까닭이다.[43]

　이 대목은《교우론》[52]에서 "벗의 친구를 벗 삼고, 벗의 원수를 원수로 여기면 두터운 벗이 된다"고 한 대목에 이어, 그 풀이에서 "내 벗이 틀림없이 어질다면 아낄 만한 사람도 알고 미워할 만한 사람도 알 것이기 때문에 내가 이를 근거로 삼는다"고 한 말을 다르게 표현한 것일 뿐이다.[44]

　한편 박지원의 우정론이 잘 묘사된 〈여인與人〉이라는 편지는 원래 그의 문인 이희영李喜英에게 보낸 것이었으나, 이희영이 신유사옥 (1801) 때 천주교도로 처형된 탓에 편지의 수신인을 익명화한 것이다.[45] 이 편지 중에 지기를 잃은 슬픔을 말한 대목은 다음과 같다.

42　관련 논의는 유재형, 〈연암 그룹과 담원 곽집환의 문예교류〉,《한국한문학연구》 제66집(2017. 6), 179-211면에서 자세히 살폈다.

43　박지원, 〈회우록서〉《연암집》 권1): "達矣哉, 洪君之爲友也. 吾乃今得友之道矣. 觀其所友, 觀其所爲友, 亦觀其所不友, 吾之所以友也."

44　《交友論》[52]: "友友之友, 仇友之仇, 爲厚友也. 吾友必仁, 則知愛人, 知惡人, 故我據之."

45　김명호, 〈연암의 우정론과 서학의 영향〉,《고전문학연구》 제40집(2011. 12),

아, 애통하다! 내가 일찍이 절현絶絃 즉 지기知己를 잃은 슬픔이 고분叩盆 곧 아내 잃은 슬픔보다 심하다고 논하였었네. 아내를 잃은 자는 오히려 두 번 세 번 장가 들어 성씨를 서너 번 바꾸더라도 안 될 것이 없다네. 마치 의복이 터지거나 찢어지면 덧대어 꿰매고, 그릇이 깨지거나 이가 나가면 다시 바꾸는 것과 다를 게 없지. 혹 나중에 얻은 아내가 먼젓번 배우자보다 나을 수도 있고, 혹 나는 비록 머리가 희더라도 저는 나이가 어려서 신혼의 즐거움이 지금과 옛날의 차이가 없기도 하다네. 하지만 지기를 잃은 아픔 같은 것은, 내가 다행히 눈이 있더라도 뉘와 더불어 내가 보는 것을 같이하며, 내가 다행히 귀가 있다 하나 누구와 더불어 내 듣는 것을 함께하겠는가? 내가 다행히 입이 있어도 뉘와 함께 내 맛을 나누고, 내가 다행히 코가 있대도 누구와 더불어 내가 냄새 맡는 것을 같이하겠는가? 내가 다행히 마음이 있다 한들, 장차 누구와 더불어 나의 지혜와 영각靈覺을 같이한단 말인가?[46]

병렬의 문장이 점층으로 흘러, 참으로 장한 우정의 선포를 들을 수 있다. 이 같은 선언은 우정의 가치에 그토록 목말랐던 마음의 역설적 표현에 지나지 않으니, 여기서 여성 비하의 태도라고 시비를 걸어서는 안 된다. 참고로 연암은 상처한 뒤 평생 재혼하지 않았다. 한편으로

267면 참조.

[46] 박지원, 〈여인〉《연암집》 권10): "嗚呼痛哉! 吾嘗論絶絃之悲, 甚於叩盆. 叩盆者, 猶得再娶三娶, 卜姓數四, 無所不可. 如衣裳之綻裂而補綴, 如器什之破缺而更換. 或後妻勝於前配, 或吾雖皤而彼則艾, 其宴爾之樂, 無間於新舊. 至若絶絃之痛, 我幸而有目焉, 誰與同吾視也. 我幸而有耳焉, 誰與同吾聽也. 我幸而有口焉, 誰與同吾味也. 我幸而有鼻焉, 誰與同吾嗅也. 我幸而有心焉, 將誰與同吾智慧靈覺哉."

이 구절 또한《교우론》[56]에서 "하느님께서 사람에게 두 눈과 두 귀, 두 손과 두 발을 주신 것은 두 벗이 서로 도와 일을 하여 이루도록 하려는 것이다"라고 한 말을 확장해 부연한 것이다.

또 박지원의 〈예덕선생전穢德先生傳〉에서는 이정구李鼎九가 이덕무에게 "예전에 선생님께 벗에 대해 들었는데, '한방을 쓰지 않는 아내요, 핏줄이 아닌 형제'라고 하셨지요. 벗이 이처럼 중요한 것인지요?"[47]라고 하는 대목이 나온다. 이 '불실이처不室而妻', '비기지제匪氣之弟'라는 흥미로운 표현은 중국 쪽에서는 볼 수 없는 연암 그룹 내부만의 공감 표현이었다. 이 말이 처음 등장하는 것은 이덕무李德懋(1741~1793)가 젊은 시절에 쓴 〈적언찬適言讚〉이라는 글에서였다. 이 글은 이덕무의 문집에도 빠지고 없다.[48] 이를 받아 박제가朴齊家(1750~1805)는 〈야숙강산夜宿薑山〉 10수 연작의 제3수에서 "형제지만 핏줄은 같지가 않고, 부부라도 한방에 살지를 않네. 사람이 하루라도 벗이 없다면, 두 팔을 잃은 것과 다름없다네[兄弟也非氣, 夫婦而不室. 人無一日亥, 如手左右失]"라고 화답했다.[49] 역시《교우론》의 언급에 닿아 있다.

연암 그룹 외에도《교우론》은 조선 후기 지식인들의 내면에 큰 파장을 남겼다. 앞서 자신의 일기《흠영》에《구우편》에 나오는 '진정한 친

---

47 박지원, 〈예덕선생전〉《연암집》 권8): "昔者, 吾聞友於夫子曰: '不室而妻, 匪氣之弟.' 友如此其重也."

48 〈적언찬〉은 윤광심尹光心(1751~1819)의《병세집幷世集》에 수록된 이덕무의 일문逸文이다. 전문의 풀이와 해석은 정민,《나는 나다─허균에서 정약용까지, 새로 읽는 고전 시학》(문학과지성사, 2018)을 참조할 것.

49 자세한 논의는 박수밀, 〈18세기 우도론의 문학·사회적 의미〉,《한국고전연구》제8집(2002. 8), 85-108면과, 김명호, 〈연암의 우정론과 서학의 영향〉,《고전문학연구》제40집(2011. 12), 265-288면을 참조할 것.

구' 에피소드를 소개한 바 있는 유만주는 1780년 6월 28일의 일기에서 "태서 이마두 씨의《교우론》은 대단히 기이하다"면서, 그 내용에 감탄하고,《교우론》중에서 무려 25개 조목이나 발췌해 초록해두었다.[50]

특별히 눈길을 끄는 것은 이덕무의 손자 이규경李圭景(1788~1856)의《오주연문장전산고五洲衍文長箋散稿》에 실린〈우재동심변증설友在同心辨證說〉과〈자경택우변증설自警擇友辨證說〉이다. 너무 장황하여 이 지면에서 원문으로 살피지는 못하겠고, 앞선 연구에 따르면, 이규경은〈우재동심변증설〉에서《주역》과《사기》,《예기》,《논어》,《맹자》의 우정 관련 지문을 끌어와, 여기에《교우론》의 [94], [9], [28], [95], [11], [59], [76], [52], [56], [18], [2]의 본문을 절묘하게 교직시켜, 마치 한 편의 자기 글인 것처럼 편집했다.[51] 그냥 읽으면 한 편의 논리를 갖춘 자연스러운 문장이지만, 세부적으로는 모자이크 방식으로 짜깁기한 혼성 모방의 산문인 셈이다. 이는 성현의 우정론과 마테오 리치의 우정론을 병렬시켜 하나의 맥락으로 관통시키려 한 신선한 시도로 읽힌다.《교우론》에 대한 깊은 이해 없이는 불가능한 글쓰기다.〈자경택우변증설〉에서는 이 같은 글쓰기가 한층 더 진전되어, 원전에서 뜻을 취해오되 완전히 자기 말로 용해시켜 종횡무진으로 논리를 이끌어가는 단계로 발전했다.

---

50 유만주,《흠영》1779년 6월 28일조(규장각 영인본, 1997), 권2, 446-447면. 유만주는 일기에 1, 2, 3, 4, 5, 7, 9, 13, 16, 18, 20, 23, 24, 26, 35, 40, 43, 44, 52, 56, 61, 64, 65, 76, 79조 등 25개 조목을 소개해놓았다. 관련 논의는 김명호, 앞의 논문, 273면 참조.

51 노용필,《조선후기 천주학사 연구》(한국사학, 2021) 제1장,〈조선 후기 이마두《교우론》수용 양상의 유형 분석〉과 이홍식, 앞의 논문, 281-284면에 관련 논의가 자세하다.

이상의 예시에서 명백하게 확인되듯, 박지원과 그의 벗들은 벗을 '제2의 나'로 규정한 마테오 리치의 《교우론》에 열광했고, 여기에 '한 방에 살지 않는 아내', '피만 나누지 않은 형제'와 같은 표현을 더 얹으며 우정에 한결같이 진심이었다.《이목구심서耳目口心書》에 수록된, 한 사람의 지기에게 바치는 이덕무의 다음 헌사는 언제 읽어도 가슴이 뭉클하다.

만약 한 사람의 지기를 얻게 된다면 나는 마땅히 10년간 뽕나무를 심고, 1년간 누에를 쳐서 손수 오색실로 물을 들이리라. 열흘에 한 빛깔을 이룬다면, 50일 만에 다섯 가지 빛깔을 이루게 될 것이다. 이를 따뜻한 봄볕에 쬐어 말린 뒤, 여린 아내를 시켜 백번 단련한 금침을 가지고서 내 친구의 얼굴을 수놓게 하여 귀한 비단으로 장식하고 고옥古玉으로 축을 만들어 아마득히 높은 산과 양양히 흘러가는 강물, 그 사이에다 이를 펼쳐놓고 서로 마주 보며 말없이 있다가, 날이 뉘엿해지면 품에 안고서 돌아오리라.[52]

마치 남녀 간 연애의 감정을 연상시키는 감정의 일렁임이 드러나 있다. 연암은 〈마장전馬駔傳〉에서 단지 세명리勢名利를 얻기 위한 방편으로 전락해버린 우도友道를 개탄했다. 좁은 땅덩어리에서 동인과 서인, 남인과 북인으로 갈려 싸우고 양반, 중인, 평민, 천민으로 나눠 다

---

[52] 이덕무,《선귤당농소蟬橘堂濃笑》: "若得一知己, 我當十年種桑, 一年飼蠶, 手染五絲, 十日成一色, 五十日成五色. 曬之以陽春之煦, 使弱妻, 持百鍊金針, 繡我知己面, 裝以異錦, 軸以古玉, 高山峨峨, 流水洋洋, 張于其間, 相對無言, 薄暮懷而歸也."

툰다. 놓인 처지에 따라 생각과 입장도 확연히 달라져서, 벗으로 삼고 싶은 사람이 있어도 신분에 얽매이고 색목에 걸려 참된 사귐은 이루어지지 않는다. 세명리를 벗어난 뜻맞는 벗들 간의 교유야말로 숨 막히는 삶의 유일한 활로였다. 환멸스러운 속태를 벗어나 진실에 기초한 참된 우도의 회복을 통해서만이 이처럼 암울한 세상을 건너갈 수 있다고 그들은 믿었다. 그리고 그 믿음의 근거를 《교우론》에서 찾으려 했다.

백탑 시절 연암 그룹의 일상은 우정의 도를 현실에서 행동으로 옮겨가는 실천의 과정이었다. 깊은 달밤 광통교 다리 위에서 몽골에서 온 떠돌이 개 호백豪伯이를 외쳐 부르던 목소리 뒤에는 그토록 빛나는 우정에 갈급하던 깊고 고결한 정신이 담겨 있었다. 이는 당색과 적서嫡庶의 굴레를 벗어날 수 없었던 조선 지식인의 안타까운 신음이기도 했다.[53] 이 흐름은 위에서 보았듯 유만주, 이규경 등으로 이어지며 논의가 확장되었다.

또 최근 공개된 중인 홍신유洪愼猷(1724~1784 이후)의 《백화고白華稿》에 수록된 〈마테오 리치의 《우론》 뒤에 제하다(題利瑪竇友論後)〉와 같은 글을 통해서도 이 책이 동시대 여러 계층에서 폭넓게 읽혀왔음을 알 수 있다.[54]

---

53 관련 논의는 정민, 《비슷한 것은 가짜다》(태학사, 2020)의 제4부 〈벗은 제2의 나다〉와 《미쳐야 미친다》(푸른역사, 2004), 《한서이불과 논어병풍》(열림원, 2000) 등의 책에서 상세하게 소개한 바 있다.

54 해당 글은 성균관대학교 대동문화연구원에서 펴낸 《여항문학총서속집》(2022) 제1책, 583면에 수록되어 있다.

8. 천애지기론과 병세의식으로의 확장

　　이제 국경을 넘어선 우정을 예찬하는 천애지기론天涯知己論의 등장
과, 이것이 동시대를 함께 살고 있다는 병세의식幷世意識으로 확장되
는 지점을 살펴보면서 글을 마무리하겠다.

　　박지원은 앞서의 〈회성원집발〉에서 "천고의 옛사람을 벗 삼는다며
상우천고尙友千古를 주장하는 사람들이 있는데, 너무나 답답한 말이
다. 천고의 옛사람은 이미 휘날리는 먼지와 싸늘한 바람으로 변해버
렸거늘 누가 장차 '제2의 나'가 될 것이며, 누가 나를 위해 주선인이
되겠는가"라고 탄식했다. 그러면서 "벗이란 반드시 지금 이 세상에서
구해야 할 것이 분명하다"라고 잘라 말했다.[55]

　　'천애지기'는 '상우천고'처럼 일방적이 아닌, 한 시대의 공기를 함께
호흡하고, 서신과 시문을 통해 마음이 오갈 수 있는 쌍방적이고 대등
한 관계였다. 이것이 다음 단계로 가서는 동시대를 함께 살고 있다는
이른바 '병세의식'의 출구를 열었다는 것이 역자의 가설이다. 그것은
나아가 동아시아에서의 문예공화국으로 확장되는 꿈과 맞닿아 있다.

　　세상에 우정의 도리는 사라졌는가? 신분을 뛰어넘고, 국경을 허무
는 사해동포四海同胞의 근사한 커뮤니티는 절대로 실현될 수 없는가?
마테오 리치의《교우론》과 마르티노 마르티니의《구우편》을 통해 서
양과 중국의 지식인이 만났듯이, 연암 그룹은 지금 세상에는 더 이상

---

55 박지원, 〈회성원집발〉(앞의 책): "說者曰尙友千古, 鬱陶哉是言也. 千古之人, 已化
　　爲飄塵冷風, 則其將誰爲吾第二, 誰爲吾周旋耶. …… 由是觀之, 友之必求於現在
　　之當世也明矣."

남아 있지 않은 서양 고전 속 참된 우정의 가르침에 열광하고 그들의 교우를 앙모했다. 그러다가 홍대용이 1764년의 연행에서 항주의 세 선비와 만나 천애지기의 우정을 맺고 왔다. 청조의 자신감에 바탕한 달라진 개방적 분위기가 이뤄낸 쾌거였다. 이 이야기를 들은 이덕무는 너무나 감동해서 엉엉 울기까지 했다.

먼저 이덕무의 글 한 단락을 더 읽어본다.

사봉沙峰의 꼭대기에 우뚝 서서 서쪽으로 큰 바다를 바라보았다. 바다 뒤편은 아마득하여 끝이 보이지 않는데, 용과 악어가 파도를 뿜어 하늘과 맞닿은 곳을 알지 못하겠다. 한 뜨락 가운데다 울타리로 경계를 지어, 울타리 가에서 서로 바라보는 것을 이웃이라 부른다. 이제 나는 두 사람과 함께 이편 언덕에 서 있고, 중국 등주登州와 내주萊州의 사람은 저편 언덕에 서 있으니, 서로 바라보아 말을 할 수도 있으되, 하나의 바다가 넘실거려 보지도 못하고 듣지도 못하니, 이웃 사람의 얼굴을 서로 알지 못하는 것이다. 귀로 듣지 못하고 눈으로 보지 못하며 발로 이르지 못하는 곳이라 해도, 오직 마음이 내달리는 바는 아무리 멀어도 다다르지 못할 곳이 없다. 이편에서는 이미 저편이 있는 줄을 알고, 저편 또한 이편이 있는 줄을 알진대, 바다는 오히려 하나의 울타리일 뿐이니, 보고 또 듣는다고 말하더라도 괜찮을 것이다. 그렇지만 가령 무언가를 붙잡고서 흔들흔들 9만 리 상공에 올라가 이편 언덕과 저편 언덕을 한눈에다 본다면 한집안 사람일 뿐일 터이니, 또한 어찌 일찍이 울타리로 막혀 있는 이웃이라 말하겠는가?[56]

56 이덕무, 〈서해여언西海旅言〉: "卓立沙頂, 西望大海, 海背穹然, 不見其涘. 龍鼉噴濤,

'이쪽에서 저쪽 언덕은 바닷물에 막혀 안 보이지만, 하늘에서 본다면 중국이니 조선이니 하는 울타리는 아무 의미가 없다. 귀로 못 듣고 눈으로 못 보며, 발로 가볼 수 없더라도 마음으로 가서 만날 수가 있다. 조선과 중국은 이제 더 이상 울타리로 막혀 있는 이웃이 아니다'라는 논리다. 우정의 논의는 이렇게 해서 국경을 가뿐히 넘어서기 시작했다. 이는 상우천고로 대변되던 수직적 사고가 당대성과 동시대성에 바탕을 둔 수평적 사고로 전환된 것이요, 문자를 통한 일방적이고 선형적인 사고가 쌍방향 소통을 전제한 교감적 사고로 바뀐 것을 뜻한다. 그 바탕에 마테오 리치의 《교우론》이 있었다.

1780년 사행단의 일원으로 북경을 방문한 박지원은 이전까지 아무도 찾지 않았던 마테오 리치의 무덤을 일부러 찾아가 《열하일기》에 별도의 기록으로 남겼다. 글에서는 길을 가다가 우연히 들르게 된 것처럼 썼지만, 처음부터 작정하고 찾아간 걸음이었다. 《교우론》의 저자에 대한 일종의 경의의 표시였다고 생각된다.

홍대용을 시작으로 박제가, 이덕무, 유득공, 박지원 등은 잇단 연행길에서 만난 중국 벗들과 천애지기의 우정을 맺었다. 이에 우정의 개념은 국경을 넘어 동아시아 전반으로 확장될 기세를 보였다. 숱한 편지와 시문이 외교의 행낭을 따라 끊임없이 오갔고, 확장된 자아는 새로운 세상을 향한 꿈에 시선을 두고 있었다.

襯天無縫. 一庭之中, 限之以籬. 籬頭相望, 互謂之隣. 今余與二生, 立于此岸, 登萊之人, 立于彼岸, 可相望而語然, 一海盈盈, 莫睹莫聆, 隣人之面, 不相知也. 耳之所不聞, 目之所不見, 足之所不到, 惟心之所馳, 無遠不屆. 此既知有彼岸, 彼又知有此岸, 海猶一籬耳, 謂之睹且聆焉, 可也. 然假令搏扶搖而上九萬里, 此岸彼岸, 一擧目而盡焉, 則一家人耳, 亦何嘗論隔籬之隣哉?"

그 이전 고전 속 고인과의 상상 속 우정이 《교우론》,《구우편》과의 만남을 계기로 어느새 천애지기의 공간축으로 이동했다. 이전 시기 우정론은 '이문회우'라든가 '상우천고'라는 말처럼 글을 통한 정신의 교감을 우선시했다. 그 사람이 고인이건 아니면 천년 뒤 후인이건 크게 문제 삼지 않았다. 하지만 이 시기 지식인들에게 지기는 더 이상 진공의 시간 속에 존재해서는 안 되는, 살아 숨 쉬고 감촉할 수 있으며, 직접 교감을 나누는 존재라야 했다. 한 사람의 진정한 벗을 만날 수 없다면 천고의 고인을 기웃거리지 않고 차라리 나 자신을 벗 삼겠다며, 이덕무는 자기의 호를 아예 '오우아吾友我 거사居士'로 정하면서 일방통행을 거부하고 차단했다. 오우아는 내가 나를 벗 삼는다는 뜻이다. 자의식은 부쩍 비대해졌다. 홍대용의 당호인 '애오려愛吾廬'가 눈길을 끈다. 나를 사랑하는 집이란 뜻이다.

　　육비陸飛는 홍대용에게 보낸 편지에서 이렇게 말했다. "옛사람의 글을 읽는다고 옛사람을 어찌 볼 수가 있겠습니까? 하지만 벗으로 숭상하는 뜻만큼은 혹 보이겠지요. 다만 이승에서 흰머리로 수천 리 밖에 살면서도 각각 가슴속에 성명이 아무개인 어떤 사람을 지니게 할 수만 있다면 저 육비와 제공은 모두 가버린 고인이 아닌 것입니다."[57] 이번에 헤어지면 만나볼 수 없기는 고인과 다를 바 없지만 동시대에 서로의 마음을 공유하고 나눌 수 있으니 아무 메아리 없는 고인과는 명백히 다르다고 했다. 앞서 이덕무가 장연 앞바다에서 중국 쪽을 바

57 이덕무, 〈천애지기서天涯知己書〉《청장관전서青莊館全書》 권63 중 육비의 글): "讀古人書, 古人豈可見? 而尙友之志, 則如或見之. 第使此生, 白首數千里外, 各各胸中有某名某姓某人, 則飛與諸公, 皆未往之古人也."

라보며 한 독백과 데자뷔의 느낌을 갖지 않을 수 없다. 그들의 술자리 담론 속에서만 꿈꾸던, 황해도 장연 앞바다에서의 꿈이 곧 이뤄질 참이었다.

이들의 이 같은 열렬한 우정 예찬은 마테오 리치가《교우론》을 펴내고 200년 가까이 지난 시점에 느닷없이 이루어진 것이어서 조금은 뜬금없게 여겨질 법도 하다. 어째서 이 책이 조선에서 전폭적으로 수용되기까지 이토록 오랜 시간이 필요했던 걸까? 이전까지 벗은 오륜五倫의 구색을 위해 마지못해 끼워넣은 잊힌 개념이었다. 모든 만남이 권세와 명예와 이익을 얻기 위한 수단으로 전락해버린 세상, 더 갖고 다 갖기 위해 수단 방법을 가리지 않는 사람들, 동서남북으로 당색을 나눠, 같으면 옳건 그르건 한편을 먹고, 다르면 무조건 미워하고 배격하는 당동벌이黨同伐異의 행동들, 여기에 사농공상士農工商의 신분으로 가르고, 사士마저도 당색과 적서嫡庶의 구분까지 넣게 되면 애초에 내 영혼의 반쪽인 벗이 끼어들 자리는 어디에도 없었다.

가로막힌 장벽을 여는 돌파의 지점에서 이른바 병세의식이 싹튼다. 병세의식이란 동시대를 함께 살아가는 존재임을 공유하는 의식이다. '병세'를 표제로 내건 선집들의 잇단 간행에서 간격을 허물고자 했던 여러 움직임을 포착할 수 있다. 이규상李奎象(1727~1799)의《병세재언록幷世才彦錄》과 윤광심尹光心(1751~1817)의《병세집幷世集》, 그리고 유득공柳得恭(1749~1807)의《병세집》 등이 이 같은 흐름을 대변한다.[58]

---

[58] 병세의식의 개념은 역자가〈18, 19세기 조선 지식인의 병세의식〉,《한국문화》제54집(서울대학교 규장각, 2011. 6), 183-204면에서 처음 제안했다. 이하 내용은 이 논문을 참고할 것.

이규상은 동시대성을 확장하여 학술을 넘어 문학과 예술, 기예 등 방기에까지 관심 폭을 넓혔다. 각 분야에서 두각을 드러낸 재주꾼을 집대성했을 뿐 사회적 지위나 기득권은 인정하지 않았다. 해당 분야에서의 특출한 역량, 전문가적 변별 자질이 있느냐만이 수록의 전제였다.

윤광심은 당대 문인들의 글 중에서 당대성을 가장 잘 드러내는 글을 가려뽑아 묶어 동시대적 작가의식을 표출하고, 새로운 문학 지향을 표방하고자 했다. '이국異國' 항목을 따로 둔 점이 특별하다. 그는 청나라와 일본 문인들의 시문을 책 속에 나란히 수록했다. 옛사람의 시문을 모은 앤솔로지는 있었어도 당대성을 전제한 선집은 이것이 처음이었다. 거기에 일본까지 포함한 것은 과감하고 또 위험을 감수한 선택이었다. 이들은 《병세집》 편찬 당시에 대부분 생존한 인물이었고, 수록 시문 또한 직접 조선 문사와 접촉해 교유를 나눈 경우에 국한했다.

병세의식은 유득공의 《병세집》에 이르러 국경을 넘어 외국으로까지 확장되는 수평적 사고의 지향을 보여준다. 이규상과 윤광심의 선집이 국내 작가 중심의 구성인 데 비해, 온전히 외국 작가들만을 대상으로 했다.[59]

《병세재언록》과 두 종류의 《병세집》은 '병세'의 동시대성을 키워드로 삼아 당대의 각계각층과 외국까지 망라해 한 시대의 보편성과 특수성을 읽어내려는 노력을 기울였다. 의식의 뚜렷한 변화가 이미 내부에서부터 감지되고 있었던 셈이다. 병세의 연대의식 속에서는 신분

---

[59] 이 자료에 관한 구체적인 소개는 허경진·천금매, 〈유득공 《병세집》〉, 《한중인문학연구》 제28집(한중인문학회, 2009), 273-308면에 실려 있다.

과 나이의 차이, 국경의 장애가 문제 되지 않는다. 연대의 유대감은 모든 장벽을 일순간에 허물어뜨린다.

이렇듯 병세의식은 내부에서는 신분의 경계를 넘는 수평적 확장이 이루어지고, 외부로는 타자에 대한 변모된 인식과 대응을 보여준다. 병세의식의 성장은 단절 일로에 있던 동아시아가 개방의 길로 접어들고, 국수주의의 울타리에 갇혀 있던 폐쇄적 사유가 열린 사고로 전환되는 변화를 전제한다.

병세의식의 확장은 국경의 장벽을 넘고 동아시아 지식인 집단의 교류와 연대의식으로 이어졌다. 그 배경에는 이전부터 누적되어온 지식 교류가 깔려 있었음은 물론이다. 서로 상이한 문화 전통 속에서 성장해온 이들이 몇 차례의 만남을 통해 타자를 이해하고, 이를 통해 마음을 열어 시야의 지평을 확장해가는 장면은 매우 인상적이다. 공간의 제약으로 이들 간의 만남은 많아야 한두 번에 그친다. 하지만 이들은 귀국 후에도 서신을 통한 교류를 이어감으로써 천애지기의 우정을 일궈나갔다.

이 시기 여러 사람의 문집에서 흔히 발견되는 수십 편의 '회인시懷人詩' 연작들도 이런 측면에서 좀 더 음미해볼 필요가 있다. 생각의 변화를 전제하지 않고는 있을 수 없는 일이 벌어진 셈인데, 그 변화의 중심에 병세의식이 자리 잡고 있었다.

이제 글을 정리할 때가 되었다. 마테오 리치의 《교우론》은 짧은 100개의 단락을 편집한 소책자였지만, 그것이 결과적으로 추동해낸 파장은 크고도 깊었다. 중국 지식인들의 환호에 화답하여 마르티노 마르티니는 《구우편》을 선보였다. 이것이 조선으로 건너와 18세기 후반 연암 그룹의 우정론 열풍을 선도했고, 한 걸음 더 나아가 동아시아의 문예공화국을 꿈꾸는 병세의식으로 확장되었다. 오륜의 꼴찌에 있던 우정의 인식이 푸른 눈의 서양 선교사의 저작 하나를 통해 역전되었다. 신분을 넘고, 국경을 문제 삼지 않는 수평적 우정의 시대가 활짝 열린 것이다.

참고문헌

한국

김명호, 〈燕巖의 우정론과 西學의 영향〉,《고전문학연구》제10집, 한국고전문
　　학회, 2011. 12, pp.265-288.

김수진, 〈18세기 老論系 知識人의 友情論〉,《韓國漢文學硏究》제52집, 한국한
　　문학회, 2013. 12, pp.165-200.

김수진, 〈능호관 이인상 문학 연구〉, 서울대학교 박사학위논문, 2012.

노용필,《조선후기 천주학사 연구》, 한국사학, 2021.

마테오 리치 저, 송영배 역주,《교우론 외》, 서울대학교출판부, 2000.

박성순, 〈우정의 구조와 윤리-한중 교우론에 대한 문학적 사유〉,《한국문학
　　연구》제28집, 동국대학교 한국문학연구소, 2005. 6.

박성순, 〈우정의 윤리학과 북학파의 문학사상〉,《국어국문학》129집, 국어국
　　문학회, 2001. 11, pp.1-14.

박수밀, 〈18세기 友道論의 문학·사회적 의미〉,《한국고전연구》제8집, 2002,
　　pp.85-108.

배주연, 〈마테오 리치《交友論》과 한중에서의 反響〉,《비교문학》제70집,
　　2016. 10, pp.119-142.

신정근, 〈君子之交에서 越境之交로―동아시아 우정론 전개 양상Ⅱ〉,《유교
　　사상문화연구》제89집, 2022. 8, pp.213-237.

이마두 저, 노용필 편,《벗은 제2의 나다: 마테오 리치의 교우론》, 어진이,

2017.

이홍식, 〈조선후기 우정론과 마테오 리치의 《交友論》〉, 《한국실학연구》 제20집, 한국실학학회, pp.263-300.

임형택, 〈박연암의 우정론과 윤리의식의 방향〉, 《한국한문학연구》 제1집, 한국한문학회, 1976, pp.95-118.

정민, 〈18, 19세기 조선 지식인의 병세의식〉, 《한국문화》 제54집, 서울대학교 규장각, 2011. 6, pp.183-204.

정민, 〈18세기 우정론의 맥락에서 본 이용휴의 生誌銘攷〉, 《동아시아문화연구》 제34집, 한양대학교 동아시아연구소, 2000, pp.301-325.

정민, 《18세기 조선 지식인의 발견》, 휴머니스트, 2007.

정민, 《18세기 한중지식인의 문예공화국》, 문학동네, 2014.

정민, 《서학, 조선을 관통하다》, 김영사, 2022.

판토하 저, 정민 역, 《칠극》, 김영사, 2021.

히라카와 스케히로, 노영희 옮김, 《마테오 리치: 동서문명교류의 인문학 서사시》, 동아시아, 2002.

중국

羅易, 〈論利瑪竇《交友論》的歷史地位〉, 《佛山科學技術學院學報(社會科學版)》, 2016, Vol.34 (1), pp.42-46.

方豪, 《方豪六十自定稿》(上下2冊及補編), 臺北: 臺北學生書局, 1969.

方豪, 《方豪六十至六十四自選待定稿》, 自刊, 1974.

方豪, 《中國天主教史人物傳》(全3冊), 臺中: 光啓出版社, 1967, 1970, 1973.

方豪, 《中西交通史》(5冊), 臺北: 中華文化出版事業委員會, 1953-1954.

裵化行, 《利瑪竇評傳》(2冊), 中國: 商務印書館, 1993.

菲利浦 米尼尼 著, 王蘇娜 譯, 《利瑪竇一鳳凰閣》, 中國: 大象出版社, 2012.

謝輝, 《明清之際西學漢籍序跋目錄集》, 上海古籍出版社, 2021.

上海博物館 編,《利瑪竇行旅中國記》, 中國: 北京大學出版社, 2010.

徐明德,〈論明末來華耶穌會士對"交友"原則的闡釋〉,《浙江學刊》, 2010年 第4期, pp.60-65.

石衡潭,〈從'合儒'補儒到超儒—利瑪竇《交友論》與与衛匡國《逑友篇》試論〉,《世界宗教研究》, 中國社會科學院世界宗教研究所, 2016年 第5期, pp.121-127.

孫琪,〈論《交友論》的格言來源與思想性〉,《國際漢學—紀念利瑪竇逝世400周年專欄》, 2011年 第1期, pp.22-37.

孫琪,《《友論》與利瑪竇在南昌的"中國化"〉,《國際漢學》總第29期, 2021年 第4期, pp. 63-70.

沈頌金,〈中西文化交流的使者-衛匡國〉,《文史知識》, 1994年(11), pp.97-101.

伍玉西,《明清之際天主教"書籍傳教"研究(1552-1773)》, 中國: 人民出版社, 2017.

王肯堂,《鬱岡齋筆麈》,《續修四庫全書》1130冊, 中國: 上海古籍出版社, 1997.

利瑪竇 著, 文錚 譯,《利瑪竇書信集》, 中國: 商務印書館, 2018.

利瑪竇 著, 文錚 譯, 梅歐金 校,《耶穌會與天主教進入中國史》, 中國: 商務印書館, 2014.

李奭學,〈翻譯的旅行與行旅的翻譯: 明末耶穌會與歐洲宗教文學的傳播〉,《道風: 基督教文化評論》, 第33期, 2010年 秋, pp.39-66.

李奭學,《明末耶穌會翻譯文學論》, 香港: 香港中文大學出版社, 2012.

李奭學,《明清西學六論》, 中國: 浙江大學出版社, 2016.

李奭學,《首譯之功-明末耶穌會翻譯文學論》, 中國: 浙江大學出版社, 2019.

李奭學,《中國晚明與歐洲文學》, 臺灣: 中央研究院 聯經出版公司, 2005.

李韡玲 編,《西學東漸第一人 利瑪竇在中國》, 香港: 天地圖書有限公司, 2010.

李奭學 林熙強 主編,《晚明天主教翻譯文學箋注》(全5冊), 臺灣: 中央研究院 中國文哲研究所, 2015.

李靑,《《天學集解》稀見文獻整理研究》, 北京外國語大學 碩士論文, 2014.

張西平 李雪濤 主編,《把中國介紹給世界-衛匡國研究)》, 華東師範大學出版社,

2012.

張錯,《利瑪竇入華及其他》, 香港: 香港城市大學出版社, 2002.

存萃學社 編集(周康燮 主編),《利瑪竇硏究論集》, 香港: 崇文書店, 1971.

朱雁冰,《耶穌會與明淸之際中西文化交流》, 中國: 浙江大學出版社, 2014.

陳村富 主編,《宗敎與文化論叢》, 東方出版社, 1994.

鄒振環,〈利瑪竇《交友論》的譯刊與傳播〉,《復旦學報(社會科學版)》, 2001年 第
    3期, pp.49-55.

湯開建 彙釋校注,《利瑪竇明淸中文文獻資料彙釋》, 上海古籍出版社, 2017.

平川祐弘 著, 劉岸偉 徐一平 譯,《利瑪竇傳》, 光明日報出版社, 1999.

包利民,〈'述友'于必要的張力之中-論衛匡國的《述友篇》〉, 陳村富 主編,《宗敎
    與文化論叢》, 東方出版社, 1994, pp.38-53.

黃興濤 王國榮 編,《明淸之際西學文本-50種重要文獻彙編》(全4冊), 北京: 中華
    書局, 2013.

서양

A. Lazzarotto, "Christianity in China according to the *Brevis relatio*", 陳
    村富 主編,《宗敎與文化論叢》, 東方出版社, 1994, pp.11-28.

Andream Eborensem Lusitanum, *SENTENTIAE & exempla*, LVGDVNI,
    1557.

Antonino Forte and Federico Masini, *A LIFE JOURNEY TO THE EAST-
    Sinological Studies in Memory of Giuliano Bertuccioli(1923-2001)*,
    Scuola Italiana di Studi sull'Asia Orientale, Kyoto, 2002.

Brendan Gottschall, S.J., *Matteo Ricci Letters from China*, The Beijing
    Center Publication Press, 2019.

Filippo Mignini(edited by), *NEW PERSPECTIVES IN THE STUDIES ON
    MATTEO RICCI*, Italy: Quodlibet, 2019.

Filippo Mignini, *Matteo Ricci Dell'amicizia*, Italy: Quodlibet, 2005.

Filippo Mignini, *Matteo Ricci Il chiosco delle fenici*, il lavoro editoriale, 2004.

Filippo Mignini, *Matteo Ricci La famiglia, la casa, la citta*, Italy: Quodlibet, 2020.

Franco Demarchi, Riccardo Scartezzini(edited by), *Martino Martini*, Italy: Trento University, 1996.

Franco Demarchi, Riccardo Scartezzini(edited by), 衛匡國*Martino Martini*-一位在十七世紀中國的人文學家和科學家, 義大利特蘭托大學, 1996.

Giuliano Bertuccioli, "Il Trattato Sull'amicizia 述友篇 di M. Martini", *Rivista degli Studi Orientali*, Vol.66, Fasc.1/2, 1992, pp.79-120.

Giuliano Bertuccioli, "Il Trattato Sull'amicizia 述友篇 di M. Martini", *Rivista degli Studi Orientali*, Vol.66, Fasc.3/4, 1992, pp.331-380.

Giuliano Bertuccioli, 〈衛匡國的《述友篇》及其它〉, 陳村富 主編,《宗教與文化論叢》, 東方出版社, 1994, pp.54-68.

Giuseppe O. Longo, *Il gesuita che disegnò la Cina-La vitae le opere di Martino Martini*, Italy: Springer, 2010.

LUCIA PASETTI, *[Quintiliano] Il veleno versato(Declamazioni maggiori, 17)*, Cassino, 2011.

Macau Ricci Institute, *PORTRAIT Of A JESUIT MATTEO RICCI*, 2010.

Nicolas Standaert, "Introduction: The Production and Distribution of Sino-European Intercultural Books in China(1582-c.1823)", *EAST ASIAN PUBLISHING AND SOCIOETY* 12(2022), pp.119-129.

ODETTE SAUVAGE, *L'ITIERARE ERASMIEN D'ANDRE DE RESENDE(1500-1573)*, PARIS: FUNDACAO CALOUSTE GULBENKIAN CENTRO CULTURAL PORTUGUES, 1971.

Pasquale M. D'Elia, S. J., *Il Trattato sull'Amicizia: Primo Libro scritto in cinese da Matteo Ricci S.I.(1595)*, Romae 1952: Studia Missionalia, Vol. VII, pp.425-515.

TIMOTHY BILLINGS, *ON FRIENDSHIP-One Hundred Maxims for a Chinese Prince*, New York: Columbia University Press, 2009.

Vicent Cronin, *The Wise Man from The West*, New York: E.P. DUTTON & CO., INC, 1955.

인명 찾아보기

ㅍ·ㅎ

영인

구우편

일러두기

이 책에 수록한 《구우편》 영인본은 바티칸도서관이 소장하고 있다. 장안무의 서문(《구우편》 서문(逑友篇序)), 서이각의 서문(《구우편》 서문(逑友篇序)), 마르티노 마르티니의 서문(《구우편》의 짧은 서문(逑友篇小引)), 축석의 서문(서敍), 상·하권의 목차, 본문 순서로 실려 있다. 원본은 우철右綴이어서, 앞의 본문과 달리 역순으로 배열했다. 영인본의 면수는 하단에 일련번호로 표기했다.

餒以食勝疲以熱敵寒憂媒樂疾圖醫過絕生命
之害生命反隨過絕血盡計避妬無他術惟毋棄
行善之意美德之間朕已得一避妬法妬者既苦
爾樂爾當樂其所苦

刻交友論序

西泰子間關八萬里東遊於中國爲交
友也其悟交道也深故其相求也切相
與也篤而論交道獨詳嗟夫友之所繫
大矣哉君臣不得不義父子不得不親
夫婦不得不別長幼不得不序是烏可
無交夫交非汎汎然相護洽相施報而
已相比相益相矯相成根於其中之不

容巳而極於其終之不可解乃稱爲交
世未有我以面而友以心者亦未有我
以心而友以面者鳥有友聲人有友生
鳥無僞也而人容僞乎哉京不敏蚕溺
鉛槧未遑貞笈求友壯遊東西南北乃
因王事敦友誼視西泰子迢遥山海以
交友爲務殊有餘愧爰有味乎其論而
益信東海西海此心此理同也付之剞

厥衷觀者知京重交道勿忍見棄卽顏

未承詞未接顧以神交如陽燧向日方

諸向月水火相應以生京何敢忘德交

友論凡百章藉以爲求友之贄

明萬曆辛丑春正月人日肝眙馮應京

敬書于楚臬司之明德堂

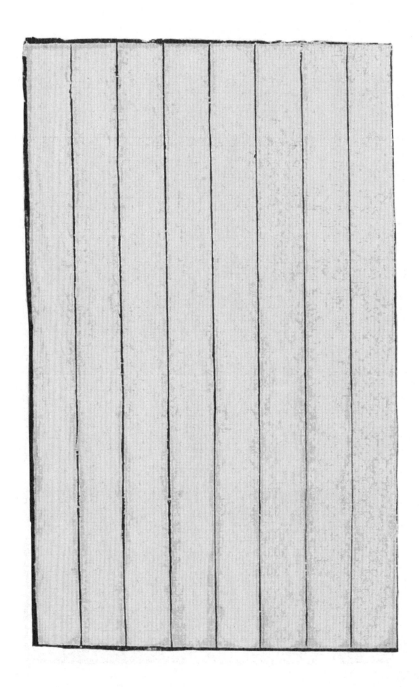

大西域利公友論序

昔周家積德累仁光被四表以致越裳肅愼重譯來

獻周文公讓而不居曰正朔不加未敢臣畜于是以

賓禮賓之而周官王會著在史冊自時厥後漢通漠

磧唐聘海邦雖亦殊域竝至德感無稱故庭實則繁

而論著罔列洪惟我

大明中天冠絕百代

神聖繼起德覆無疆以致遐方碩德如利公者慕化來

款匪希聞遠願列編泯誦聖謨遵王度受冠帶祠春

秋躬守身之行以踐眞修申敬事

天之旨以禪正學郎楚材希憲未得與利公同日語也

萬曆巳丑不佞南遊羅浮因訪司馬節齋劉公與利

公遇于端州目擊之頃巳灑然異之矣及司馬公徙

公于韶了適過曹谿又與公遇于是從公講象數之

學凡兩年而別別公六年所而公益比學中國抵豫

章撫臺仲鶴陸公留之駐南昌驟與

建安郡王　殿下論及友道著成一編公舉以示不佞

俾爲一言弁之子思楷矢白雉非關名理而右先哲

王猶頒示之以昭明德今利公其彌天之資匪徒來

賓服習

聖化以我華文譯彼師授此心此理若合契符藉有錄

之以備陳風采誑之

獻其為國之瑞不更在楛矢白雉百累之上哉至其論

義精粹中自其足無俟拈出矣然于公特百分一百

或有如房相國融等為筆授其性命理數之說勒成

一家藏之通國副在名山徒萬世而下有知其解者

未必非昭事上天之準的也

萬曆巳亥正月穀旦友人瞿汝夔序

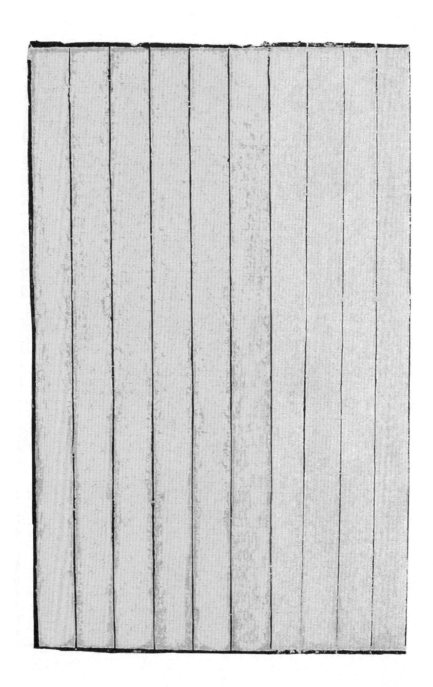

交友論

歐邏巴人　利瑪竇　譔

竇也自最西航海入中華仰
大明天子之文德古先王之遺教卜室嶺表星霜亦
屢易矣今年春時度嶺浮江抵於金陵觀
上國之光沾沾自喜以爲庶幾不負此遊也達覽未
周返棹至豫章停舟南浦縱目西山玩奇抱秀計
此地爲至人淵藪也低回留之不能去遂捨舟就
舍因而赴見　建安王荷不鄙許之以長揖賓序

設體驩甚　王乃移席握手而言曰凡有德行之

君子辱臨吾地未嘗不請而友且敬之西邦爲道

義之邦願聞其論友道何如竇退而從述曩少所

聞輒成友道一帙敬陳於左

吾友非他即我之半乃第二我也故當視友如己焉

友之與我雖有二身二身之內其心一而已

相須相佑爲結友之由

孝子繼父之所交友如承受父之産業矣

時當平居無事難指友之真僞臨難之項則友之情

顯焉蓋事急之際友之直者盆近宻僞者盆疎散
矣

有爲之君子無異仇必有善友　如無異仇以加徹　必有善友以相資

交友之先宜察交友之後宜信　愚人云女自修已友似有而還無智者抑或

雖智者亦謬計巳友多乎實矣　謬計友無多而實少

友之饋友而望報非饋也與市易者等耳

友與仇如樂與鬧皆以和否辨之耳故友以和爲本

焉以和微業長大以爭大業消敗　樂以道乎和鬧則　失和友和則如

樂仇不和
則如闕

在患時吾惟喜看友之面然或患或幸何時友無有

益憂時減憂欣時增欣

仇之惡以殘仇深於友之愛以恩友豈不驗世之羹

于善強于惡哉

人事情莫測友誼難憑今日之友後或變而成仇今

日之仇亦或變而爲友可不敬慎乎

徒試之于吾幸際其友不可恃也 脈以左手聆耳左于不幸際也

既死之友吾念之無憂蓋在時我有之如可失及既

亡念之如猶在焉

各人不能全盡各事故上帝命之交友以彼此胥助

若使除其道於世者人類必散壞也

可以與竭露余心始爲知己之友也

德志相似其友始固 爻也双又耳彼 又我我又彼

正友不常順友亦不常逆友有理者順之無理者逆

之故直言獨爲友之責矣

交友如醫疾然醫者誠愛病者必惡其病也彼以抹

病之故傷其體苦其口醫者不忍病者之身友者

宜忍友之惡乎諫之諫之何恤其耳之逆何畏其

額之戚

友之譽及仇之訕並不可盡信焉

友者於友處處時時一而已誠無近遠內外面背異

言異情也

友人無所善我與仇人無所害我等焉　友人譽我 我或因而

友者過譽之害較仇者過訾之害猶大焉　友人譽我 我或因而加謹 月矜仇人訾我

視財勢友人者其財勢一下即退而離焉謂旣不見其

友之所宜相宥有限 友或負罪惟小可容 友如犯義必大乃弃

幾雙乎

交友之貴賤在所交之意耳特據德相友者今世得

友之物皆與共

交友使獨知利已不復顧益其友是商賈之人耳不

可謂友也 小人交友如放 帳惟計利幾何

爾爲吾之眞友則愛我以情不愛我以物也

友之定於我之不定事試之可見矣

初友之所以然則友之情遂渙也

友之樂多於義不可久友也

恐友之惡便以他惡爲已惡焉

我所能爲不必望友代爲之

友者古之尊名今出之以售比之於貨惜哉

友於昆倫邇故友相呼謂兄而善於兄弟爲友

友之益世也大乎財焉無人愛財爲財而有愛友特

爲友耳

今也友既没言而諂諛者爲佞則惟存仇人以我聞

直語矣

設今我或被害於友非但恨巳害乃滋恨其害自友

癸矣

多有密友便無密友也

如我恒幸無禍䙺識友之真否哉

友之道甚廣濶雖至下品之人以盜為事亦必似結

友為黨方能行其事焉

視友如巳者則遐者遍弱者強患者幸病者愈何必

多言䎗死者猶生也

我有二友相訟於前我不欲為之聽判恐一以我為

仇也我有二　仇相訟於前我猶可爲之聽判必一

以我爲友也

信于仇者猶不可失況于友者哉信于友不足言矣

友之職至於義而止焉

如友寡也子寡有喜亦寡有憂焉

故友爲美友不可棄之也無故以新易舊不久即悔

既友每事可同議定然先須議定友

友於親性此長焉親能無相愛親友者否蓋親無愛

親親倫猶在除愛乎友其友理焉存乎

獨有友之業能起

友友之友仇友之仇爲厚友也　吾友必仁則知愛人知惡人故我慕之

不扶友之急則臨急無助者

俗友者同而樂多於悅別而留憂義友者聚而悅多

於樂散而無愧

我能防備他人友者安防之乎聊疑友即大犯友之

道矣

上帝給人雙目雙耳雙手雙足欲兩友相助方爲事

有成矣　友字古篆作叉即兩手也可右而不可無　朋字古篆作羽即兩羽也鳥備之方能飛

天下無友則無藥焉

以詐待友初若可以籠人久而詐露反爲友厭薄矣

以誠待友初惟自盡其心久而誠孚益爲友敬服

夬

我先貧賤而後富貴則舊交不可棄而新者或以勢

利相依我先富貴而後貧賤則舊交不可恃而新

者或以道義相合友先貧賤而後富貴我當察其

情恐我欲親友而友或疎我也友先富貴而後貧

賤我當加其敬恐友防我踈而我遂自處于踈也

夫時何時乎順語生友直言生惡

視其人之友如林則知其德之盛視其人之友落落

如晨星則知其德之薄

君子之交友難小人之交友易難合者難散易合者

易散也

平時交好一旦臨小利害遂爲仇敵由其交之未出

於正也交既正則利可分害可共矣

我榮時請而方來患時不請而自來夫友哉

世間之物多各而無用同而始有益也人豈獨不如
此耶
良友相交之味失之後愈可知覺矣
居染塵而狎染人近染色難免無汚穢其身矣交友
惡人恒聽視其醜事必習之而浼本心焉
吾偶候遇賢友雖僅一抵掌而別未嘗少無裨補以
洽吾爲善之志也
交友之言無他在彼善長於我則我效習之我善長
於彼則我教化之是學而即教教而即學兩者互

資矣如彼善不足以效習彼不善不可以變動何
殊盡日相與遊謔而徒費陰影乎哉無益之友乃偷時之盜偷
時之損甚於偷財財可復積時則否
使或人未篤信斯道且修德尚危出好入醜心戰未
決於以剖釋其疑安培其德而拯其將墜計莫過
于交善友蓋吾所數聞所數覩漸透於膺豁然開
悟誠若活法勸責吾於善也嚴哉君子嚴哉君子
時雖言語未及怒色未加亦有德威以沮不善之
爲與

爾不得用我爲友而均爲嫵媚者

友者相襃之禮易施也夫相忍友乃難矣然大都友

之皆感稱巳之譽而忘忍巳者之德何歟一顯我

長一顯我短故耳

一人不相愛則耦不爲友

臨當用之時俄識其非友也憨矣

務來新友戒毋誼舊者

友也爲貧之財爲弱之力爲病之藥焉

國家可無財庫而不可無友也

仇之饋不如友之棒也

世無友如天無日如身無目矣

友者既久尋之旣少得之旣難存之或離于眼卽念

之于心焉

矣

知友之益凢出門會人必畜致交一新友然後回家

諛諂友非友乃偷者偷其名而僭之耳

吾福祉所致友必吾災禍避之

友旣結成則戒一相斷友情情一斷可以姑相著而

難復全矣玉器有所黏惡于觀易散也而寡有用

耶

醫士之意以苦藥瘳人病諂友之向以甘言干人財

不能友已何以友人

智者欲離浮友且漸而違之非速而絕之

欲於衆人交友則繁焉余竟無宽仇則足已

彼非友信爾爾不得而欺之欺之至惡之之效也

永德永友之美餌矣凡物無不以時久爲人所厭惟

德彌久彌感人情也德在仇人猶可愛況在友者

歷山王（大西域古總王）値事急躬入大陣時有弼臣止之曰

事險若斯陛下安以免身乎于曰汝免我于詐友

且顯仇也自乃能防之

歷山王亦箕交友賢士名爲善諾先使人奉之以數

萬金善諾怫而曰王既吾以茲意吾何人耶使者

曰否也王知夫子爲至廉是奉之耳曰然則當容

我爲廉巳矣而麾之不受史斷之曰王者欲買士

之友而士者毋賣之

歷山王未得總位時無國庫凡獲財厚頒給與人也

有敵國王富盛惟事務充庫譏之曰足下之庫在

於何處曰在於友心也

昔年有善待友而豐惠之將盡本家產也傍人或問

之曰財物畢與友何留於已乎對曰惠友之味也

別傳對曰留惠友之冀也意俚異而均美焉

古有二人同行一極富一極貧或曰二人爲友至客

矣實法德古者各賢聞之曰旣然何一爲富者一爲貧

者哉言友之物也皆與共也

昔有人求其友以非義事而不見與之曰苟爾不與

我所求何復用爾友乎彼曰苟爾求我以非義事

何復用爾友乎

西土之一先王曾交友一士而腆養之于都中以其

爲智賢者曰曠弗見陳諫即辭之曰朕乃人也不

能無過汝莫見之則非智士也見而非諫則非賢

友也先王弗見諫過且如此使値近時文飾過者

當何如

是的亞〔國名〕〔是此方俗〕獨多得友者稱之謂富也

客力所以匹夫得大國有賢人間得國之所行

大旨荅曰惠我友報我仇賢曰不如惠友而用恩

俾仇爲友也

墨臥皮者折開大石榴或人問之曰夫子何物願

獲如其子之多耶曰忠友也

萬曆二十三年歲次乙未三月望日

영인

교우론

일러두기

이 책에 수록한 《교우론》 영인본은 바티칸도서관이 소장하고 있다. 풍응경의 서문(《교우론》을 판
각하며 쓴 서문[刻交友論序]), 구여기의 서문(대 서역 이마두 공이 지은 《우론》의 서문[大西域利公友論序]),
마테오 리치의 서문(마테오 리치의 짧은 서문[交友論小引]), 본문 순서로 실려 있다. 원본은 우철右綴
이어서, 앞의 본문과 달리 역순으로 배열했다. 영인본의 면수는 하단에 일련번호로 표기했다.

耶穌會備匡國濟泰述

賈宜睦

同會　洪慶貞　訂

值會劉廸我　准

逑友篇序

夫五倫之四皆本乎天獨朋友則

本乎人本乎天者以學問終之本

乎人者以學問始之然則不學未

可以論友而閱友正所以明學也

易曰二人同心其利斷金同心之

言其臭如蘭又曰上下交而其志同

毛詩嚶鳴之喻亦云相彼鳥矣猶

求友聲矧伊人兮不求友生則所以

周金乎君臣父子与夫婦昆弟之

道者惟友也得友而四倫以正失友
而四倫以乖故五倫之有友猶星辰
之有經緯素質之有綵繪名由之
成事由之立所係不綦重哉慨自號
服誼衰斁彰藥暴葳戈予于晏咲

深嶮鑿于行藏勢在則趨若附疆

利聚則躭如餓蚋及乎憋難在前

死喪觸目求所爲脫驂解綵者無

有也求所爲守疾赴喪者無有

也

甚而臨淵下石乃把臂聯袂之人

市虜成疑匹三物屢盟之草嗟乎此豈友之為害若是實乃誤于友者之自害也夫士有共死生同利者之交而後可以行我之忠孝立郎義有盡忠告相砥礪之交而後可以成

我之美德令名如其泛泛相遇面

友非心則寧有裂裳裹呈側身塵

外為未嫁之女為不售之玉退而

搩戶讀書濯磨我心如明鏡無塵

姸姝立辨以庶幾其一遇可乎濟

泰衛先生為泰西大儒越十萬里
来賓所至車騎歡迎豈有感慨于
世而所著述友一編則曲立善文
之方克盡物情之變其言旦以垂
訓善俗為世楷模自王侯士庶當

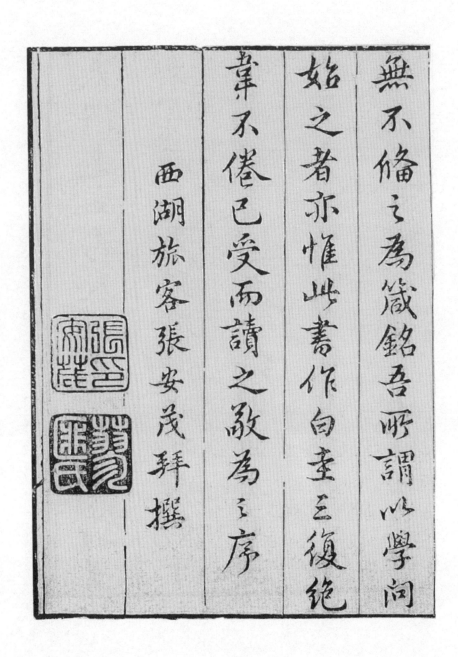

無不備之爲箴銘吾所謂以學問

始之者亦惟此書作白圭三復絶

韋不倦已受而讀之敢爲之序

西湖旅客張安茂拜撰

逑友篇序

松江徐爾覺順之甫撰

今夫上主之理不過欲人相睦爲善其責莫近於

朋友故友居五倫之一後世存置勿論自廣絶交

出遂視友如寇讐是五倫失其一也然黨錮與而

爭殺門戶起而敗亡則友之爲害也實甚凡此皆

失其逑友之道故流患遺毒至是濟泰儞先生九

萬航洋來茲中土甚樂與賢人君子爲友故必須

同志者相爲感應相爲氣求庶幾可以廣其益一

其理也交道曷可不講乎雖中國名賢上士博物

洽聞握瑜懷瑾者不乏其人倘或巧媚者多精實

者寡其道在於擇交不在於泛交。作迷友篇中

間條分縷析反覆辯難皆中國古來聖賢未嘗聞

發者天下學人果能其勸遵率身體而力行之君

父賴而天下治臣子賴而身家寧有益無損何必

廣絕交哉宣尼贊晏子曰善與人交久而敬之敬

與迷相爲協輔其中微情奧義非淺鮮也何者敬

爲迷後之事功力皆在於先未得友則空迷旣得

友則宜敬敬者敬眞友敬善友敬益友非敬僞友
敬惡友敬損友之謂也辨別甚難可㒖爲敬哉今
人尙勢利貪憎競酬償飮餙虛譽非此則交誼曰
淺然諾日欺則迷之之道不可泄泄言也先生則
不然先生大德大智從顯析微心靜如鏡情平如
衡靜則姸媸悉見平則取擇靡私以愛人如己之
念迷友則蘭室長馨鮑肆日化讀是編者皆移其
夙志永合不忤忠者迷忠信者迷信相愛不懼順
埋迷義毋謗毋妬不怒不嶷比屋皆然盡人皆是

俗成美俗里成仁里前所云君父賴之而天下治
臣子賴之而身家寧者先生造福於世不小矣何
有黨錮門戶之患哉世上多義友　天子得良臣
豈無裨於平天下之道乎又豈無裨於　上主晶
善之理乎今先生逝矣是編其萬古不朽與洪師
見示余爲作序
順治十八年辛丑季夏十日盥手書

逑友篇小引

泰西耶穌會士衛匡國濟泰氏述

昔西泰利先生緝交友論弟與建安王言少時所
聞未盡友義之深之博也是篇之述予雖盡力竭
知敢自謂於友義足盡哉緣旅人自西海觀光上
國他無所望惟朝夕虔祝願入友籍者咸認一至

尊

真主為我輩大父母翼翼昭事為他日究竟安止
之地此九萬里東來本意也今既得上國諸君子

締交旅人所願勿爲假友共作眞朋故始終迤逶
友之道雖遠離故土之友此情自不能慇因始陳
實友之所以然眞交之本後指與朋友晤聚之美
事但乍習華言語難達意惟願讀者取其意瞭其
詞縱詞不交而所命之意必不爲不善故切懇名
賢取其美爲將仆之援舛錯之正不事虛言爲勸
惟期共學謀友之忠蹇以成美俗俾凡友者就其
所善避其所不善相勸相勵脫疵覓益則耿耿鄙
束庶得懶也或曰與朋友數恐或斯疏不知此不

可懼也益婉導友以善而不納則其初認友不真
既為吾真友倘彼行不端則吾規不止何憚於數
哉若曰略責之遂足竟友情此失交友之真義矣
故言離樸陋特覓善篤說欲覽者亲意以成真交
之本否則交天下滿奚其益哉故能識真交之本
者於天國近

蘭谿祝侃子堅氏識

丁亥五月。衞濟泰先生過玲巖時。山樓坐雨也。言
及交友論先生曰不。此止因曰授數百言或數十
言間撫手吁曰妙理惜無言字莫形復沉思久久
顧侃曰且爾因復授訖曰計五矣自先生言出而
盍知友之不可少也不可少之故爲益己之身神
夫泛泛以述損者覺益復著損者等何等何損益
昭而述之之道人樂遵且知人世事勢所極情因

以必有祈以理所不可不然不得不然不可不然
者宜也宜者。 上主所定之公性也不得不然者
愛也愛者。 上主所賦之仁性也宜也愛也故人
樂遵也先生偉儀修體而神明慈燁望之猶天神。
所謂至人也願讀是篇者惟求理之非是勿以傲
現横衆理是則益身神益者何修德明修德自能
事 上帝

眞交之本

眞友順友之理不求非義者

自不善外眞友無不當行

解友不可憑之疑

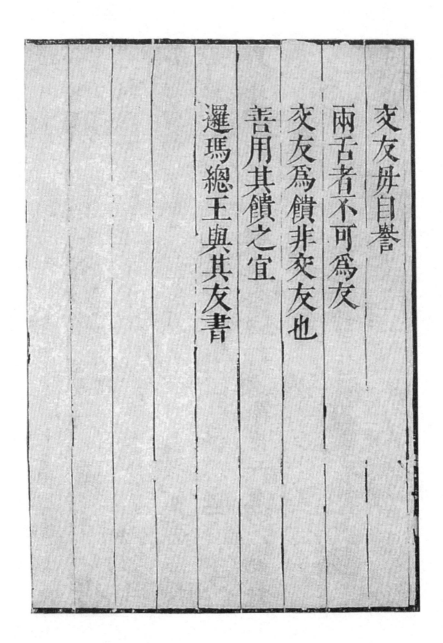

交友毋自譽

兩舌者不可爲友

交友爲饋非交友也

善用其饋之宜

邏瑪總王與其友書

得眞友之難

泰西耶穌會士衛匡國濟泰氏述

友者愛之海最難遊也浪恬波平舟怡然入淺洋。

候狂風怒吼洪濤涌浩多覆溺憂海性無恒航海

者故兢兢戒謹也渡愛海者亦然必撥厥心之渙

淺試形貌之善惡世有親愛現外憎惡內伏腹曰

爲岐者若交出正善憂時解禍福則加謹弘乎益

哉苟生乎假險則大矣夫害來顯伊能防也蓋知

彼不端之心明敵以避厥惡至偽交巧令著友善
名實揣佻意淺計以求媚人觸忤即直吐腹腸之
壽矣況成德君子懷量洪廣與交此流更甚危殆
益其行率易無曲直性不刦纖疑以己謂友亦當
若是不度有偽友行詐遂不以欺退欺因逾受偽
者之害也且其無所屈撓動必合義不信於他人
所自莫有之欺不知自所不設之陷阱以待不虞
之詐而其險益甚焉　　慶略曰諂諛交友之疫也
諂諛墮真德蓋交之首務敦以誠一若一人無一

心則眞德滅矣謟諛雖一人其心則甚多焉雜其
言雜其色雜其意隨人隨時圖不阿狥豈不驗一
人之多心哉度略之言以謟諛者幻張虛情與眞
友不相凝正相敵夫交以合爲本者也諛人是面
非心徒知爲我則是自己之交愛己利己而已
加多曰讐之用心其益我猶愈於謟媚者彼讐雖
惡其讐必以眞寔之語責之我可因益加謹若媚
友絶無寔情施其友故知寧有讐毋交媚蓋媚友
挾大害顧我不能脫之者不見故也嗚呼此世眞

交罕諂士多擇友可不慎歟

眞僞友之別

辨別友之眞僞不易哉兩者咸禮貌敬順柔和親
愛言詞皆彷彿也然眞友柔中有剛柬定確然僞
友之親阿諛耳故聽友言必察行設爾於患難時
窺之本懷自露譬猶暴浪舟師巧拙於此徵焉或
曰待楫傾驪摧後知舟師之巧拙曷不先事識之
交友者何作旣往之試曰諺云比隣之苦難增吾
之明智爾冀交一士視彼夙昔與人惟謀利值患

害不共救援不力此即浮友交不可定也於此亦
足試友之眞僞爲伴爲已臨險狀名聲家産性命。
且致危殆或躬告之或俾我所厚者告之觀其所
以應我彼爲虞哉　昔一幼子於老父前自稱有
福於得友其父知已子年少交友之變未經語之
曰子交友固多然眞友不易得子試伴謂汝友曰
適與人鬪志甚以刃刺殺爾幸勤我瘞其尸庶得
脫厄子如命往友辭不敢且急遣曰毋冀吾分汝
之巨罪於是幼子始識其友而悔曩者擇之謬也

父復語之曰吾年八十餘矣所交亦多至今惟得

其爲眞友之半盍亦試之如前子如命往父友曰

汝罪雖太懼耳勿憂今與汝往密瘞彼尸幼子聞

言跽伏地明告父友以父計并告己友之相負更

訂后交焉故諺云常値無禍何以識友　色轟加

曰卜友者望扶被焉遇微險即棄謂之暫友夫勢

利相與名曰買愛爲但用恩之量以圖愛恩送彼

多則愛亦多故友者察其所愛所愛在財勢終屬

僞交　亞利曰相友以利者無利即無友利友企

凶因愛不相屬惟愛己而已蓋
愛人爲己益得其

益則不愛也　度略曰貪者交友之毒害莫大焉

彼之愛友如牧畜人育之者爲利而已矣惟以伴

愛釣其欲得耳望友以饋復度饋大小而高下願

愛饋之所去即遠離矣蓋以恩爲界也恩無則友

亦無矣　西王有亞爾豐肅者涉海之西齊里亞

越海時羣烏隨之飛王散食水上烏競啄之飽遂

飈王顧侍臣曰爾輩亦猶是爾願既恰即置我國

事不顧矣古賢曰眞認友之時俱無也

眞友不相懼

友之先旣加察交友之後不當懼懼愛不相合○

未有愛友而復懼之者懼者吾之決彼即愛我亦

不彼信不信則疑小疑大逆必至之理也　度略

曰友之堅固惟信而已矣無信則交不永也友不

信○初因懼蓋懼之人則愛不得耳若友知我懼彼○

彼亦不能愛緣愛之中不能有懼人心中密事必

無有懼者也懼則不可倚吾財貨托吾生命尚可

眞竭中心之藏哉　勒畧云交有二本一母爲一

毋疑僞出於懼而疑懼之侶也若我知彼懼我則
疑彼矣因爲懼我愛我不能相連因爲懼我則不
信我懼去信也　西諺云事暴主與事仁主異事
暴主者因懼之故假愛之形事仁主者因信之所
以止用眞眞則愛信者開心之祕又開懼之鑰因
爲信其信也

當擇何友

度略曰擇友必愼將欲愛之不遽愛之以無愛之
因故可愛之因善德而已矣德之善意雖不可見

實能引人以俾承遠慕也惟善是與斯著實愛按
度略所言謂定交者當慎擇既與爲友不可復離
也寡德者無恒志無篤心匪堅友矣　巴辣多曰
惟善者可友善者不善者於善者不能交且亦於
不善者不能交葢善惡不同心不合意善惡之自
心尚不能一兩人殊情豈能成交道哉故善人協
和乃稱交不善者雖羣處非交也犬豕聚耳　沙
路斯帝曰善中有友惡中有叛葢愛緣理惡逆理
故叛也况不善者亦憎不善自所造之不善於己

心猶且惡之恐人亦慮己欺而不信之也而可稱

莫逆乎　慶略曰惟有德者就論交時己固存而

不替益德爲交道之當然一常不變恒堅篤也。

西則祿曰風俗不同則意有不同不同之意壞友

也。友爲天地之上至愛之和不同風俗和不成故

善惡不能相友　悶者非靜人也悶者乃安心之

佞猶陰雨中不能望晴也故不可與友

不善友之害

善與惡交難免無惡人德昏蔽弱於善強於惡故

善者學不善易於不善者學善也惡勢自茂無勞
耕耨徵鳹多藥莫解滴漏久且洞庖友惡入心甘
引同溺故㸑肆染舍皆不處黑汚白也乃曰之爲
黑也甚易矣　聖保琭曰義不義不同分暗明不
同和倘偶友不善則善危矣因不善殆於善耳
色聶加日疫毒流行雖避有染益病之時與無疾
人往來卽是無疾人病之時定交者可不戒　聖
詩云與聖同居且亦聖與善同事寧不善同於天
主所喜者天主亦喜之　西諺云有百羊爲羣一

[35]

羊瘥百羊傳其疾雖百善羊不能愈一羊之疾而
反受其疾也故百善友不足易一惡友而一不善
友大足誤百善友嗚呼害友之具莫大於汚俗敗
德之事莫甚於惡習愼哉

善友之益

西諡云眞友不易覯瑩瑩如玉也罕物斯貴之矣
太西諸籍莫不讚譽良友至謂不能名弟稱爲世
福之極人樂之至兩眞友相得無微慍有永甘故
眞友者衆疾衆痛之減劑也禍之祉愛之喜涕之

乾也夫爲友非夫也是二生之屬也永生於眞友之心而永不怠之矣是故愛亦名生吾生吾愛焉然則永愛可以名永生矣况眞愛無限無量不能成也眞愛者神靈之大德神靈悠遠不散眞德與俱故良友雖至夫後亦愛之焉緣長在愛者之心也是之謂德愛罕睹　　有愛我者有友我者愛我者好我之身友我者好我之心故友者德之助非身之助　第完曰人得多友猶得多目多耳多手多足多曰多心也目所不睹我友睹之耳所不聽

我友聽之手所不勝我友勝之足所不逮我友逮
之口所不達我友達之心所不悉我友悉之故天
主多賜良友於爾如賜多耳目手足口心於爾也。
肋略曰貧賤相得獲志則棄舊者情乎是非善
友也善友者改福易位不改我交蓋眞友改福不
改友否則不爲人友而爲福友故易交者不可謂
久友止可謂時之友耳　又曰瞻爾修德德者眞
交之本天下無友者樂無也眞樂不出心之勉強
人之感觸故兩心相分不能有樂設疑設懼則樂

無也所以萬樂俱在愛之上也眞友不能得以兵

不能得以財集之以愛聯之以德國恃力變多食

利敗不旋踵愛者國之疑邦之固也人主有軍士

城池之衛兵民之心不屬愛焉不能泰然戰爭之

其可以守己亦可以殘己眞愛既至不甲堅不城

固矣。

　眞愛之能力

愛之能力甚巨心性偉烈不辭鴆毒不避兵刃以

救其所親愛蓋視友之命如己且尊於己故寧輕

己之生而冀久生厥友　昔有兩忠友一曰阿肋
德一日比死得俱至他國阿肋不問禁犯其律有
司擬殺之比死得見事迫欲代死往見有司曰我實
獲罪阿肋無罪我當死阿肋亦欲己死而生其友
自誓以認己罪兩人爭死有司知其情不勝驚異
遂兩釋之反為延譽故曰眞愛友者友或履險不
捐我之祿位性命以拯存其友即不樂也如名將
之甚愛君者奮身冒刃至死不變彼之甘死為愛
君故夫勇士亦有死而不厭者顧死中猶惜其生

若愛必其君此謂大愛之勇酉王剛比斯虜其隣
王曰沙滿并子女臣庶剛比斯使沙滿之子之女
與賤隸賤婢同繫而汲水臣民之被從者見君子
君女之若此也莫不流涕而沙滿不動也乃復取
一人繫之沙滿哭慟剛比斯曰汝於子女愍然臣
是溢乎曰此非吾臣也乃友也吾於子女哭不足
盡我痛於吾友也以一哭始發吾情矣　昔一臣
弑君簒位盡滅君之族惟餘皇長女將執之一宮
人深愛其主救之以計乃佯冒名服其服而自呈

於賊皇女知宮人之忠恨無以答其情思維己死
以生之乃出見於讐嗚呼寧殺己而生友豈不爲
大愛之驗哉　露際落捕露篤暗多尼阿三人相
友甚善也忽捕露篤與暗多尼阿相讐露際落解
之勿聽己而暗多尼阿與捕露篤戰捕露篤敗暗
多尼阿之士追之露際落値於途即曰吾捕露篤
也士遂挑以獻暗多尼阿曰此非吾讐吾友耳士
以失讐懼甚暗多尼阿曰毋畏我命爾得我伉爾
今乃得我友爾功更多於得我伉矣　愛睨全得

於心無事復強也善奪愛者之心而獻之於己所

愛焉故眞愛無懼不顧事勢難易莫不奮身以就

所愛而拯其急也

眞交之本　眞交之第一端

聖伯爾納曰眞交無利心惟求互愛互愛之外無

冀纖毫也但愛愛己之友猶私也等愛藤位也眞

交者惟愛友之愛而已惟特愛所曰友更欲交我

者見多友而申吾愛故愛友如愛己信友如信己

亞利曰友者卽一身之內一活一魂也　眞愛

不望友之物但望愛惟愛愛之者若因富貴乃爲
利愛非爲心愛愛者是愛之利所以利爲一已之
愛而不爲兩人相愛也　　兩友互愛無分數之別
無彼此之殊見我如見友見友亦如見我以已度
友以友慶己同無同異無異是故一之病二之庸
一之囍二之苦一之憂二之愲矣一笑卽二笑一
哭卽二哭焉爲辱者榮者在一而兩得之也故曰眞
友之物無不共　　西賢亞尼多欲飲其友亞際比
以他故未至亞尼多與別賓會食席牛亞際比至

郎大拾亞尼多之物以歸衆實怒亞尼多曰吾財

郎彼財也雖盡取無恨彼僅拾半不大廉乎瑣

加德嘗晏容妻曰毋太儉曰彼善人且喜我之眞

苟不善人亦毋容費我以奉之耳　色斁加曰眞

友共物譬一胞之子共父母之物焉又如一子不

能指曰此父生也此母生也又如兩子厥父母亦

不獲分之曰若爲父之子若爲母之子也故友無

私悅無私感以公滅己兩意相得兩體若一矣友

心如我心愛我物如友物豈不一心二身也哉

真友之竆猶二身相離一心同在爾室我爲第二

爲我室爾爲第二我爾爲我之事如我在彼我爲

爾之事如爾爲已緣二身同一愛也

真友順友之理不求非義者_{真交之第二端}

我不可求友以非義友亦不當順我以非義也交

有疆域惟德惟義求非義者越其界矣坐視友不

善已爲不愛友若反引之於惡可乎人固未有冀

友之損害者而損害竆順非故也天下之大害

莫大心惡動靜六爲之僻戾昏德性之美亂情理

之中而順非之士皆以致之則爲我大仇矣恨仇
之害傷身損友之害敗德　爾睹友面垢必曰盡
拭冠不正必曰盡整奈何知友不善而不言故爲
友文過名曰交賊忠告者導其友以仁義俾得淨
心之樂愧怍之消憂患之遠福幸莫偉焉　聖經
曰人行不善或不自覺我責之則彼覺既覺則不
復爲是我絕彼之不善也　西賢曰爾既爲我友
而不責我過是卽爾之大過也吾當責爾矣　西
王斐理伯執叛臣數十人讞畢將刑一人大呼曰

我先王之臣吾王始終之友也王曰爾非吾友曷
言吾友曰欲言之則請密言王與偕之隱所問焉
曰臣適見王衣不餙坐不端皆由德不固王曰吾
以茲知向者爾責我以不善而我不汝從遂致汝
於叛若真吾友也竟釋之後斐理伯亦爲令主焉
蜂之爲物有刺有蜜人不惡其刺而愛其蜜故無
謂友之責我不善爲投我以刺當謂其欲玉我於
善爲遺我以蜜也　　脅略曰交友之首不在不求
友以不善在不許不善於吾友中求之也友之不

善我無可委忍友之惡者視爲彼惡不知已任之

爲吾惡損友并損我矣

自不善外眞友無不當行 眞交之第三端

友戒順非者恐損善德也若合義之事雖喪我之

祿位生命亦當爲友竭力焉　昔有虐王氏阿尼

詔繫一臣名大漫將殺之大漫之友比帝亞謀救

大漫自質於王求暫釋友數日得處置家事王許

之曰限至不至代死因錮之大漫急返家竣事而

至大漫之來也甚速乃限時已盡王命殺比帝亞

將刑大漫至大呼曰我至我至王䫂異輒怒并釋
大漫且求與二人交爲三密友焉足見友之眞愛
其大能如此益暴主極不愛德而獨愛友故改其
怒爲愛改其刑法爲恩改其苦爲尊敬。 或曰先
友後己今時落落何也曰由不識眞友味之甘是
爲難耳彼以救友爲樂者其樂友之安甚於樂己
之安也以己之苦易友之樂顧嘗同樂而忘己之
苦爲眞友當尼困特愈堅摯其情爲友而死且甚
幸其死此無他眞愛眞仁知己死而友可穫安即

死中。亦樂眞友之樂也惟謂失此良友則福中有
禍矣然得忠友者不可圖之爲免禍地苟懷此想
是免禍反得大禍也西方有能救其友者爲其友
死者皆尊之譽之顧死友欣然往而生友則甚痛
喪良朋以爲己大禍焉故曰爲吾友竭力者雖喪
祿位生命不惜也

解友不可憑之疑

智士之言曰人懼爲侫所知必不敢行不善於友
亦爾今日所交宜思後或變爲侫矣世物皆屬壞

世事皆無定所見所習往往屢遷故昔賢之警交
者曰高山堅石亦致毀敗人心豈能恆定爾當思
今所交翌日或失之期可恥之事毋曰吾友足信。
姑安行焉或以此言太甚然不可不察人至不敢
量其友者初失擇取故也輕合者媒輕散浮交易
遠也故易散之友小人羣耳眞友不但不棄生友
即死友亦時居心目焉苟愛可變惡其爲友特愛
之影寔愛相與惟恃厥德慇善而往曷畏我朋故
在友之前與在佗之前等　友善友者不常慮友

之可變佚也益德為交之美所以然德彌久彌引
人情矣何慮哉何變哉是以德交者泰然中懷燭
於我友無少懼無少疑也若可疑可懼特非道相
狎者耳　西比阿曰賊交之論莫大乎目今所友
愛詰曰或可惡之也夫思友可為佚心必生良生
疑多疑則泯忠滅信喪我心泰勿穫安良友之深
味矣　色轟加曰預得良友泰然置吾心於彼後
或有甚密計可盡泄我中藏則樂莫大焉夫我所
自知猶自懼之真友知我其懼也反甚於我懼我

矣。故善友釋心之愁論定我之疑其情引我以
歡也又曰得一友而不信之如己大謬矣此輩不
知眞友之力渾然嘉美靡事不可與議顧無所苟
且。多方計量在未定交先及既交也則視若一身
既定既信則言之於友猶言之於己焉　已不能
爲己之仇故人莫慮自傳其密而害己者亦不當
慮友傳吾密也慕德而與行善爲孚故德交之士
雖有甚祕悉皆合義不必掩藏於良友信生信愛
生愛欲友吾愛以我愛將之欲友吾信以我信將

之引愛之饋是以禮致禮兩愛互生如火生火

或曰今俗善變為惡者多豈不啓信友之懼曰此

無眞交之所以然也當其納交原非慕德安免斳

畏向善而交後雖易為不善顧方交時變態之患

不至預作益交善友惟行善德無虞於敗類矣

逑友篇_{下卷}

泰西耶穌會士衞匡國濟泰氏述

友之善惡易染

德交之實眞友之美前已略言之茲則論處庸友并善羣集之方也人生天地不能無儕非善人則惡輩故人游世如蜂游卉留其刺之惡取其甘露以成上德之蜜也　　人處大善大惡之間常所熏習久則爲定模葢獸浸其益與害也故交友初難悟其損益騶至大善大惡積累而漸明焉　昔一

西士曰吾往惟勉己進德今隨所欲莫非至理導

習熟必大生力焉與善友俱必成醇美如卉木遍

水兼多受太陽其潤與色自必得矣既得善友自

修更不可懈我不克終難去舊卽新鳴呼去善易

哉窒惡難哉今世有多引多助惜惟識不善之徑

也故稗茂沃田若嘉穀非楹之力耨之勞豈有成

也人心之田罪慝自生以蔓德美況翼無民　友

有四一曰性友同氏族也一曰習友同居處也一

曰近友同鄉邑也一曰天友為吾神靈之交焉

手捫松瀝其瀝必沾也

德雖堅必融於惡人之火矣。久在烈火側鐵亦化吾

有顯跲與惡人終日處能無危乎。人終日履危險必

惡我。毋使彼友我。有人設燕待爾無日今日是　寧使不善者

何飲食惟曰今日是何人飲食　遠離匪友入德

之始也罪醜無誘無偕無讚譽則亦易滅惡友知

吾惡反餙之獎成之其我不善之餌也　人心如

海無風而濤不怒人雖無艮惡友實爲之風鼓其

憲動其悵扇其殘感其矜引其慾萬罪起如洪沸

本性之善漸敗盡矣故佞者污言逸者盤樂酗者
彝醇而善意昏幻妄者終日匪德語而謔浪爲事
皆害友也　人既交匪朋亦不可遽絕之恐發其
嗔或成大釁智者相時審勢漸遠漸離斯善矣

交者不可有怒惟宜和柔

交宜禁怒多動忿懥必致相憎相戕之禍焉故躁
急者不但不可交善友并不可與庸人羣也是惟
曠野獨居無儕可耳怒者無理之心溷大敗眞和
如狂風蕩物莫不擾矣聖經曰勿友易怒人如同

惡狃恐習其性情傷汝心之德美也故擇交者必
避躁友一爲引牽且肯其態夫怒時所行息吊必
悔然己護罪於上主已布害於人雖悔何益人
問霸辣篤曰何以知人之賢否曰譽不可驕毀不
可怒霸辣篤一日怒其僕曰汝幸値我怒故釋汝
若値我不怒時必刑汝矣　水淯待清後汲焉怒
者心之淆也必待其靜而後行事焉　置舟於湼
美惡不見蕩於暴風之中斯知之矣故投以甚怒
不激斯成君子　舟師涉海必握其舵理者心舵

也常握之何懼吹於怒風　西方一郡凡殘疾者
人城必致一錢一跛者將入城門者索其錢怒不
予門者復視其兩臂則疥盈焉乃索其錢二更怒
不予門者益視其目則有流液索其錢三更怒不
予展察其體方有大毒將潰遂索其錢四既得始
縱之入夫以怒靳一錢卒致四錢怒之敗人類如
斯　凡與人處和悅待之愉迎之闇送之或無禮
加我亦不見聞嬉笑任之泰然直受不思報也二
斥擊火生堅柔相推自無傷太西賢者有人以足

掷之仆地傷目曷報曰使驢怒而蹄我我亦怒而

蹄驢也哉故聖經曰弱應彼怒堅詬發兒　或曰

不復仇則人鄙其無勇曰此言也謟訕善德之君

子不報無道之賢者輕略以德報怨之至人稱譽

結仇積禍之小人豈知盛德所涵哉以辱復辱以

害答害血氣之勇猛獸之情也君子知寬仇之榮

甚於勝仇之榮雖惡不善亦怒其罪而愛其人聖

經曰愛愛汝者最易雖惡人亦能之止能是何報

然上主乎汝當仁愛仇汝者加惠惡汝者乃為上

主之子也。上主命太陽普照善惡。所降雨澤不論
有罪無罪同沾潤焉。　總王大亞諾凡求覲者俱
善待之。羣臣咸諫曰吾爲天子不忍不善待下猶
吾在下亦欲天子之善待我耳。　得勒國與其弟
皆爲諸侯國人譽兄不頌弟得勒國之弟曰何以
若是曰汝不能忍人惡故衆惡及之。　或曰報仇
不可然以直報怨足矣何必以德報怨邪曰以直
報怨匪罪亦匪功以德報怨甚感天主之心而成
大勛也。以直報怨不爲彼仇以德報怨不但解仇

且化爲友俾其改過矣　親仇之愛必反深於親

友之愛蓋愛仇爲克己之至不惟不怨其仇且以

我之眞愛化仇爲德如火然且化物爲火故報怨

之德甚於報德之德也難行其功更豐

交不可生憎不可妒競

畜憎於心則必妒而易生嗔怒焉見友之德業吉

祥富貴光榮卽大嫉之欲己處其上始怏怏繼怨終或

怨密友遂爲死仇矣至骨肉至戚情好本篤忽或

嫌忌其怨惡視疎者更甚　物之難成旣成必永

久必完寔也。難合者難散易合者易離。　交之妬
端雖多莫過才能祿位之不齊也。卽一父之子一
且貴賤貧富稍殊遂不念親愛寧降已位黜已祿
而不欲吾同氣得之寧與他人毋與兄弟惟以胎
之上下為苦。無父母之分別。同乳之分別難禁。尊
貴之分別也。　妒者非特榮貴之人卽里巷細民
下至百工技藝亦然。不但明驅其獲福是怒卽疑
惑焉亦怒。　西詩曰他人之田更豐茂於我他人
之牛羊更肥毳於予每以空為實。　又曰他人之

肥是妬者之脣他人之福是妬者之禍他人之悅
樂是妬者之憂也　夫妬者恒欲勝人及一不勝
爲之大戚心生恨憎己憎之必殘害之或不能害
則終身妬恨盈懷焉　兩友生平所行密事必相
告語及一居尊一居卑甲者懼尊者知己尊者亦
懼甲者知己遂相妬娼矣　世人多恕己少其友
也自視己善必遠過友視友之善悉在己下他人
大善必細蔑之惟己所爲雖小亦行張大他人有
功必謂有缺己雖有缺亦謂完美視舊友之新福

恒冀其無加於舊也。或曰人無才德吉福必不
妒之動其憐恤尤在凶禍然猶有妒之者謂其生
平爲才德吉福之君子也嗟乎福德既備不遭妒
友可謂福中生福矣　不招友妒有道焉得尊富
自視如不敢當毋怠曩昔之舊禮益恭情益篤毋
先之以言曰我知未有莊敬損位之尊高也未有
謙沖減在上者之榮光也先敬禮人必發引其敬
愛而大增己之榮光也光榮如影常隨避之者而
避圖之者故我善和友不但不妒且譽我也　犬

入牛槽牛將食犬格之牛曰爾不能食我之草何
爲禁吾食草妬者不能使福歸己徒忌沮人之福
其情亦猶是矣
交友毋諂
聖葆琭曰讒夫者上主所惡怒也　又曰讒邪之
說壞多堅城敗多世家衰多民之強力覆多勇之
邪國　誹謗者渾亂是非顛倒邪正大亂天下也
與人唔當轄著沒舌凝著汝唇先切磋其言而後
言焉　人無可譽亦不得毀人或稱彼不善爾當

解覆懼招訕者之怒則惟緘默不言訕者當不憾

汝詬地或覺爾默即復詬曰某誠何如爾則惟道

其善訕者或又曰彼之不善吾目之何譽也汝則

曰偶然之過聖人不免且彼可述者多一失固不

足以掩如此多方釋白雖樂詬人者亦且為爾化

矣。　無德有惡之人不能譽不可毀惟付之不言。

人不但毋以口行謗亦不當以耳讒也好聽是

以我耳引其讒矣故曰喜色誘讒怒頰塞謗　羅

馬有兩后像其一甲小常揭人陰過於上往來者

咸擊之耳目鼻口無復全者其一高大安全不損

默故無害○

或問曰此何故答曰此著人之過惡故受傷彼靜

交友毋自譽

與人交者當譽友不當自譽試問所誇揚何物乎

或家之富或位之尊此業不久卽屬他人謬視爲

汝福耳譽馬者不譽馬之鑣鞍韉勒惟譽其調良

善走也調良善走馬之本美外餘至槽卽去人惟

明德爲己本物然亦不應自譽盍我所謂德人或

視爲過自愛自喜之甚必不能悟己德己過之輕

重也故己不能爲己之定必待定於直友　西諺

云己曰之譽必變醜姙宜待人逑之頌之而亦當

以根然受之色悒怉光美益盛葢人所有之德或

實德平或僅德之影乎實德則不待揚逑著乎外

者本乎內逾欲闇逾欲抑則逾章也如燭然上壓

之光益著若僅德之影逾宜讚之苐露其冥虛矣

葢譽己之言必令聽者咨審其寔眞考求其端本

終必露其鄏廓耳　獅爲百獸王集羣獸問曰獸

中孰為最美有猴挾其小子獻曰此為美中之最
美適覡之乃其後無藏夫猴以自美呈其醜人以
自誇揚其劣

兩舌者不可為友

心與口不顧必非善友也所藏於心發於口苟或
不一決有大逆理者隨其後初或冒為良朋久且
施其籠絡蓋誑言自淺精心視之卽識其浮其美
若幾何之面無厚之極浮於細塵也　俗多瑪西
方之名城也有果焉形甚美熟候色更秀刳之則

禳極穢似于黑塵稍摸卽穢穢飛散也是果也其

兩舌之象　獵人逐狼狼急走疲而憩遠見羊過

焉欲使近而得之則呼曰子適渴甚取水予我羊

曰汝非求水求我耳偽友之言猶狼求水　偽友

雖卒不能掩其惡然初為計甚巧謀甚深不易遂

識而預避之　欲試不信之友視其所諾必其所

不應視其所不諾必其所應愈慷慨自誓愈不足

信懼其詭焉　聖經曰兩舌之言似單素而易透

雖柔聲怡色蓋內藏七應焉　巧言偽貌者如桂

柰之清秀拌藏棘刺也夫空中之鳥捕者必假其
聲音唱和以誘之偽友之計亦然必托爲良善而
籠我焉　浮靡過寔之友此佽效也君子與人醇
樸威嚴文質得宜不喜人佞亦不佞人彼口喋喋
特甲下者之態耳德士首務誠實視廉恥爲甚重
而以失眞爲大危焉　或曰今時欲覓富貴者椎
曾樸質必不可得其得此者必作偽貢諛之人也
故虛誕之詞古可少耳曰今與古時一也古之德
美猶今之德美也尙偽者雖不事德美然必好之

也故粗詐之長恒喜下之義諒蓋詐者亦懼人之
圖己妬己所以圖人也與人同惡不指己之惡而
指人之惡然彼我既一像招揭彼即揣揭我也

　交友爲饋非交友也

交友以饋者非愛洽乃利洽也　依西多曰因饋
而友無情之結也必不忠於其友使友不常饋之
即退離焉愛友之財利福吉者非友其友乃友其
物耳祇欲友出所有以利己即竭家貲以贈之彼
猶不足也苟或稍餘所有彼亦不爲饋願惟願其

所未得而遽忘其所己受不暗幾何饋之惟暗幾

何受之己受惠輒忘惠纔受饋即遺饋如不肖子

承父業於親死哭泣甚哀而內藏得利之喜焉貪

友於彼惠時偽爲永遠不失記之狀但以手獲饋

非以心手接之則輒忘之手無記含爾手滅饋如

頤乾泪焉　總王亞歷山常饋其國之賢者賢者

問致饋之人曰一國之人甚衆何爲獨饋我曰以

汝爲賢者曰既以我爲賢則無以饋視我矣　亞

而邪默爲大郡之長人饋咸不受或問之曰吾受

饋則不得平行吾理也　非而亞得貧甚外國有

贈遺者悉却之或曰爾貧外國之遺奚郤曰彼饋

我者將求我以情也不致吾情是吾無情也苟致

吾情殆且枉法也故不受也　或問西王以其國

之法若何曰若蛛蝥網輕貧者輒係富重者隨棄

臨焉。

善用其饋之宜

處今之世受饋之士亦不宜忽雖萬不可以饋求

利然有非義之禍無妄之災亦可用饋以冀避其

窘而求其□理之扶掖也吾愛吾情不足動人寵

爾饋遺或可感發其良盛德之輝當理之事所不

能得者饋遺或一同得之惜哉今世不爲依賴德美

之時矣雖有功德苟無贈饋不可望彼提攜也然

交際之初不宜遽厚饋之姑漸遺之而動其記焉

嗚呼今之頹俗有才有德匪財汲引不得滿志

苟有貨賂縱無才德何求不成負才以窮抱德復

窘斯長困厄矣故單寒之士不登巨室之堂鮮爾

服美爾役豐爾遺何遂爾志陋俗固然善人亦不

得免若外不文不麗才德必祖必饑此非理所設
也惡俗然也。　夫才德本自美麗若加外物反損
懿光然今人不貴德才之光反階金幣之耀假不
用饋求通而使匪流以貨得高位布其施於天下
猶大不忍也。　古之欲善者執贄以圖榮非樂其
位謂可以阻不善者之倖進也至若恃財營圖不
義干求非理則萬不可耳

邏瑪總王瑪耳谷與其友畢剌滿書

瑪耳谷古大西域大賢也後位總王有一至忠

密友曰畢剌滿爲國雜京偶値事急憶恫中致

書於瑪耳谷而不明言其致難之故瑪耳谷答

書且諫且慰之

朕瑪耳谷邏瑪城後學責略山人〔邏瑪城中有七山責略其一也〕

祝我甚厚友畢剌滿之眞福願我友勇能力戰勝

諸凶禍之遭吉月始接敎言俱領悉爾旨雖幽朕

亦亮達爾灼知直言性友之責亦旣定交應恒受

友善責朕言雖煩申止欲勵益於患俾造次時泰
然無害爾樂朕不畏爾額之凳允愛爾德之光讀
來詞覺爾心有不懌觀朕多言豈不暢曉我心呼
若勿聞激若勿痛若不知我勸爾則不智知之不
受爾則違道早刺滿昭知吾與汝相親之至相友
之素相愛之堅兩心孚契禍福僉同屢憶羅得祀
城之同蟄同學同几者乎當時爾願朕行之朕言
爾不違爾寔在朕心中朕寔在爾心中二身一心
朕亦一爾爾亦一朕任處任時任事罔不一洵無

異詞洵無異情吾友畢刺滿何爲告我多憂乃
不明揚厥故誰將斷爾命正友曷其無益是貧之
財是弱之力是疾之劑臨憂大減乃憂既若茲何
不炳示我以煩冤之由或恐感爾友乎茲慮無煩
止友利或可分害必相共朕爲爾故友今爲爾新
君君民猶同憂樂朕躬爲衆苦庫可積可儲爾多
憂爾訢無幸於得福朕乃以積反禍爲福朕登不
常視爾如已乎爾冀全交誼尙聰聽朕言朕福期
爾全享之爾禍朕期全任之爾生爲樂朕樂朕生

爲負爾苦朕茲不儻言吾友甲剌滿諒灼知而不
疑疑友大逆交道不竭露乃心爲事情多緒鮮測
友乃肇疑事情難遂疑厥友且懈厥愛且寒兩友
信助事則克成正友之道在或榮或辱僉互胥助
爾剖釋乃入憂朕顯冀塑爾爾走之路左右矢不
離爾進矢不退爾退失不進爾息矢不驅奔爾願
死朕不欲生擇在爾其亦遂朕攸難爾攸苦惟傷
在一心朕惟願爾攸願外爾願朕亦罔願復讀來
教知爾多難中親莫爾濟朋莫爾慰嗚呼爾處彼

有大戚朕處此惟茲無盡心又知爾親爾友獨知
利己罔復顧爾是不可號之親號之友友無善益
僅與优惆患害同又知爾親爾友之多諾迄踐時
咸襄厥乎爾茲訴彼良然然不足厚怪智手不當
行愚舌攸發舌自滑捷手自重遲今世何世罔不
忻然遍許罔不憂愁無踦因是思己攸克爲不必
衣代爲有賢曰寧盡謀而踐徐有則曰寧無苟諾
違期遠朕則曰信於优且不可棄別於友於友能
救能予乃勿救勿予是乃明优若允克救厥友茲

不需於言言者人之虛心者人之實友獻實心以

交我惟報之虛言正友不若是古賢霸辣篤有言。

榮際毋失議患際毋失望榮際失議多於悅樂憂

苦且尾患際不失望善受今艱堅乃性德增其不

能是則窘難內亦被大利不亂所為厥後必得盛

榮介禍爾令值艱難重訴多友之負盟爾以一人

議多友當思多友亦或讒爾登不聽爾訴弱於多

友之訴多友尚強於爾一人曷準度量之先攸

受友厚待爾多恩或勝今之微有爽諾嗚呼吾儕

情罔厚被厥恩日日微之心遂漸滋之情一不許言
不一踐卽訴乃朋禱張其微失吾友甲刺滿行年
五十其間幸享諸祿偶今八日離苦攖禍頓惢五
十年樂勿達曷甚復念來敎知爾友不惟不爾援
拯尙娟爾苦中微福故違爾期重抑爾朕雖苦爾
苦尙怪責爾人生攸怪責或愚或不習於事爾若
未灼茲世人各懷忌嫉爾則誠愚若不灼忌嫉且
盈八埏爾則誠不習於事形躬之害各有對待人
方游於逸淫於樂習於規避以冀免厥害以食療

交友論